SEO 搜索引擎优化实战

李蒙 主编 / 刘文荣 何锦辉 杨晓杰 副主编

U0361193

清华大学出版社

北京

内 容 简 介

SEO(Search Engine Optimization,搜索引擎优化)是一种利用搜索引擎规则来提高网站(产品)在相关搜索引擎自然排名的方式,目的是让网站(产品)有更多展示的机会,让企业在激烈的市场竞争中占据领先地位,并获得一定的收益。

本书结合 SEO 具体场景和真实案例,共分为 3 篇 12 章,帮助读者掌握搜索引擎基本理论知识和搜索引擎优化方法,对推广品牌以及销售产品起到一定的指导作用。

本书内容充实、结构清晰、语言精练,适合 SEO 入门人员、网站设计人员及 SEO 研究人员阅读,也可供计算机、电子商务及相关专业的本科或专科院校师生学习参考。

图书在版编目(CIP)数据

SEO 搜索引擎优化实战/李蒙主编. —北京:清华大学出版社,2020.3(2025.3重印)
ISBN 978-7-302-55248-2

Ⅰ. ①S… Ⅱ. ①李… Ⅲ. ①搜索引擎—系统最优化 Ⅳ. ①G254.928

中国版本图书馆 CIP 数据核字(2020)第 044519 号

责任编辑:袁勤勇 薛 阳
封面设计:常雪影
责任校对:李建庄
责任印制:沈 露

出版发行:清华大学出版社
  网 址:https://www.tup.com.cn,https://www.wqxuetang.com
  地 址:北京清华大学学研大厦 A 座   邮 编:100084
  社 总 机:010-83470000   邮 购:010-62786544
  投稿与读者服务:010-62776969,c-service@tup.tsinghua.edu.cn
  质量反馈:010-62772015,zhiliang@tup.tsinghua.edu.cn
  课件下载:https://www.tup.com.cn,010-83470236
印 装 者:三河市铭诚印务有限公司
经 销:全国新华书店
开 本:185mm×260mm   印 张:15   字 数:365 千字
版 次:2020 年 4 月第 1 版   印 次:2025 年 3 月第 4 次印刷
定 价:48.00 元

产品编号:085295-01

前　言

随着互联网的迅速发展,用户使用搜索引擎查找信息已经成为常态。但是如何对网站(产品)进行优化,达到营销的目的,让很多互联网从业者感到迷茫。作者从事 SEO 工作十余年,带领过多个 SEO 团队,有多年工作经验,并积累了大量的 SEO 优化案例,希望通过本书给出一套较为成熟的 SEO 方案,更好地帮助读者深入理解 SEO。

全书共 3 篇 12 章。第 1 篇为 SEO 理论基础,包括初识搜索引擎、搜索引擎的工作原理、SEO 的基本理论、SEO 的基本工具 4 章。通过本篇的学习,读者能掌握一定的 SEO 理论基础。第 2 篇为百度 SEO 实战——推广品牌,包括关键字策略、用户体验策略、搜索引擎友好性策略、移动端 SEO 策略 4 章。通过本篇的学习,读者能学会用全文 SEO 来推广企业品牌和形象。第 3 篇为淘宝 SEO 实战——销售产品,包括淘宝关键字策略、买家体验策略、淘宝搜索引擎友好性策略、手机淘宝 SEO 策略 4 章。通过本篇的学习,读者能学会电商平台搜索引擎优化,更好地销售产品。本书从理论到实践、由浅入深、循序渐进地介绍了 SEO 体系。各章学习目标如表 0-1 所示。

表 0-1　各章学习目标

篇	章	学习目标
第 1 篇 SEO 理论基础	第 1 章　初识搜索引擎	了解搜索引擎的概念,熟悉常见的搜索引擎,了解各大搜索引擎的市场占有率,了解搜索引擎的分类,了解搜索引擎营销的价值,熟悉搜索引擎营销的方法
	第 2 章　搜索引擎的工作原理	熟悉搜索引擎的基本原理
	第 3 章　SEO 的基本理论	掌握 SEO 的基本原则与导向,掌握 SEO 的核心思维,熟悉 SEO 的基本矛盾,了解 SEO 的发展趋势
	第 4 章　SEO 的基本工具	熟悉 SEO 的站长平台,熟悉 SEO 的第三方平台,熟悉 SEO 的查询工具,熟悉 SEO 的其他常用工具,熟悉淘宝 SEO 工具
第 2 篇 百度 SEO 实战 ——推广品牌	第 5 章　关键字策略	熟悉关键字基础知识,掌握关键字分布与表现形式,掌握关键字查找与分析,掌握关键字优化策略
	第 6 章　用户体验策略	掌握用户体验的来源,熟悉用户体验的分类,熟悉域名的基础知识,掌握域名优化的要点,掌握页面结构优化的要点,熟悉页面内容评价的标准,掌握页面版式优化的要点,熟悉权威认证策略
	第 7 章　搜索引擎友好性策略	熟悉服务器选择的要点,掌握增加外部链接的方法,熟悉链接重定向的方法,了解链接静态化的方法,掌握 404 页面的实现,了解精简代码的方法,熟悉标签优化的方法,熟悉网站备案的流程和方法

续表

篇	章	学习目标
第 2 篇 百度 SEO 实战 ——推广品牌	第 8 章 移动端 SEO 策略	理解移动端搜索与 PC 端搜索的区别,掌握移动端搜索的特点,掌握移动端搜索的途径和方式,理解移动端 SEO 的必要性,理解将网站移动化的 3 种方式,掌握移动端 SEO 的关键字策略,掌握移动端 SEO 的用户体验策略,掌握移动端 SEO 的搜索引擎友好性策略
第 3 篇 淘宝 SEO 实战 ——销售产品	第 9 章 淘宝关键字策略	理解宝贝关键字搜索人气,掌握宝贝关键字的分类,掌握宝贝关键字的分布,掌握生意参谋工具的使用方法,理解通过搜索下拉框查找关键字的方法,掌握使用相关推荐查找关键字的方法,掌握影响筛选关键字的 3 个要素,掌握标题关键字优化的原则、优化方法及注意事项
	第 10 章 买家体验策略	掌握宝贝详情页价值的判断标准,掌握宝贝详情页优化的方法,掌握评价的基础知识,掌握评价优化的方法,理解动态评分的重要性,掌握动态评分优化的方法,掌握设置限时打折的方法,掌握设置优惠券的方法
	第 11 章 淘宝搜索引擎友好性策略	掌握店铺友好性优化的方法,掌握宝贝友好性优化的方法,掌握宝贝上下架优化的方法
	第 12 章 手机淘宝 SEO 策略	了解移动淘宝购物的特点,熟悉手机淘宝的现状与趋势,掌握手机淘宝的关键字策略,了解手机淘宝的用户体验策略,掌握手机淘宝的友好性策略

在本书的编写过程中,编者参考了大量的书籍和资料,在此向其作者表示衷心的感谢。有些资料由于疏忽没有注明出处,请内容的原作者予以谅解。同时,为了追求内容的实用性,编者听从了许多一线 SEO 研究专家的建议与指导,在此表示感谢。本书在结构上精益求精,内容以实用性为主,第 2 篇、第 3 篇主要以优化百度搜索引擎和淘宝搜索引擎为例进行了重点讲解,帮助读者开阔视野、有的放矢。

另外,随着科技的进步、时代的推移,搜索引擎算法也在不断更新与调整,给读者带来许多不便,如书中插图所示的界面可能有所改变,需要引起读者的注意。

由于编者水平有限,书中难免有不足之处,欢迎读者批评指正!读者在阅读过程中若发现问题,可以通过清华大学出版社联系我们,以期进一步完善。

编 者

2020 年 3 月

目 录

第 1 篇　SEO 理论基础

第 1 章　初识搜索引擎 ·· 3

1.1　搜索引擎的概念 ·· 3

1.2　常见的搜索引擎简介 ·· 4

　　1.2.1　主流的搜索引擎 ·· 5

　　1.2.2　搜索引擎的市场占有率 ·· 7

1.3　搜索引擎的分类 ·· 9

　　1.3.1　按搜索范围分类 ·· 9

　　1.3.2　按搜索设备分类 ··· 10

　　1.3.3　按工作原理分类 ··· 11

　　1.3.4　按搜索领域分类 ··· 12

　　1.3.5　按营销目的分类 ··· 12

1.4　搜索引擎营销 ··· 15

　　1.4.1　搜索引擎营销概述 ··· 16

　　1.4.2　搜索引擎营销的价值 ··· 17

　　1.4.3　搜索引擎营销的方法 ··· 18

练习 ··· 21

第 2 章　搜索引擎的工作原理 ·· 22

2.1　收录 ··· 22

　　2.1.1　蜘蛛程序运行的原理 ··· 22

　　2.1.2　抓取页面的策略 ··· 23

　　2.1.3　模拟抓取页面 ··· 24

2.2　分析 ··· 25

　　2.2.1　分析和处理页面的原理 ·· 25

　　2.2.2　关键字匹配的原理 ··· 26

2.3　排序 ··· 26

　　2.3.1　排序的前置性 ··· 26

　　2.3.2　排序的原则 ··· 27

2.4　查询 ··· 28

　　2.4.1　查询原则 ··· 28

　　2.4.2　查询技巧 ··· 31

　　2.4.3　查询指令 ··· 32

2.5　展现 ··· 36

　　2.5.1　展现分析 ··· 36

　　2.5.2　展现原则 ··· 37

练习 ·· 40

第 3 章　SEO 的基本理论 ··· 41

3.1　SEO 的基本原则与导向 ·· 41

　　3.1.1　SEO 的基本原则 ·· 41

　　3.1.2　SEO 的基本导向 ·· 42

　　3.1.3　SEO 原则与导向的模型 ·· 45

3.2　SEO 的核心思维与优缺点 ··· 45

　　3.2.1　SEO 的核心思维 ·· 45

　　3.2.2　SEO 的优缺点 ··· 47

3.3　SEO 的基本矛盾 ··· 48

3.4　SEO 的发展趋势 ··· 50

3.5　搜索引擎的算法与作弊 ·· 51

　　3.5.1　搜索引擎的算法 ·· 51

　　3.5.2　作弊 ··· 52

　　3.5.3　反作弊 ··· 54

练习 ·· 57

第 4 章　SEO 的基本工具 ··· 58

4.1　全文 SEO 工具 ··· 58

　　4.1.1　SEO 的站长平台 ·· 58

　　4.1.2　SEO 的第三方平台 ·· 61

　　4.1.3　SEO 的外链查询工具 ·· 62

　　4.1.4　SEO 的关键字查询工具 ·· 63

　　4.1.5　SEO 的数据统计工具 ·· 67

　　4.1.6　SEO 的流量查询工具 ·· 68

　　4.1.7　SEO 的网站检测工具 ·· 69

　　4.1.8　SEO 的其他常用工具 ·· 71

4.2　淘宝 SEO 工具 ··· 75

　　4.2.1　客户运营平台 ··· 75

　　4.2.2　生意参谋 ··· 77

　　4.2.3　超级店长 ··· 78

练习 …………………………………………………………………………………… 81

第 2 篇　百度 SEO 实战——推广品牌

第 5 章　关键字策略 ……………………………………………………………………… 85

5.1　关键字基础知识 ……………………………………………………………… 85

　　5.1.1　关键字词频与关键字密度 …………………………………………… 85

　　5.1.2　主关键字与辅关键字 ………………………………………………… 86

5.2　关键字分布与表现形式 ……………………………………………………… 87

　　5.2.1　关键字分布 …………………………………………………………… 88

　　5.2.2　关键字表现形式 ……………………………………………………… 90

5.3　关键字查找与分析 …………………………………………………………… 92

　　5.3.1　关键字查找 …………………………………………………………… 93

　　5.3.2　关键字分析 …………………………………………………………… 96

5.4　关键字优化策略 ……………………………………………………………… 100

　　5.4.1　选择合适的关键字 …………………………………………………… 100

　　5.4.2　合理布局关键字 ……………………………………………………… 101

　　5.4.3　关键字突出显示 ……………………………………………………… 101

　　5.4.4　其他优化策略 ………………………………………………………… 102

练习 ………………………………………………………………………………… 103

第 6 章　用户体验策略 …………………………………………………………………… 104

6.1　用户体验基础知识 …………………………………………………………… 104

　　6.1.1　用户体验的来源 ……………………………………………………… 104

　　6.1.2　用户体验的分类 ……………………………………………………… 106

6.2　域名策略 ……………………………………………………………………… 108

　　6.2.1　域名的基础知识 ……………………………………………………… 108

　　6.2.2　域名优化的要点 ……………………………………………………… 109

6.3　页面结构策略 ………………………………………………………………… 110

　　6.3.1　单个页面结构优化的要点 …………………………………………… 110

　　6.3.2　网站结构优化的要点 ………………………………………………… 112

6.4　页面内容策略 ………………………………………………………………… 112

　　6.4.1　页面内容评价的标准 ………………………………………………… 113

　　6.4.2　页面版式优化的要点 ………………………………………………… 115

6.5　权威认证策略 ………………………………………………………………… 118

　　6.5.1　诚信企业认证 ………………………………………………………… 118

　　6.5.2　商家承诺认证 ………………………………………………………… 120

练习 ………………………………………………………………………………… 121

第 7 章　搜索引擎友好性策略 ·· 122

　7.1　服务器选择策略 ·· 122

　　7.1.1　服务器简介 ··· 122

　　7.1.2　服务器选择的要点 ··· 124

　7.2　链接优化策略 ·· 125

　　7.2.1　链接简介 ·· 125

　　7.2.2　增加外部链接优化 ··· 127

　　7.2.3　链接重定向优化 ··· 129

　　7.2.4　链接静态化 ··· 131

　　7.2.5　404 页面优化 ··· 131

　7.3　代码优化策略 ·· 134

　　7.3.1　精简代码 ·· 134

　　7.3.2　标签优化 ·· 135

　7.4　网站备案策略 ·· 136

　　7.4.1　网站备案的好处 ··· 136

　　7.4.2　ICP 备案 ·· 137

　　7.4.3　公安局备案 ··· 138

　练习 ··· 139

第 8 章　移动端 SEO 策略 ·· 140

　8.1　移动端 SEO 简介 ·· 140

　　8.1.1　移动端搜索简介 ··· 140

　　8.1.2　移动端搜索的途径 ··· 143

　　8.1.3　移动端搜索的方式 ··· 144

　　8.1.4　移动端 SEO 的必要性 ·· 145

　8.2　移动域名与移动化网站 ·· 147

　　8.2.1　申请移动域名 ··· 147

　　8.2.2　移动化网站 ··· 147

　8.3　移动端 SEO 的核心策略 ·· 150

　　8.3.1　关键字策略 ··· 150

　　8.3.2　用户体验策略 ··· 152

　　8.3.3　搜索引擎友好性策略 ··· 161

　练习 ··· 163

第 3 篇　淘宝 SEO 实战——销售产品

第 9 章　淘宝关键字策略 ··· 167

　9.1　关键字基础知识 ·· 167

　　9.1.1　宝贝关键字搜索人气 ··· 168

　　　　9.1.2　关键字分类 ·· 168
　　　　9.1.3　关键字的分布 ·· 171
　　9.2　关键字查找 ··· 173
　　　　9.2.1　使用生意参谋 ·· 174
　　　　9.2.2　使用搜索下拉框 ·· 174
　　　　9.2.3　使用相关推荐 ·· 174
　　9.3　关键字筛选 ··· 175
　　　　9.3.1　关键字竞争值 ·· 175
　　　　9.3.2　相关性 ··· 176
　　　　9.3.3　搜索人气变化 ·· 177
　　9.4　标题关键字优化 ··· 177
　　　　9.4.1　标题关键字的写法 ·· 177
　　　　9.4.2　标题关键字的优化原则 ··· 179
　　　　9.4.3　标题关键字的优化方法及注意事项 ·· 180
　　练习 ··· 181

第 10 章　买家体验策略 ··· 182
　　10.1　宝贝详情页优化 ··· 182
　　　　10.1.1　详情页价值的判断标准 ··· 182
　　　　10.1.2　宝贝详情页优化的方法 ··· 186
　　10.2　评价优化 ··· 190
　　　　10.2.1　评价基础知识 ·· 190
　　　　10.2.2　评价优化的方法 ·· 191
　　10.3　动态评分优化 ··· 192
　　　　10.3.1　动态评分的重要性 ·· 193
　　　　10.3.2　动态评分优化的方法 ··· 194
　　10.4　促销优化 ··· 195
　　　　10.4.1　设置限时打折 ·· 195
　　　　10.4.2　设置优惠券 ·· 195
　　练习 ··· 197

第 11 章　淘宝搜索引擎友好性策略 ··· 198
　　11.1　店铺友好性优化 ··· 198
　　　　11.1.1　消费者保障服务优化 ··· 198
　　　　11.1.2　店铺类型和版本优化 ··· 202
　　　　11.1.3　旺旺响应时间优化 ·· 203
　　　　11.1.4　店铺主营类目优化 ·· 203
　　11.2　宝贝友好性优化 ··· 203
　　　　11.2.1　公益宝贝 ··· 204

11.2.2　橱窗推荐 ··· 205

11.2.3　发货速度 ··· 205

11.2.4　销量 ··· 206

11.2.5　新品 ··· 207

11.2.6　价格 ··· 208

11.2.7　人气 ··· 209

11.2.8　类目 ··· 210

11.3　宝贝上下架优化 ··· 210

11.3.1　上下架与排名的关系 ··· 210

11.3.2　上下架优化的方法 ··· 211

练习 ··· 212

第 12 章　手机淘宝 SEO 策略 ·· 213

12.1　手机淘宝购物简介 ··· 213

12.1.1　移动淘宝购物的特点 ··· 213

12.1.2　手机淘宝的现状与趋势 ··· 214

12.2　手机淘宝关键字策略 ··· 214

12.2.1　关键字查找 ·· 215

12.2.2　关键字数量 ·· 215

12.3　手机淘宝用户体验策略 ··· 216

12.3.1　精准推送 ·· 216

12.3.2　速度快、流量少 ·· 218

12.3.3　购物快捷简单 ·· 219

12.4　手机淘宝友好性策略 ··· 222

12.4.1　移动端店铺装修 ·· 222

12.4.2　发布手机详情页 ·· 222

12.4.3　手机淘宝促销 ·· 223

12.4.4　微淘推广 ·· 224

12.4.5　码上淘 ·· 225

练习 ··· 226

参考文献 ··· 227

第 1 篇　SEO 理论基础

第 1 篇　SEO 理论基础

第 1 章
初识搜索引擎

📖 **本章目标**

- 了解搜索引擎的概念。
- 熟悉常见的搜索引擎。
- 了解各大搜索引擎的市场占有率。
- 了解搜索引擎的分类。
- 了解搜索引擎营销的价值。
- 熟悉搜索引擎营销的方法。

1.1 搜索引擎的概念

互联网中有海量信息，用户通过网站或软件等提供的"搜索功能"，达到从互联网中得到自己需要信息的目的。我们通常把用户从互联网中找到自己需要的信息所借助的相关工具称为搜索引擎。

搜索引擎（Search Engine）是指根据一定的策略，运用特定的计算机程序从互联网上搜集信息，在对信息进行组织和处理后，为用户提供搜索服务，并将相关信息展示给用户的系统。

搜索引擎系统运行的核心程序通常称为算法。一些较大型的搜索引擎的算法非常复杂，不为外界所知。不管搜索引擎的算法多么复杂，都不是普通用户关心的，他们更关心是否能通过简单操作满足自己的需求。因此，多数搜索引擎在明显的位置提供搜索框或搜索栏，用户在其中输入搜索信息，单击相应的"搜索"按钮后，就可以得到与之相关的信息。很多用户在手机端使用搜索引擎搜索信息时，甚至不必使用文字，单击语音搜索按钮后，可直接进行"语音搜索"；还有些搜索引擎提供了图片搜索功能，用户将图片拍照后进行搜索，就可以得到与图片相关的信息等。

实际上，用户搜索信息时，搜索引擎并不是真正地去搜索整个互联网，而是搜索其预先整理好的网页索引数据库，然后将数据库中满足搜索条件的信息呈现给用户。搜索引擎先采集互联网上的页面内容，并且对页面中的关键字（也称为关键词，本书统称为关键字）建立索引，当用户搜索某个词语时，包含这个词语的页面就会全部显示出来，然后再根据特定算法，将这些页面按照一定的顺序排列起来，展示给用户，这时用户可以看到搜索结果页。

例如，用户在计算机端打开浏览器，使用百度搜索引擎搜索关于"云南旅游"方面的信息，可以在搜索框中输入"云南旅游"，单击"百度一下"按钮，得到搜索结果页，如图 1-1 和

图 1-2 所示。

图 1-1 百度搜索的部分主页

图 1-2 搜索"云南旅游"结果页的首页部分内容

1.2 常见的搜索引擎简介

常见的搜索引擎有 Google(谷歌)、Bing(必应)、百度、360 搜索、搜狗搜索和神马搜索等。按照不同的统计标准,它们占有不同的市场份额。

注:世界上最早的搜索引擎是雅虎。由于经营受挫,2016 年 7 月,美国电信巨头 Verizon(威瑞森)以 48 亿美元收购雅虎的核心资产。

1.2.1 主流的搜索引擎

1. Google（谷歌）

Google（见图 1-3），中文翻译为谷歌，是公认的全球最大、业界领先的搜索引擎。谷歌公司成立于 1998 年 9 月 4 日，由拉里·佩奇和谢尔盖·布林共同创建，是一家美国的高科技企业，业务范围覆盖互联网搜索、云计算、软件开发、广告等，开发并提供了大量基于互联网的产品和服务。2017 年 2 月，从事品牌价值评定的英国专业咨询机构 Brand Finance 发布 2017 年度全球 500 强品牌榜单，谷歌排名第一。在搜索引擎服务方面，Google 主要提供基于多国语言的网页、图片、音乐、视频、地图、新闻、问答等方面的内容。

图 1-3 谷歌主页的部分界面

2. Bing（必应）

Bing（中国主页的部分界面，见图 1-4），中文翻译为必应，是微软公司于 2009 年 5 月 28 日推出的全新搜索引擎，是全球领先的搜索引擎之一。必应融合了微软的多款产品，如 Office Online、Outlook.com 等，提供包括图片、视频、学术、词典、地图等在内的搜索服务。

图 1-4 必应中国主页的部分界面

在英文搜索方面，必应凭借先进的搜索技术，能够给用户带来良好的融入搜索体验。用户输入中文，必应将自动为用户匹配英文。在图片搜索方面，它帮助用户搜索来自全球的图片，提升用户体验。

必应还提供了每日首页美图功能，精选世界各地的高质量图片（可设置为首页背景），并加上与图片相关的热点搜索提示，使用户在访问必应搜索的同时获得愉悦体验和丰富资讯。

必应与 Windows 操作系统的深度融合，能够给用户带来快速、方便的搜索体验，颠覆了传统上人们依赖浏览器的搜索习惯。

3. 百度

百度（见图 1-1）是全球最大的中文搜索引擎、最大的中文网站，由李彦宏于 2000 年创立，以搜索引擎服务为主。"百度"二字，来自于南宋词人辛弃疾的一句词——众里寻他千百度。

在新经济条件下，百度提出了新的使命：用科技让复杂的世界更简单。百度致力于为用户提供"简单可依赖"的互联网搜索产品及服务，其中包括：以网络搜索为主的功能性搜索；以贴吧为主的社区搜索；针对各区域、行业所需的垂直搜索；门户频道、IM 等。在面向用户的搜索产品不断丰富的同时，百度还推出了基于搜索的营销推广服务，成为知名的互联网营销推广平台。

图 1-5　百度手机端主页的部分界面

在移动互联网时代来临之际，百度适时向移动化转型，通过开放地连接传统行业，从"连接人和信息"延伸到"连接人和服务"，让用户直接通过百度移动产品获得服务。百度公司推出的手机端（见图 1-5）为用户提供了更多便利，用户可以随时随地进行搜索服务。手机端依托百度的网页、图片、新闻、知道、百科、地图等专业垂直搜索频道，帮助手机用户更快找到所需，还提供了语音搜索（通过语音识别，无须动手即可完成搜索）、图像搜索（拍张照片就可以搜索，还支持扫描商品条码）、关注卡片（搜索结果可添加关注）、信用卡还款（手机钱包功能）等多种特色服务，方便用户的使用。

4. 360 搜索

360 搜索（见图 1-6）是由奇虎 360 公司推出的搜索引擎，依托 360 母婴品牌的安全优势，全面拦截各类钓鱼欺诈等恶意网站，提供更放心的搜索服务。360 搜索提供包括新闻、网页、问答、视频、图片、音乐、地图、百科、良医、购物、软件和手机等多种搜索服务。360 搜索是具有自主知识产权的搜索引擎，不仅具有通用的搜索技术，而且还独创了 PeopleRank 算法（主要是将用户对网站的评价和看法融入网站重要性排名中）等创新技术。360 搜索推出的包括摸字搜、安心购、良心医、周边号、万花筒及随心谈等，从便利性、安全、可信赖、实时

图 1-6　360 搜索主页的部分界面

性、本地化服务、社交功能等多个方面,满足用户在移动环境下使用搜索引擎的习惯和需求。

5. 搜狗搜索

搜狗是中国互联网领先的搜索、输入法、浏览器和其他互联网产品及服务提供商。搜狗搜索(见图 1-7)是由搜狐公司推出的互动式中文搜索引擎,致力于中文互联网信息的深度挖掘,帮助中国上亿网民加快信息获取速度,为用户创造价值。搜狗搜索提供新闻、网页、微信、知乎、图片、视频、英文和学术等多方面的搜索服务,在很多方面都有特色。例如,搜狗搜索结合腾讯独家资源,打造微信搜索,上线本地生活、扫码比价、微信头条等独有服务。其通过独有的 SogouRank 技术及人工智能算法,为用户提供了较好的搜索体验。

图 1-7　搜狗搜索主页的部分界面

6. 神马搜索

神马搜索(见图 1-8)是由 UC(优视)和阿里巴巴于 2013 年共同推出的专注于移动互联网的搜索引擎,是国内领先的移动端搜索引擎,致力于为用户创造方便、快捷、开放的移动端搜索新体验。神马搜索集合了阿里云搜索数年的技术积累和 UC 浏览器超过数亿用户的测试,是一款较为成熟的搜索应用系统。神马能够提供视频、新闻、网站导航、应用、地图和美图等多种搜索服务,聚焦在解决手机用户的需求和痛点上。如用户经常用到的 App 搜索、小说搜索、周边搜索等,都能提供较好的搜索体验。

1.2.2　搜索引擎的市场占有率

根据一些较权威的资料数据,本节列出几个主要搜索引擎在不同领域的排名情况,供读者参考,以帮助读者了解市场。需要知道的是,这些数据具有时效性,并不是一成不变的。

1. 全球搜索引擎市场排名

数据显示,2017 年 4 月,全球搜索引擎市场份额排在前 5 位的分别是 Google、Bing、Yahoo!、百度、Yandex,市场份额分别是 92.5%、2.87%、

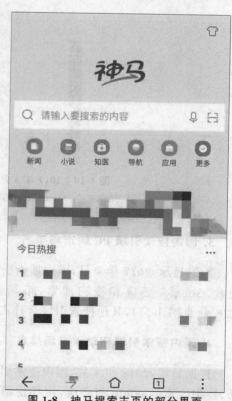

图 1-8　神马搜索主页的部分界面

2.01％、1.11％和 0.72％（见图 1-9），其他搜索引擎合计占 0.79％。

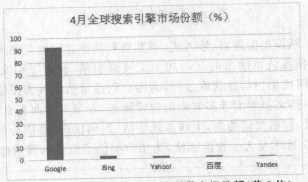

图 1-9　2017 年 4 月全球搜索引擎市场份额（前 5 位）

数据来源：StatCounter Global Stats-Search Engine Market Share

注：虽然雅虎在 2016 年被收购，但由于影响力大，目前仍有用户使用雅虎搜索引擎。

2. 国内搜索引擎市场排名

数据显示，2017 年 4 月，国内搜索引擎市场份额排在前 6 位的分别是百度、神马、360 搜索、搜狗搜索、Google 和必应，市场份额分别是 75.93％、9.80％、8.07％、2.53％、1.83％和 1.26％（见图 1-10），其他搜索引擎合计占 0.58％。

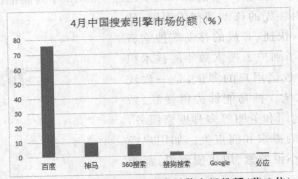

图 1-10　2017 年 4 月中国搜索引擎市场份额（前 6 位）

数据来源：StatCounter Global Stats-Search Engine Market Share

3. 国内搜索引擎 PC 端市场排名

数据显示，2017 年 4 月，国内搜索引擎 PC 端的市场份额排在前 5 位的分别是百度、360 搜索、Google、必应和搜狗搜索，市场份额分别是 60.18％、26.92％、4.76％、3.41％和 3.28％（见图 1-11），其他搜索引擎合计占 1.45％。

4. 国内搜索引擎移动端市场排名

数据显示，2017 年 4 月，国内搜索引擎的移动端市场份额排在前 5 位的分别是百度、神马、搜狗搜索、Google 和必应，市场份额分别是 82.47％、13.81％、2.20％、0.61％和 0.37％

（见图 1-12），其他搜索引擎合计占 0.54％。

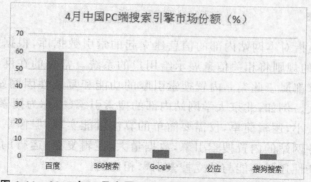

图 1-11　2017 年 4 月中国 PC 端搜索引擎市场份额（前 5 位）

数据来源：StatCounter Global Stats-Search Engine Market Share

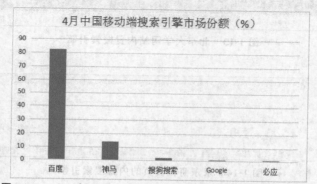

图 1-12　2017 年 4 月中国移动端搜索引擎市场份额（前 5 位）

数据来源：StatCounter Global Stats-Search Engine Market Share

1.3　搜索引擎的分类

　　搜索引擎从不同的角度可以分为不同类别。每种类别的搜索引擎代表不同的含义，同时某个搜索引擎可以分属不同的类别。

1.3.1　按搜索范围分类

　　按搜索范围的不同，搜索引擎可分为独立搜索引擎和内置搜索引擎。通常，人们所说的搜索引擎主要指独立搜索引擎。

1. 独立搜索引擎

　　独立搜索引擎是指运用特定算法对互联网上的信息建立数据库，根据用户搜索信息自动匹配页面，按一定的规则将相关页面展示给用户的系统。常见的独立搜索引擎有 Google、百度、360 搜索等。这些搜索引擎在提供搜索服务的同时，往往提供许多其他服务项目，形成一个围绕着核心搜索业务的多功能信息平台。例如，用户除了使用百度搜索自己需要的信息外，还可以通过"百度贴吧"分享自己的兴趣、与网友互动等。

2. 内置搜索引擎

内置搜索引擎是指对本网站内部的信息建立起的索引数据库，根据用户的搜索信息自动匹配页面，按一定的规则将相关信息展示给用户的系统。常见的在网站内部提供本网站信息搜索的搜索引擎都属于此类。内置搜索引擎的功能和复杂性因网站的规模、性质等因素的不同而差别很大。例如，北京大学网站内部的搜索引擎（或称为搜索功能，见图 1-13 右上角搜索框），数据量小，逻辑简单，仅需要简单的算法就能实现；但像京东商城（见图 1-14）这样的大型电子商务网站的内置搜索引擎，数据量大，逻辑复杂，运行的内在算法就会比较复杂。当然这种复杂性还是不能与独立搜索引擎相比的。

图 1-13   北京大学网站内置搜索引擎

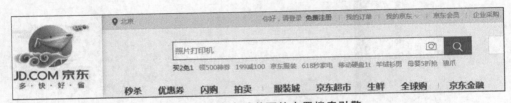

图 1-14   京东商城首页的内置搜索引擎

此外，还有一种内置搜索引擎的方式是某网站内置百度、360 搜索等搜索引擎。用户既可以在本网站使用这些搜索引擎搜索本站的内容，也可以搜索整个互联网的内容，相当于在本网站内部开启了一个使用独立搜索引擎的入口。例如，百度对外提供了"站内搜索"工具，外部网站的管理人员经过注册账号、验证站点、新建搜索引擎、部署代码 4 个步骤，可以很方便地根据工具要求做相关设置，打造自己的搜索引擎。感兴趣的读者可以进入百度站内搜索的主页了解相关信息。某网站设置了百度站内搜索，通过该入口搜索"旅游"（见图 1-15），既可以"搜本站"，也可以"搜全网"。

由搜索结果可以看出，本网站与"旅游"相关的结果信息有 535 个。如果用户单击"搜全网"按钮，就可以得到百度搜索引擎在互联网范围内搜索"旅游"的相关信息。

1.3.2   按搜索设备分类

按搜索设备的不同，搜索引擎可分为 PC 端搜索引擎和移动端搜索引擎。

简单理解，PC 端搜索引擎是指在计算机端上网时使用的搜索引擎，像百度、搜狗等；移动端搜索引擎是指在移动终端设备上网时使用的搜索引擎，如在 PAD、手机等移动终端使用的百度等搜索引擎。很多搜索引擎既提供了 PC 端的搜索服务，也提供了手机端的搜索服务，满足人们使用移动设备上网的需求；而有些搜索引擎只提供手机端服务。如百度既提供 PC 端搜索服务，又提供手机端搜索服务，而神马搜索就专注于移动端搜索。

图 1-15　某网站内置百度站内搜索

　　手机端搜索并不是简单的 PC 端网页在手机端的展现。仅通过技术手段将 PC 端网页变得适合在手机端浏览,显得有些简单化。手机端搜索受屏幕尺寸、上网速度、使用习惯、应用场景等因素的影响,而 PC 端的搜索方式不能完全适应移动用户的需求。

　　随着移动互联网的飞速发展,移动端搜索的重要性日益显著。移动端搜索是搜索引擎未来发展的主要方向之一。

　　移动端搜索显著的特点之一就是应用程序(Application,App)软件内部数据的搜索。用户通过 App 提供的搜索功能,输入同样的搜索词可以得到与在百度等搜索引擎不同的搜索结果。例如,用户在手机端使用微信 App 浏览信息,通过微信提供的搜索功能(见图 1-16)可以搜索朋友圈、公众号、音乐、小程序等信息,单击自己感兴趣的链接,进一步了解更详细的信息。

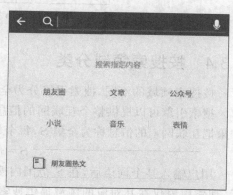

图 1-16　微信 App 提供的搜索功能

1.3.3　按工作原理分类

　　按工作原理的不同,搜索引擎可分为全文搜索引擎、目录搜索引擎和元搜索引擎。

1. 全文搜索引擎

　　全文搜索引擎是指从互联网上提取每个有价值页面的信息(以页面文字为主),建立起数据库,并根据用户搜索信息自动匹配页面,按一定的规则将页面展示给用户的系统。常见的全文搜索引擎还有 Google、360 搜索、搜狗、必应等。

2. 目录搜索引擎

　　目录搜索也称为分类搜索,主要是指搜集互联网上的页面,将其网址分配到相关分类主题目录的不同层次的类目下。用户根据网站提供的主题分类目录,层层单击进入,就能找到相关页面的信息。这是一种比较原始的搜索行为,操作复杂,并且在收录网页分类放置环节完全依赖手工操作,受操作人员主观意识的影响,但在页面质量方面控制得不错,准确率也高。像 Yahoo!、搜狐、新浪就是比较好的目录搜索提供者。

3. 元搜索引擎

元搜索引擎是指在统一的用户查询界面与信息反馈形式下,接受用户的查询后,同时在多个搜索引擎上搜索,并将结果按一定的规则展示给用户的系统。有些元搜索引擎直接按来源排列搜索结果,有些按自己的规则将结果重新排列展现。像 info 搜索引擎就是全球著名的元搜索引擎,如图 1-17 所示。

图 1-17   info 搜索引擎的主页部分界面

1.3.4   按搜索领域分类

按搜索领域的不同,搜索引擎分为全网搜索引擎和垂直搜索引擎。

搜索引擎可以提供整个互联网的信息搜索服务,也可以提供针对某个领域的搜索服务。如果把互联网上的信息称为全集 S,每个领域的信息称为 N_1, N_2, …,那么可以表示为

$$S = \{ N_1, N_2, \cdots \}$$

用户输入某个词语后,在 S 范围内搜索的服务称为全网搜索引擎。用户输入某个词语后,搜索引擎仅在其对应的领域提供搜索服务的搜索引擎称为垂直搜索引擎。

垂直搜索引擎指专注于特定的领域和需求的搜索系统。垂直搜索引擎具有明显的行业色彩,提供的搜索信息专业性更强,更精准,对用户的搜索需求理解更深刻,因而提供的搜索结果更能满足用户的需求。在特定领域内,使用垂直搜索引擎,用户有更好的搜索体验,像购物搜索、机票搜索、旅游搜索、音乐搜索、求职搜索等。如阿里巴巴旗下的一淘网(见图 1-18)就提供了比较好的购物类垂直搜索服务。

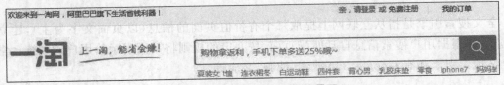

图 1-18   一淘网的主页部分界面

1.3.5   按营销目的分类

按营销的目的不同,搜索引擎分为侧重品牌与侧重销量两类不同的搜索引擎。本书后

面章节的内容分别以百度和淘宝搜索引擎为例,主要围绕品牌和销量来介绍搜索引擎优化的实务。

1. 侧重品牌

目前,很多人都养成了通过互联网搜索信息的习惯。为了顺应这种趋势,企业必须重视网络营销,通过有效途径,在互联网上传播自己的品牌,吸引用户注意,这样才有可能使用户产生购买意向。侧重品牌营销的搜索引擎主要是常见的全网搜索引擎,如百度、搜狗、360搜索、谷歌、必应等。

当用户搜索某关键字时,搜索引擎将相关信息展现给用户。按照搜索引擎的结果展现法则,如果企业提供的产品与关键字相关,那么企业及相关产品就会出现在搜索结果中。如果企业的网络营销做得比较好,那么企业的产品信息极有可能出现在搜索结果的前几页。如果企业的网络营销做得不好,那么企业的产品信息就可能被淹没在互联网中,难以被人发现。

假设某用户在百度中搜索关键字"青岛旅游",搜索结果的首页如图 1-19 所示。

图 1-19 搜索"青岛旅游"的部分搜索结果(1)

如图 1-19 所示为排名在前 3 位的网站,被用户单击的概率大,起到了品牌推广的作用。如果网站带有销售功能,还起到了引流的作用,用户可以直接进入网站购买产品。图中每一条结果底部网址的右侧有"广告"字样。有些用户对这样的搜索结果持排斥态度,有可能直接略过,向下查看非广告标记的网站,如图 1-20 所示。

图 1-20 中的搜索结果除第一项外均标记"百度快照",属于自然排名。这种排名结果与"欣欣旅游"网站的搜索引擎优化相关,这种优化非常好地推广了网站的品牌。用户单击进入页面后,发现该网站除了提供青岛的旅游信息外,还提供其他地区的信息,属于专业性比

图 1-20　搜索"青岛旅游"的部分搜索结果（2）

较强的旅游网站。用户可能就会收藏网站，长期使用网站查询旅游方面的信息，从而达到了网站品牌营销的目的。此外，该网站还提供了旅游产品的销售等多种服务，通过搜索引擎引流达成销售的目的，但这种销售与主要侧重销量的搜索引擎不同。

2. 侧重销量

侧重销量的搜索引擎是指用户通过购物网站提供的搜索框搜索相关商品信息，根据搜索结果选择相关商品的一种引擎。这种引擎仅限于本站范围内商品信息的搜索。用户有潜在购买意向，通过搜索，查询自己满意的商品，最终进行购买。典型的如淘宝网、京东商城、唯品会、亚马逊等网站的搜索引擎，都属于这一类。

假设某用户在淘宝网上购买无线键盘，在对商品信息不了解的情况下，会在淘宝网首页的搜索框内输入关键字"无线键盘"以搜索相关商品，如图 1-21 所示。搜索结果如图 1-22 所示。

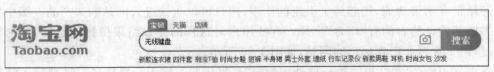

图 1-21　淘宝网搜索引擎的界面

图 1-22　搜索"无线键盘"的部分结果页面

　　搜索结果页体现的是与搜索词"无线键盘"相关的综合排名结果。页面还进一步提供了根据细分条件选择符合用户自己需求的鼠标的功能。如用户可以通过选择"品牌""适用对象"等选项得到自己需要的搜索结果。不管是综合排名,还是根据某个/某些搜索条件展现的排名,必然要符合搜索引擎的某些条件才可能排名靠前。排名越靠前,被用户单击的概率越大,越能转化为实际购买。所以,这种搜索引擎侧重于为用户提供符合需求的产品,侧重于产品的销量。

1.4　搜索引擎营销

　　被誉为"互联网女皇"的凯鹏华盈(Kleiner Perkins Caufield & Byers,KPCB,硅谷的一家风险投资公司)合伙人玛丽·米克(Mary Meeker)在 2017 年《互联网趋势》(*Internet Trends*),报告中指出:2016 年全球互联网用户已经达到 34 亿户,渗透率为 46%;2016 年在线广告数量加速增多,同比增长 22%,高于 2015 年的 20%增长率;谷歌和 Facebook 两家公司占据了美国市场 85%的互联网广告增长份额;2016 年中国移动互联网用户数量突破 7 亿户,同比增长 12%;中国移动互联网用户每日在线时长合计超过 25 亿小时,同比增长 30%,远超网民数量 12%的增速;2016 年互联网占据了中国用户 55%的媒体时间,互联网使用时长超过电视。随着互联网信息的增长,用户通过搜索引擎搜索信息成为一种获取有用信息的重要途径,因此利用搜索引擎进行营销越来越受到企业的重视。

　　商家利用用户使用搜索引擎的习惯,借助搜索引擎进行营销活动,达到宣传品牌、获得利润的目的,通常称为搜索引擎营销。

1.4.1　搜索引擎营销概述

搜索引擎营销(Search Engine Marketing,SEM)指通过搜索引擎将营销信息传递给目标客户的一种营销方式。用户在使用搜索引擎满足自己需求的时候,企业将相关产品信息传递给客户,引起客户的关注,达到展示、交流,甚至收益的目的。

搜索引擎营销的基本思路:将企业的营销信息展示在网页的相关位置,让用户有意或无意发现信息,单击进入网页了解,并进一步与企业交流,实现交易;也可以描述为 4 个步骤,即搜索引擎收录信息、展示信息、发生单击、产生收益。

假设在百度搜索关键字"搜索引擎营销",搜索结果展现在首页的部分排名情况如图 1-23 所示。

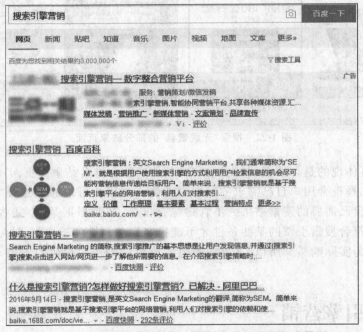

图 1-23　在百度搜索"搜索引擎营销"的结果页部分界面

从图 1-23 中可以看出,排在搜索结果首位的标有"广告"字样,排在第二位的是百度百科的页面,排第三、第四位的属于自然排名。

企业主要通过付费和免费两种方式实现搜索引擎营销。付费是一种立竿见影的方式,企业与平台制定营销策略并付费,使自己的网站排在靠前位置,如图 1-23 中排在首位的网站。免费的方式见效较慢,主要依靠搜索引擎优化(SEO),如排在第三、第四位的网站。通过付费的方式,搜索引擎可以收录企业的网页信息,将营销信息展示在指定位置,不能控制用户是否单击,也不能确保一定带来多少收益。通过免费的方式,搜索引擎可以收录企业的网页信息,企业不能控制信息展现在搜索结果的什么位置,不能控制用户是否单击,也不能确保一定带来多少收益。但是,这并不意味着搜索引擎营销没有什么价值。

1.4.2　搜索引擎营销的价值

互联网与人们日常生产、生活的关系日益密切,企业不管采用付费还是免费或者两者结合的方式进行搜索引擎营销,都是必要的。搜索引擎营销作为传统营销方式的补充和升级,已经成为企业营销管理中不可缺少的一部分,对企业的发展有重要价值。

1. 树立企业形象,提高品牌知名度

当前人们已经习惯使用互联网去查询信息,如果某个企业的信息不能够在网络上搜索到,很容易让用户对企业的真实性或者实力产生疑问。随着用户消费的升级,他们更喜欢那些知名度、美誉度比较高的品牌产品,更愿意选择那些形象比较好的企业提供的产品。通过搜索引擎进行适当的营销行为,能够满足用户对企业或产品信息了解的需求,能够有效地树立企业形象,提高品牌知名度。

2. 带来更多的单击与关注

搜索引擎营销一般都是针对目标客户采用比较精准的方法,能够带来更多的单击与关注。用户搜索某个词都带有很强的目的性,就是想通过搜索结果解决自己的问题。互联网上有很多与搜索词相关的企业,企业的页面在搜索结果的排名越靠前,被用户单击与关注的概率越大。假设企业的页面出现在搜索引擎搜索结果的第 50 页,那么被用户发现的概率就很小。企业通过搜索引擎营销能够使网站页面在搜索结果中的排名尽量靠前。

3. 高效率、低成本、可控性强

互联网信息传播的特点决定了营销的高效率,特别是付费方式的营销,能够在短时间内获得明显的传播效果,而且企业能够及时得到量化的传播数据。很多搜索引擎都提供了相应的工具,企业可以根据营销数据,随时调整付费情况、传播途径等策略,使营销变得可控。与传统营销方式相比,搜索引擎营销的成本比较低,特别是搜索引擎优化方式,除了员工工资,基本不需要其他支出,而且企业完全可以根据优化效果,调整优化策略。由于各大搜索引擎平台都遵循一定的机制,针对某个平台搜索引擎优化的效果,极有可能也适用于其他平台,能够进一步降低信息传播的成本。

4. 不受空间和时间的约束

互联网能够超越时间约束和空间限制进行信息交换,因而营销信息的传播能够摆脱时空限制。企业有了更多时间和更大的空间进行营销,可以每天提供全球性的营销服务,针对的目标客户范围极广。用户只要愿意,随时随地都可以在搜索引擎平台上了解企业信息。

5. 用户有更好的应用体验

有了搜索引擎营销,用户通过搜索引擎能够更快、更方便地找到自己需求的信息,而且用户还可以在多个信息间进行分析,找到自己最满意的选择。不可否认,有些搜索引擎营销方式不利于用户体验,如在显眼位置植入广告等,会引起用户的反感,这也督促搜索引擎适度管理自己的行为。

6. 企业在市场中取得竞争优势

就用户的某个搜索词,搜索引擎会展现很多结果,但是靠前展示的位置是有限的。那些靠前展现的信息更容易被用户关注。企业进行搜索引擎营销,占据了比较好的展现位置,相对于竞争对手就有了一定的优势;相反地,一旦让竞争对手占据了位置优势,就会使自己在竞争中处于劣势。

7. 企业了解市场的门户

企业通过搜索引擎直接面对用户和竞争对手,能够根据营销策略的实施,积累大量的数据,通过对数据的分析和利用,更能把握市场的发展,为产品、营销等策略的制定提供有价值的一手数据,因此,搜索引擎成为企业了解市场的一个门户。

1.4.3　搜索引擎营销的方法

从企业的角度看,企业通过搜索引擎将营销信息传递给目标客户,并且成交,使目标客户变为忠实客户,是企业进行搜索引擎营销的重要目的。为了达到这一目的,企业需要掌握不同的搜索引擎营销方法。在此将企业在全网搜索引擎和内置搜索引擎中经常采用的营销方法分为 4 类,分别是按展现付费、按点击量付费、按成交付费和 SEO。

1. 按展现付费

按展现付费的方法一般指企业购买的广告信息,在一定时间段内,在指定位置、指定情况下展现。企业需要与搜索引擎运营方就广告信息的内容、展现形式、价格、付费方式等事项达成一致。这种形式的营销不能确定用户是否看到了信息、信息是否引起了用户的反感、广告的效果如何等,而且难以用数据、统计分析广告效果。这种营销方法常用到的术语是 CPM(Cost Per Mile),即千人展现成本,每一千人次看到广告的费用。常见的形式如淘宝网的钻石展位广告,如图 1-24 所示。

图 1-24　淘宝网钻石展位海报

2. 按点击量付费

按点击量付费的方法一般是指企业购买的广告信息,在一定时间段内,在指定位置、指定情况下出现,按用户的单击次数计算费用,用户没有单击则不计费用。企业需要与搜索引擎运营方就广告信息的内容、展现形式、价格、付费方式等事项达成一致。显然,在用户自然单击的情况下,单击次数能够统计出广告信息的到达情况,但不能有效衡量广告的效果,如不能确切知道用户单击后是否关注了企业想展现的信息、用户单击的原因是否是对信息感兴趣等。这种营销方法常用到的术语是 CPC(Cost Per Click),即用户每单击一次广告信息的费用。常见的形式如淘宝网直通车广告、Google 关键字广告和百度竞价排名广告等。

1) 淘宝网直通车广告

淘宝网的直通车是为淘宝卖家量身定制的,按点击量付费的营销工具。直通车可以让卖家的宝贝出现在手机淘宝或淘宝网搜索页明显的位置,以优先排序来获得买家关注。用户单击了卖家的宝贝时才付费,而且淘宝网网站系统会智能过滤无效单击,为卖家实现宝贝的精准推广。以在淘宝网搜索"太阳伞"为例,直通车显示的产品如图 1-25 所示。

图 1-25　显示淘宝直通车产品的页面

2) Google 关键字广告

关键字广告是根据搜索引擎的运行机制产生的一种营销方式,即用户搜索某关键字时,结果展现页面出现与该关键字相关的广告内容。这类广告具有目标精准、呈现结果显著的特点,容易被用户"发现",一旦产生单击,用户就可能成为企业的潜在客户。通常,在搜索结果页,这种广告形式的页面与自然搜索结果分开,并且占据更显眼的位置。

关键字广告主要包括下面几种类型。

(1) 与企业相关的关键字广告

与企业相关的关键字即与企业的某些特质相关的关键字,如企业的名称、法人代表的名字、品牌等信息。当用户搜索这些信息时,页面会出现企业的相关广告信息。实际上这些信息都是本企业独有的,按照搜索引擎的算法,企业的相关信息也可能会出现在搜索结果页的靠前位置。因此,这类广告对企业的意义不是很大,这种形式的广告也比较少见。

（2）购买关键字的广告

企业预先向搜索引擎购买与企业产品、服务、形象等相关的关键字和展现位置，在购买期间，用户搜索这些关键字时，与企业相关的网站或页面超级链接等相关信息就会出现在搜索结果页面的特定位置。这种情况对企业选择关键字的质量有很高的要求，选择不当就可能达不到满意的营销效果。

（3）竞争关键字的广告

竞争关键字即企业购买与企业某些信息相关且具有一定竞争性的关键字。用户在搜索某关键字时，互联网上有很多与该关键字相关的企业产品或服务等信息。搜索结果的排名或在页面出现的位置是根据企业对该关键字的出价多少，按照特定算法得出。

3）百度竞价排名广告

百度竞价排名也就是百度推广，是百度向企业提供的按效果付费的网络营销服务。根据企业的付费情况，页面在搜索结果的特定位置展现企业核心产品的标题、简要描述和网址等信息，用户可以单击超级链接进入相关页面，阅读详细信息。广告信息出现的位置由企业的出价和页面的质量度决定。质量度高、与用户搜索需求吻合度高的信息优先展示在搜索结果首页左侧位置，其他结果依次展现在首页及翻页后的右侧位置。百度竞价排名帮助企业提升页面质量度，以获得最佳的推广效果。企业参与百度竞价排名后，搜索结果的右下角会显示"广告"字样，自然搜索排名会显示"百度快照"字样，如图 1-26 所示。

图 1-26　百度竞价排名与自然搜索排名

百度竞价排名免费展示信息，用户单击推广链接时才计费，没有单击则不计费。百度竞价排名可以根据客户需求设置分地域、分时段的广告投放，客户还可以根据需要设置每天、每周的推广费用上限，方便客户管理预算。客户还能够根据百度竞价排名提供的统计报告清楚地知道每一次单击的用户、单击的费用等信息。

计费公式为：

$$每次单击价格（元）＝下一名出价×\frac{下一名的质量度}{自己的质量度}＋0.01$$

出价、质量度、每次单击价格代表的含义如下。

出价就是信息被单击一次，客户付出费用的金额。按照百度的计费机制，实际单击价格不高于甚至远低于出价，出价并不是客户最终的花费，只是愿意承担的最高价。

质量度也称质量得分，满分为 10 分，以整数为计分形式。它主要反映网民对参与百度竞价排名的关键字及关键字创意的认可程度。质量度由多个因素决定，包括点击率（推广信息的单击次数/展现次数)、关键字与页面内容的相关性、竞争者的页面优化情况等。百度经过特定算法得出数值,体现竞争的公平性和科学性。

每次单击价格则是客户实际付出的费用。这个价格由客户和竞争对手的排名关系、出价数、质量度等因素综合确定,且动态变化。这种计费方式充分体现了企业的竞争力,光靠出价并不能得到最好位置,给更多企业公平的竞争机会,只要推广信息质量高,更符合潜在客户的需求,就能获得更好的位置。

3. 按成交付费

按成交付费的方法一般是指企业购买的广告信息,在一定时间段内,在指定位置、指定情况下出现,只有用户通过该信息的引流作用与企业成交了,才计算费用。企业需要与搜索引擎运营方就广告信息的内容、展现形式、价格、付费方式等事项达成一致。这种方式很容易衡量广告效果,但费用也较高。与这种付费方式相关的常用术语为 CPS(Cost Per Sales),即用户每达成一笔交易收取广告的费用。

淘宝客就是一种按成交付费的推广模式,同时也是一个营销平台,还可以指通过推广赚取收益的一类人。淘宝客平台聚集了超百万的推广者,分散在互联网的各个领域,属于全面推广的一种营销方式。卖家可以自主设置销售商品的佣金,与客户成交之后再付费,无风险,投资回报率可自己掌控。

4. SEO

搜索引擎优化(Search Engine Optimization,SEO)是在了解搜索引擎自然排名机制的基础上,对网站进行内部及外部的调整优化,改进网站在搜索引擎中的关键字自然排名,获得更多流量,从而达成网站销售及品牌建设的预期目标。这是搜索引擎营销的一种重要方法,也是本书的核心内容,后面章节中会详细展开介绍。

练习

1. 打开本章中涉及的不同搜索引擎的主页,使用这些搜索引擎搜索相关信息,熟悉搜索引擎的应用。

2. 分别使用百度、搜狗搜索、百度手机端、神马搜索 4 种搜索引擎搜索关键字"新加坡旅游",分析不同引擎搜索结果首页信息的区别。

3. 查询相关资料,进一步了解百度竞价排名的使用方法。

第 2 章
搜索引擎的工作原理

📖 **本章目标**

- 熟悉搜索引擎的基本原理。

用户使用搜索引擎查询信息大体遵循下面几个步骤：选择搜索引擎，输入搜索词，单击"搜索"按钮，得到相关信息的链接，单击合适的链接浏览信息。用户只有得到比较好的搜索体验，才会继续使用该搜索引擎。对应用户的应用体验，搜索引擎需要做到尽可能多地提供高质量页面，能够迅速响应用户的查询，为用户提供的搜索结果要尽可能有用。

本章把搜索引擎的工作主要分为 5 个部分：收录、分析、排序、查询和展现。收录就是搜索引擎通过特定程序抓取互联网上的页面；分析就是针对抓取的页面按照特定规则进行整理；排序就是针对分析后的页面按照特定规则进行排列；查询就是搜索引擎接受用户的搜索要求；展现就是搜索引擎根据用户的查询需求提供结果。各大主流搜索引擎在具体运行方面可能会有所区别，但基本原理差别不大。下面围绕着这 5 个部分分别介绍其工作原理。

2.1 收录

搜索引擎有专门的数据收录程序来搜集、保存、更新互联网上的信息。如果把互联网比作蜘蛛网，这个程序就像蜘蛛一样在网络间遍历爬行（见图 2-1），通常称为蜘蛛程序（Spider）。

2.1.1 蜘蛛程序运行的原理

蜘蛛网由众多蛛丝（两个节点间）组成，蜘蛛从一个位置开始顺着蛛丝爬行，可以到达蜘蛛网的任何一个位置。类似地，互联网上的信息由众多页面组成，蜘蛛程序从一个网址链接开始，通过页面上的超级链接可以发现新的页面。如此

图 2-1　蜘蛛在蜘蛛网上爬行

不断重复，以抓取互联网上更多的有价值页面。蜘蛛程序抓取这些页面后，系统会对页面进行解析、存储，等待下一步处理。此外，互联网上的页面处于不断地增加、更新内容、删除等动态变化中，蜘蛛程序要顺应这些变化，不断地重新爬行和抓取，保持页面更新。搜索引擎收录页面的大体流程如图 2-2 所示。

链接地址是蜘蛛程序抓取页面的入口，总链接库是搜索引擎存储链接地址的数据库，也

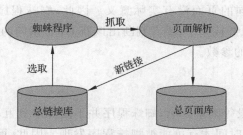

图 2-2 搜索引擎收录页面的大体流程

是搜索引擎判断某页面是否抓取过的重要依据。页面解析是搜索引擎系统对蜘蛛程序抓回页面的初步判断与处理,有价值的新链接进入总链接库,有价值的页面进入总页面库,无价值的页面被直接舍弃。总页面库是存储蜘蛛程序抓取页面的数据库,等待系统对页面进行分析。

实际上,搜索引擎页面收录系统的组成和运行比上面的流程复杂得多,而且互联网页面的复杂性难以想象,像如何选取有价值的链接,如何判断页面的质量,不在简单的页面上耗费时间,如何更及时抓取那些价值高的页面等。为了提高搜索引擎工作的效率和效果,搜索引擎收录系统抓取页面应该遵循一定的策略。

2.1.2 抓取页面的策略

下面主要从 6 个方面分别介绍搜索引擎抓取页面应该遵循的策略。

1. 友好性

对网站而言,蜘蛛程序访问网站抓取页面时会占用一定的带宽资源,可能会影响用户正常访问网站。因此,蜘蛛程序要确保对网站的友好,既能更多地抓取有价值的信息,又不影响用户使用网站的体验。如根据网站的实际情况,制定合适的抓取频率,合理制定蜘蛛光顾的时间等。

2. 根据不同代码采取不同的抓取策略

网站管理者制作网站页面需要遵循一套通用的代码规则。例如,404 代码的页面表示失效不存在了,403 代码的页面表示目前禁止访问等。蜘蛛程序抓取页面时,要针对不同的返回码提示,采取不同的抓取策略,如对 404 代码的页面,第一次抓取后,就没必要再重复抓取了。

3. 根据页面类型动态地抓取

针对不同的网站和相同网站的不同页面,蜘蛛程序要注意识别重要和次要的页面,将更多的资源用在那些具有重要的、有价值的、更新频率高等特点的网站和页面上。搜索引擎要制定多个指标综合判断,形成合理的判定页面 ABC 类型的方法,并做到动态调整。

4. 避免重复抓取

蜘蛛程序在抓取页面时需要判断是否已经抓取过,只有没有抓取过的页面才放入总页面数据库中,重复抓取相同的页面没有实际意义。因此,蜘蛛程序需要快速判断页面地址(URL)是否已经存在于总链接库中,或者判断出该新 URL 指向的页面实际已经收录,只不过新 URL 包含很多无效的参数。

5. 提供多种收录方式

受网络环境、网站建设等因素影响,蜘蛛程序并不能抓取到互联网上的所有信息,或者有些信息需要等待更长的时间才有可能被蜘蛛程序发现。因此,网站管理人员需要通过其他方式使搜索引擎尽快收录自己的网站。目前,搜索引擎主要采用开放平台,接受用户数据提交的方式,弥补蜘蛛程序的不足。

6. 反作弊

互联网上的信息鱼龙混杂,很多非法的、低质量的页面充斥其中,蜘蛛程序如果抓取这些页面会浪费资源,还容易引起用户的反感。因此,搜索引擎需要针对垃圾页面描述出主要特征,将这些数据系统化,形成反作弊系统,使蜘蛛程序能够智能地避开这些页面。

当然,搜索引擎抓取页面的策略不止这 6 个方面,但它们具有一定的代表性。为了更直观地理解蜘蛛程序抓取页面的工作,下面通过搜索引擎抓取内容模拟器来模拟蜘蛛程序的抓取。

2.1.3 模拟抓取页面

互联网上提供了多个模拟搜索引擎抓取内容的模拟器,在此选取了某款模拟器用来抓取 360 搜索主页的信息,抓取结果如图 2-3 所示。

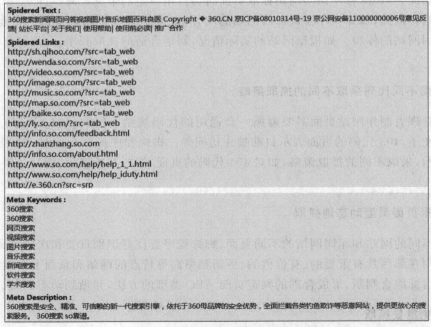

图 2-3 搜索引擎抓取页面模拟信息

由如图 2-3 所示的抓取结果可知,蜘蛛程序抓取的页面信息与用户浏览页面时看到的信息存在较大差别。页面上显示的一些内容或链接可能并不能被蜘蛛程序识别,如显示为图像的内容、基于 Flash 的内容等。蜘蛛程序抓取的内容是它能够读懂、识别的信息。同样,蜘蛛程序识别的信息,可能用户看不到,如蜘蛛抓取的超链接对用户不可见。可见,网站要展示的内容并不是简单地对用户可见或者蜘蛛程序能读懂那么简单。蜘蛛程序抓取的页面信息只是抓取回来,还没有实际的应用价值,必须经过分析才能提供搜索服务。

2.2　分析

用户使用搜索引擎查询信息通常需要输入词或短语,搜索引擎必须把抓回的页面进行分析和处理,才能满足用户的查询需求。

2.2.1　分析和处理页面的原理

搜索引擎分析和处理页面大体需要经过以下几个过程:建立页面索引,提取正文信息,切词、建立关键字索引,关键字重组、建立关键字与页面间的对应关系。

1. 建立页面索引

搜索引擎需要对抓取的有价值页面建立索引,以便能够快速定位到某页面。用户通过 URL 进入页面,而页面对应的 URL 是唯一的,因此,通过对 URL 建立索引,建立 URL 与页面间的对应关系,就能实现快速定位。

2. 提取正文信息

搜索引擎抓取的页面并不是页面上的所有信息都有用,一个页面的核心信息就是正文内容。搜索引擎的特定程序需要提取出正文信息,过滤掉页面中的各种标签信息,如 HTML 标签、PHP 标签等。

3. 切词、建立关键字索引

切词是指搜索引擎对页面的正文内容按词进行切分,形成与用户查询习惯相匹配的关键字列表。搜索引擎对关键字建立索引,就可以实现某个关键字快速定位到某个页面的功能。搜索引擎切词的准确率、效果与用户搜索习惯的匹配程度和各搜索引擎的算法有关,是否具备良好的切词能力会直接影响用户的搜索体验。另外,页面中关键字出现的位置、次数、字体、是否加粗等都会影响页面在搜索结果中的展现。

搜索引擎经过切词和建立关键字索引工作后,能够实现页面中多个关键字对应某个页面的目的。但用户的搜索行为大多是搜索某个关键字出现多个页面的情况,此时需要通过关键字重组实现。

4. 关键字重组、建立关键字与页面间的对应关系

关键字重组就是搜索引擎把收录的所有页面中的关键字组成一个不重复的数据集合。该集合中的每一个关键字都是唯一的,建立索引后形成了关键字与页面一对多的关系。当

用户搜索某个关键字时,搜索引擎就会展现包含该关键字的多个结果页面。

2.2.2　关键字匹配的原理

百度官方通过一个实例简单给出了用户使用关键字搜索页面,搜索引擎的关键字匹配的原理。在此,我们引用其中的实例来说明关键字匹配的原理。以用户搜索关键字"10 号线地铁故障"为例,搜索引擎可能对该关键字短语做如下分词:10、号、线、地铁、故障。假设分词后的每一个词分别对应一个编码,如下所示。

```
10      0x123abc
号      0x13445d
线      0x234d
地铁    0x145cf
故障    0x354df
```

以分词结果中的 10 为例,它可能出现在搜索引擎数据库中的多个页面中,但 10 对应的编码 0x123abc 不会变。如果数据库中的每个页面对应一个阿拉伯数字编号,那么关键字的每一个编码会对应若干个阿拉伯数字编号的页面。假设对应关系如下。

```
0x123abc    1  2  3   4  7  9…
0x13445d    2  5  8   9  10  11…
…
```

由上述可知,如果用户查询关键字"10 号",同时包含"10"和"号"的页面是编号为 2 和 9 的页面,以此类推,就能得出包含关键字短语"10 号线地铁故障"的所有页面。这个过程实际上就是根据关键字求页面交集的过程。然后,搜索引擎根据算法过滤掉低质量或不符合相关规定的页面,按一定规则将页面排序,最终将搜索结果展现给用户。

2.3　排序

搜索引擎快速提供给用户的搜索结果是经过预排序处理的,排序靠前的页面更容易被用户单击,排序越靠后,被用户发现的可能性越小,例如,用户一般很少单击搜索引擎结果页中第 100 页的内容。

2.3.1　排序的前置性

用户使用搜索引擎查询信息,输入关键字并单击"搜索"按钮后,可以快速得到结果(通常以毫秒计);如果反应慢了,会影响用户体验。为了实现搜索的高效率,通常搜索引擎除了采用较好的服务器,还对页面进行提前排序,也就是将排序工作前置。用户没有搜索前,搜索引擎就已经根据某些关键字,将页面按照一定的算法规则做好了排序并存储,用户输入某些关键字时,搜索引擎立即提取已经排好的结果给用户。为了提高搜索引擎工作的效率和效果,搜索引擎系统应该遵循一定的原则对页面进行排序。

2.3.2　排序的原则

1. 权威性

那些公认的权威性越高的网站,提供的内容具有越高的权威性,能够给用户越大的价值,这一原则应该在排序算法中占有一定的计算比例。例如,中国高等教育学生信息网(学信网)的信息具有绝对的权威性,用户查询学历时,搜索引擎应该优先将学信网排序。

2. 专业性

那些专注于某个专业领域的网站提供的内容更专业,对问题的理解更深刻,围绕问题本身能提供更多的参考资料,能够给用户更大的价值,这一原则应该在排序算法中占有一定的计算比例。如某网站专注于在线英语口语培训,学生搜索英语口语培训时,该网站应该被优先排序。

3. 相关性

用户搜索的关键字要与页面包含的关键字及内容具有较强的相关性。相关性越强,越是用户关心的信息,越能解决用户的问题,这一原则应该在排序算法中占有一定的计算比例。页面中关键字出现的个数、出现的位置、外部页面指向该页面所用的锚文本等都是评价相关性采用的参考数据。

但关键字并不是衡量页面内容相关性的唯一指标。页面内容中出现关键字,甚至出现多个关键字,并不能说明页面内容一定与围绕关键字所表达的意思相关性强。例如,用户搜索关键字短语"删除 Word 中的空白页",A 页面只在标题中包含此关键字短语"如何删除 Word 中的空白页",然后直接给出了 6 种操作方法;B 页面在标题、文章首段、中部、结尾处都出现了关键字短语,但只给出了两种操作方法,很多内容都是与主题关联性不强的描述。显然,A 页面内容与搜索关键字短语的相关性更强。因此,搜索引擎需要能够通过分析用户输入搜索的关键字,判断其真实想法;能够通过读取网页页面信息确定页面内容表达的核心思想,两者匹配起来才能够更好地提升用户体验。这也对搜索引擎的算法提出较高的要求。

4. 新鲜性

从两个方面理解新鲜性的原则:一是指页面更新的时间新;二是页面内容新。解决同样的问题,用户可能对离搜索日期近的页面更感兴趣,特别是那些受时间条件影响的问题。同样的问题,解决方案有创新性,同样的内容,表达形式比较新颖等,都容易引起用户的兴趣。搜索引擎会把新鲜性原则作为页面排序的重要条件。

5. 有用性

有用性是指页面内容是否对用户有用,是否被用户喜欢。搜索引擎有自己的方式来判断页面受用户喜欢的程度,如用户在页面停留的时间、页面被收藏的情况、页面内容被复制的情况、页面被转发的情况等。通过一系列指标判定某页面是多数用户喜欢的页面,说明该页面是有用的、重要的,应该靠前排列。事实上,搜索引擎通过分析这些页面,也有助于提升其算法的水平。

6. 友好性

友好性是指网站、页面对搜索引擎和用户是友好的,搜索引擎容易收录和分析,用户浏览页面的体验好。如果页面的内容虽然重要,也能解决用户的问题,表达方式新颖,但是页面的很多地方充斥着广告信息,这样的页面往往给用户"可惜"的感觉,搜索引擎也反感太多的广告行为。如果页面内容重点突出,层次分明,详略得当,用户很容易抓住要点,并且页面结构也合理,说明页面对用户是友好的,也容易引起搜索引擎的好感等,类似这样的页面应该靠前排列。

7. 特殊性

特殊性是指某些比较特殊的因素影响页面排名,并且这些因素占有很大的比重。特殊性因素可能产生于多方面,可能有临时性,并不是一种常规化的存在。如某网站向搜索引擎支付了一定的费用,在约定期间内,用户搜索某些关键字,该网站的页面就会优先显示,可能这些页面的实际价值一般。

以上仅列出了影响搜索引擎展现结果页面排序的几个因素,事实上,搜索引擎参照的评价因素更多,设立了众多指标,最终综合评价确定排序结果。正如我们不知道具体的评价标准一样,各评价因素间的占比也不为外界所知。

2.4　查询

搜索引擎向用户提供信息查询界面,用户在搜索框中输入相应的关键字,单击"查询"按钮或无须单击就可以启动搜索服务。搜索引擎接受用户查询需要遵循一定的原则,用户在查询信息时需要掌握一定的技巧,也可以应用一些搜索指令。

2.4.1　查询原则

搜索引擎应主要从用户查询的习惯和体验好的角度出发,注意关键字的引导性和关键字描述结构性的原则。

1. 引导性

搜索引擎可以通过搜索下拉框推荐关键字等方式引导用户查询。搜索引擎能够根据用户输入的关键字智能推荐用户可能需要查询内容的关键字。这需要搜索引擎的算法不断完善,能够判断出用户的真实想法。以用户在搜狗搜索引擎搜索"网络安全"为例,引导性的关键字如图 2-4 所示。

图 2-4(a)中下拉框推荐的关键字是用户在输入关键字过程中搜索引擎自动提示的引导性关键字,用户可以根据需要选择。图 2-4(b)中"相关推荐"后的关键字是在用户搜索的结果页上部再次给用户提示的引导性关键字,可以帮助用户更好地进行搜索。

另外,用户在输入关键字时难免有失误的情况,此时搜索引擎能够智能地判断出用户可

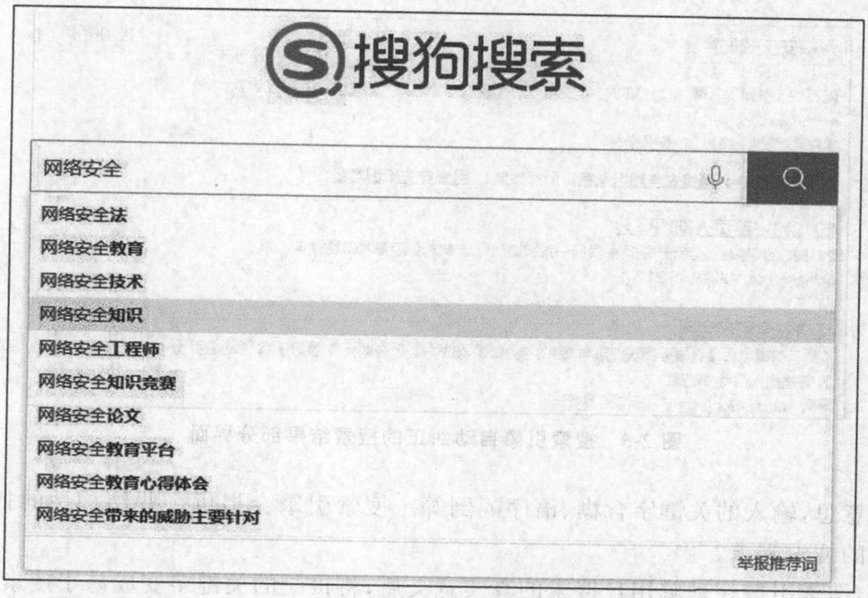

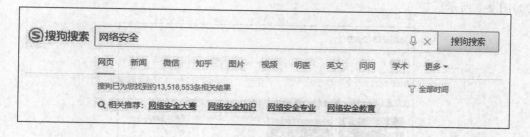

图 2-4　搜狗搜索引擎的引导性关键字界面

能的真实意思,自动显示正确的结果,而不是就错论错,不显示或者显示明显错误的内容。如用户在搜狗搜索引擎中搜索关键字"网络安全知识竞赛",将关键字误写为"网络安庆知识竞赛",搜索结果如图 2-5 所示。

图 2-5 中显示了搜索引擎判断用户可能的真实意思的页面。如果搜索引擎错误地判断了用户的查询需求,在结果页面还提供了"仍然搜索:"的链接,用户可以单击链接进入相关页面。

2. 结构性

结构性是指关键字的描述具有一定的格式,形成结构模板类的标准性描述,如"如何……""……怎么样""……怎么办""……是什么意思"等语句。结构性主要体现在两个方面:一是搜索引擎提供的引导性关键字具备一定的结构性特点,二是搜索引擎能够把用户输入的关键字变成一些结构性的词语。

很多用户输入搜索框的关键字具有一定的口语性,或者描述比较啰唆,主旨不突出;或者有些用户输入的词语过于简单,搜索引擎不能判断其真实意思;还有些用户不能够正确表

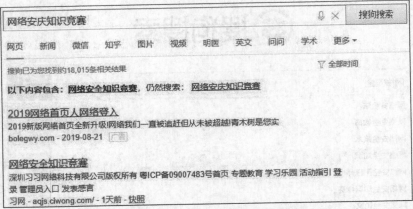

图 2-5　搜索引擎自动纠正的搜索结果部分界面

达自己的意思,输入的关键字含糊、语序颠倒等。搜索引擎会提供一些结构性的描述,有效引导用户的搜索需求。

　　另外,搜索引擎在理解用户搜索的真实意义后,将接受的关键字变成易于搜索引擎理解的结构性语言,能够更好地展现搜索结果。假设用户在百度搜索"电脑黑屏怎么办",搜索结果如图 2-6 所示。

图 2-6　结构性语言搜索结果的部分界面

从搜索结果来看,虽然结果中有些关键字与用户搜索的不同,但提供的内容基本可以解决用户的问题,即"问题"和"方法"可以解决"怎么办"的问题。

2.4.2　查询技巧

用户在使用搜索引擎查询信息时,如果掌握一定的技巧,就能够快速、准确地找到自己需要的信息。

1. 利用下拉框

用户输入关键字时,搜索下拉框会根据输入的关键字自动提示相关关键字。这些关键字中如果有符合需求的,用户可以直接选择。通常搜索引擎提示的关键字是由众多用户的搜索习惯总结得出的,能给用户提供搜索便利,缩短输入时间,引导用户进一步明确自己的需求。同时,使用搜索引擎提示的关键字搜索能够得到比较满意的答案,这些答案是搜索引擎根据众多用户的选择,进行算法优化的结果,质量更高。假设用户使用百度搜索引擎查询关键字"word 页码",随着用户输入关键字,搜索下拉框会自动给出关键字提示,如图 2-7 所示。

在图 2-7(a)中,用户输入"word"后,搜索下拉框给出引导性关键字,如果有满足需求的,可以直接单击下拉框关键字进入搜索结果页。图 2-7(b)中是下拉框提供的与"word 页码"相关的关键字,如果有能精确表达需求意思的,可以直接单击进入搜索结果页。

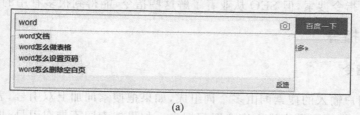

(a)

(b)

图 2-7　下拉框的关键字提示

2. 快速显示结果

为了提高搜索效率,用户在输入关键字的过程中即使没有单击"搜索"按钮,搜索引擎还是会根据关键字立即显示相关搜索结果。如果用户感觉信息能够满足其要求,就可以停止输入关键字,直接单击显示的搜索结果。如果随着关键字的输入,搜索引擎给出的搜索结果及给出的提示关键字都不是想要的,用户可以输入自己组织的关键字,然后单击"搜索"按钮,查看查询结果。

3. 合理组织关键字

用户把自己想要查询的内容组织成输入的关键字,对用户和搜索引擎都是至关重要的。相同的意思,由于组织的关键字不同,可能得到相差较大的结果。例如,用户想搜索的内容是"夏天到青岛游玩有什么好的地方推荐",用户可能组织的关键字是"夏天到青岛游玩有什么好的地方推荐",也可能组织的关键字是"青岛夏天景点",两者的搜索结果不同。读者可以试着搜索一下以上两个不同的关键字词语,对比一下搜索结果。

通常用户把自己想搜索的内容使用简短、清晰的关键字表达出来,能够取得较好的搜索效果,关键字的字数越多,表达得越不清晰,越给搜索引擎的关键字匹配带来困难。但是众多用户并不会完全按照搜索引擎的要求去做,这也给搜索引擎的算法提出了挑战。

搜索引擎除了提供普通的搜索服务,还能够接受一些搜索指令,提供高级服务。普通用户一般不用高级指令搜索,但 SEO 从业者了解这些指令,能得到很多有用的信息。

2.4.3　查询指令

1. 双引号指令

很多时候用户输入的搜索词由多个词组成,如果把搜索词加上双引号,表示将该搜索词作为一个词看待,搜索引擎会进行完全匹配搜索。如果搜索词不带双引号,搜索引擎会显示包含搜索词中多个词的结果。在百度、360 搜索等主流搜索引擎中,搜索词加上英文或中文状态下的双引号,对搜索结果没有明显影响。以在百度搜索"网络安全技术"为例,不带双引号和带双引号的结果如图 2-8 所示。

图 2-8(a)中是关键词不带双引号的搜索结果,图 2-8(b)是关键词带双引号的搜索结果。从搜索结果中可以看出,实际上所谓的完全匹配也并非完全,只是完全匹配的结果占有更大的比例。

2. 减号指令

用户搜索关键字会得到很多结果,有些结果并不是自己需要的,此时可使用减号指令进行过滤。减号指令的使用方法:关键字后加一个空格,然后是减号再加上过滤信息的关键字。如用户搜索"故宫",但不想显示百度百科对故宫的介绍,此时可以输入关键字"故宫 －百度百科"进行搜索。使用指令前后的搜索结果差别很大,如图 2-9 所示。

3. inurl 指令

顾名思义,inurl 指令就是在 URL 链接地址中搜索,也就是搜索的关键字包含在页面的

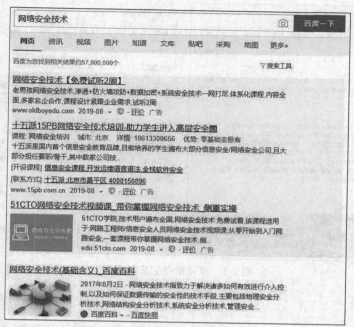

(a)

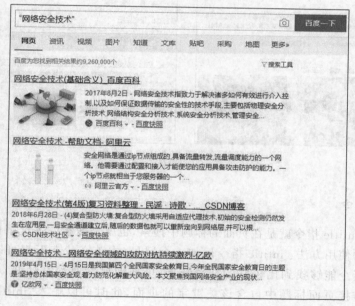

(b)

图 2-8 不带双引号和带双引号的搜索结果

链接地址内。该指令的使用方法：inurl 指令后加一个冒号（中英文状态下都可以），然后输入关键字。SEO 工程师使用该指令能够找到比较好的友情链接。假设用户搜索"美食"，只想显示 URL 链接地址中包含该关键字的页面，此时可以输入"inurl:美食"进行搜索。使用指令前后的搜索结果差别较大，如图 2-10 所示。

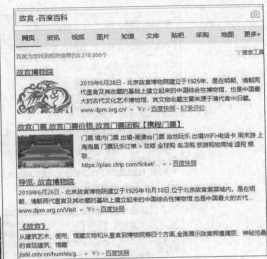

图 2-9　减号指令的应用实例

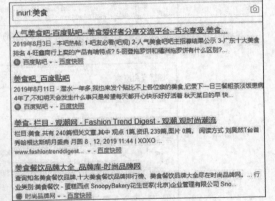

图 2-10　inurl 指令的应用实例

4. intitle 指令

顾名思义,intitle 指令就是在页面的标题中搜索,也就是搜索的关键字包含在页面的标题中。该指令的使用方法:intitle 指令后加一个冒号(中英文状态下都可以),然后输入关键字。使用该指令能够找到比较好的友情链接,更准确地发现竞争对手。如用户搜索"游泳",只想显示链接页面标题中包含该关键字的页面,此时可以输入"intitle:游泳"进行搜索。使用指令前后的搜索结果差别较大,如图 2-11 所示。

另外,还有常用的 site 指令、filetype 指令、书名号等,各指令的主要内容如表 2-1 所示。请读者自己练习这些指令的操作。

5. 高级搜索

搜索引擎还提供了"高级搜索"功能,用户可以在高级搜索页面根据界面提示,按照需求

图 2-11 intitle 指令的应用实例

表 2-1 几种常见的查询指令

指令名称	功 能	使 用 方 法	举 例	备 注
site	查询某个域名下的页面被搜索引擎收录的情况。 在指定站点内进行搜索	site 后加冒号（中英文状态下都可以），再加关键字	site：mail.163.com	不同搜索引擎的效果不同
		关键字加空格，加 site，加冒号（中英文状态下都可以），再加站点地址	360 杀毒 site：bbs.360safe.com	
filetype	查询包含关键字的某种特定类型的文件	filetype 后加冒号（中英文状态下都可以），加文件格式，后加空格加关键字	filetype：PPT 旅游	注意文件格式和关键字之间要加空格
书名号	与双引号类似	关键字加书名号	《seo 推广优化》	不同搜索引擎的效果不同

输入相关内容。以百度的高级搜索功能为例，用户可以进入高级搜索的页面按要求操作，如图 2-12 所示。

图 2-12 百度"高级搜索"功能的部分界面

2.5　展现

搜索引擎接受用户的查询,经过系统的关键字匹配和页面排序后,最终将页面展现给用户。搜索引擎的运算都在后台运行,不管多复杂,用户都不可见,用户也不用关心,他们关心的是搜索服务的体验。

搜索引擎的展现结果中,影响体验的主要因素有速度和显示结果的质量。搜索结果的显示速度与搜索引擎的算法及页面预处理、服务器的性质、区域分布等因素相关。这里重点介绍搜索显示结果的质量问题。

2.5.1　展现分析

下面通过一个实例来分析搜索结果的展现问题。假设用户使用百度搜索引擎搜索关键字"美食攻略"。用户在搜索"美食攻略"时,通常可能想得到的信息是"所居城市或搜索具体地点的周边有哪些美食,人们对美食的评价如何",通过搜索结果展示的概要信息基本能确定是否单击进入页面。用户可能不想看到的信息是广告。用户对这类关键词搜索结果地域性的要求较高,如成都的用户搜索"美食攻略",并不想得到北京的美食信息。搜索结果如图 2-13 所示。

图 2-13　搜索"美食攻略"的结果页部分界面

下面分析图 2-13 中的搜索结果。页面左侧排第一位的是广告信息,排第二位的是百度旅游提供的美食旅游,排第三位的是某网站成都美食攻略的页面,排第四位的是某网站首尔美食攻略,排第五位的是某网站上美食攻略的页面,排第六位的是对一部名为《美食攻略》游戏的介绍。页面右侧是几个网站的链接等信息。对于身在成都的用户而言,可能就想查查晚上去公司附近的什么饭店吃饭比较合适,显然,搜索结果对用户没有任何用处。或许是用户输入的关键字选择不当,但从用户体验的角度考虑,搜索引擎展现的结果至少要遵循一些原则。

2.5.2　展现原则

1. 智能性

智能性是指搜索引擎能够根据用户搜索情况展示给其可能最想得到的结果。实际上这是在展现角度对搜索引擎排序提出的要求。根据上面的例子,智能性要求搜索引擎能够判断用户是成都的,他输入"美食攻略"的真实意思是搜索住地周边的特色美食,有针对性地展现结果;甚至要求搜索引擎能够根据用户日常的搜索习惯判断出他喜欢什么类型的食物,将包含那些食物的饭店优先展现。

2. 自然性

自然性主要是针对广告信息而言的。搜索引擎展现的信息中如果广告占太大的篇幅,容易引起用户反感,即使广告信息对用户是有用的,很多人也不会主动单击。很多用户都喜欢自然排名的结果,百度搜索结果中有"百度快照"标记的网站就是自然排名的网站。另外,搜索引擎本身可能开发了很多产品,它们会优先展示这些产品中包含的关键字页面,但要保证提供的信息是有价值的。

3. 引导性

搜索引擎展现的结果不仅要显示相关关键字页面的链接和网站名称,而且要显示链接页面的主要信息,包括文字信息、图片信息等,以帮助用户判断是否有必要打开链接进一步了解页面内容。如图 2-13 搜索结果中展示的图片就能调动起人们的食欲,促使人们打开页面了解详细信息。

百度称这种展现方式为结构化展现。结构化展现能够向用户明确传递信息,直击用户需求痛点,以获得更高的点击率。

图 2-13 中搜索结果中的右侧信息,作为一种展现形式,跟用户的搜索关键字具有一定的相关性,可能会引起用户的兴趣。虽然我们不知道这种相关性的算法,但用户对其广告成分的感觉可能相对于左侧明显的广告信息要弱一些。

补充知识点:百度的结构化数据

百度搜索引擎展现的自然结果主要分为两类:一是结构化展现,形式多样,目前覆盖80%的搜索要求;二是一段摘要式展现,比较原始,一般包括一个标题、两行摘要和部分链接。以搜索关键字"音乐播放器下载"为例,搜索结果展现较好,如图 2-14 所示。

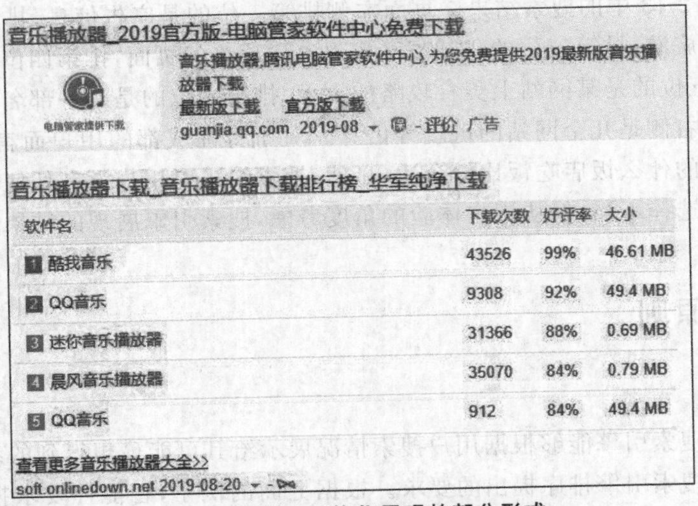

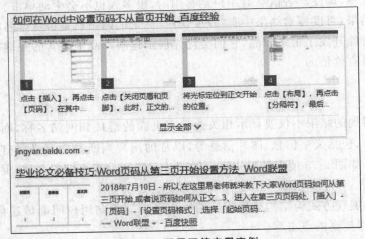

图 2-14　百度结构化展现的部分形式

目前,百度搜索引擎主要有下面几个结构化展现的样式。

1. 通用回答

搜索引擎直接就问题给出答案,方便用户参考。以搜索关键字"如何在 word 中插入页码"为例,搜索结果展现较好,如图 2-15 所示。

图 2-15　通用回答应用实例

百度知道中如果回答标记了"【专业】答案"字样,相对来讲,这样的答案具有较高的价值,占有一定的优先展现权重。

2. 下载

搜索引擎直接给出下载地址、文件大小、文件更新时间、文件简介等信息(见图 2-14)。

3. 时间戳

对于时效性较强的资讯,搜索引擎将时间提取出来,标明网站来源,吸引用户单击。以搜索关键字"2019 高考填报志愿"为例,展现效果较好,如图 2-16 所示。

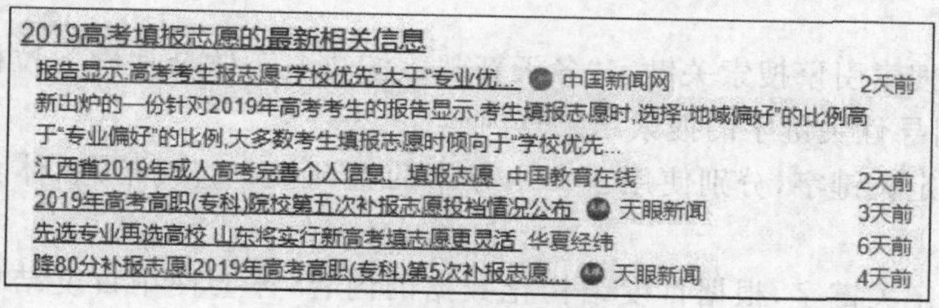

图 2-16　时间戳应用实例

4. 在线文档

对于搜索引擎数据库中已经存在的含关键字的文档,搜索结果会出现文档格式的示意图,有些还带有文档的页数及评分等内容。以搜索关键字"汽车发动机工作原理"为例,展现效果较好,如图 2-17 所示。

图 2-17　在线文档应用实例

5. 配图

在搜索结果页中,带有与搜索内容关联性强的图片的链接更容易吸引用户单击,可以直观地让用户了解相关内容(见图 2-15)。

百度官方给出了网站站长使搜索结果结构化展现的 4 个途径。

(1)参与原创星火计划。百度搜索资源平台 VIP 俱乐部提供申请入口,需要经过人工审核后进行数据提交。

(2)结构化数据提交工具。

(3)结构化数据标注工具。

(4)搜索结果配图。具体要求:在文章主体位置,图片与内容相关,图片上没有文字,图片长宽比例接近 121∶91。

练习

1. 请读者从网上搜索某个搜索引擎内容抓取模拟器,使用模拟器抓取新浪网首页的内容。

2. 使用百度搜索引擎搜索关键字"冬天新疆旅游攻略",体会搜索下拉框的引导性关键字,并熟悉不同引导性关键字的搜索结果页内容。

3. 请读者拟定关键字,分别使用本章中介绍的查询指令查询信息,体会不同指令下搜索结果的异同。

4. 请读者拟定关键字,根据百度结构化数据的内容,体会使用百度结构化数据查询关键字的结果。

第 3 章
SEO的基本理论

📖 **本章目标**

- 掌握 SEO 的基本原则与导向。
- 掌握 SEO 的核心思维。
- 熟悉 SEO 的基本矛盾。
- 了解 SEO 的发展趋势。

本章理论既适用于百度等全网搜索引擎,也适用于淘宝网等内置搜索引擎;既适用于PC 端搜索引擎,也适用于移动端搜索引擎。但是它们对某些表达对象的称呼不同,为了方便起见,我们把 SEO 对象默认为网站,读者在理解上注意通用性。

SEO 工作主要受搜索引擎算法和 SEO 工程师的影响。搜索引擎算法的调整会给很多网站的搜索排名带来较大影响,SEO 工程师的工作水平直接影响网站的搜索排名及排名的稳定性。本章简要总结了 SEO 工作的基本理论,供读者参考。

3.1 SEO 的基本原则与导向

3.1.1 SEO 的基本原则

1. 整体性

搜索引擎对某个网站的评价是由多个因素根据重要性占不同的权重组成的综合评价。某个网站的几个优点并不能给网站带来多大的权重,只有整体各项指标都比较优秀,才会引起搜索引擎的足够重视,也才能给用户带来更好的浏览体验。像优化项目、指标兼顾用户体验和搜索引擎的友好性,网站在 PC 端和手机端都能有很好的浏览体验,网站的域名、服务器、页面内容、排版、样式都经过精心组织和选择等,都属于从整体性的角度去考虑优化工作。

因此,SEO 工程师在对网站进行优化时,要注重制定整体性的策略,使各项优化项目和指标做到互相支持,同步促进。网站的整体评价得分高了,就会被搜索引擎列入重点关注对象,及时抓取网站内容,优先排序。

2. 战略性

与整体性不同,SEO 工作的战略性更具有挑战性,对 SEO 工程师的要求更高,需要他们具有较强的战略规划能力。网站的 SEO 是一项见效慢的工作,甚至在一段时间内付出了资金和精力却没有任何回报。很多从业者缺乏战略眼光,急功近利,慢慢地偏离正常的 SEO 道路越来越远。特别是在使用一些方法取得了一定的成绩后,可能会加速其偏离正常轨道。SEO 工作的战略性主要表现在以下几个方面。

1）系统规划

从建设规划网站开始就执行系统的 SEO 思路,落眼全局,按部就班,逐步推进,不存在侥幸心理,按照正规做法,扎实做好每一步操作。

2）重视原创

SEO 工程师应该特别重视网站的内容建设,坚持创作有价值的原创内容,打造行业内的知名度,逐步争取成为业内的领导者。

3）技巧为辅

SEO 工程师要明白优化技巧只能是暂时性的、辅助性的,只要打造业内的标杆,在垂直领域内具备知名度,自然就会受到搜索引擎的重视,哪怕有些优化行为不被搜索引擎喜欢,也可能会被搜索引擎容忍。众多高质量的、用户追捧的网站,搜索引擎不会置之不理,毕竟搜索引擎的目的是提升用户的搜索体验。

3. 动态性

动态性是指网站的优化策略随着实际情况进行变化,但这一点与战略性并不矛盾。从搜索引擎技术发展的历程看,算法的改进是一个不断升级的过程,很多影响体验的优化方法并不能甄别出来,甚至有些很隐蔽的手法,并不会影响用户体验。像有些优化手法针对搜索引擎开发,能引起搜索引擎的好感,排名靠前,但用户觉察不到,实际提供的内容并不是用户需要的。另外,原来合法的优化方法,随着环境和技术的变化,搜索引擎可能将其认定为非法;原来不能实现的优化项目,随着技术的进步得以实现等。

SEO 工作必须跟上互联网的发展,坚持动态性的原则,否则将不能取得长远的效果。SEO 技术或优化手法不管如何调整,以提升用户体验为中心的思想不能变,取得用户和搜索引擎双重友好性的基本点不能变,核心战略规划不能轻易变。

3.1.2　SEO 的基本导向

1. 以官方意见为导向

搜索引擎的官方信息具有权威性,是搜索结果排名的重要依据,也是 SEO 工程师进行网站优化的基础。各大主流搜索引擎都提供了站长平台,从官方角度提供了很多资料,SEO 工程师要从这些资料中总结搜索引擎优化的方向、技巧、方法等资源,然后用于实践操作。有些经验比较丰富的 SEO 工程师能够从搜索引擎平台公布的官方资料中找到优化方向的“蛛丝马迹”,可能取得很好的优化效果。

不同搜索引擎站长平台提供的资料有些可以通用,有些具有明显的平台特色。SEO 工程师要仔细研究,针对不同的搜索引擎实施不同的优化策略,尽量在通用的基础上体现出平台特色,使网站在不同的搜索平台都取得较好的排名效果。如百度搜索资源平台、360 搜索站长平台、搜狗搜索站长平台、谷歌站长平台等都提供了大量的官方资料,可以指导 SEO 工

程师的工作。在此,以百度搜索资源平台为例,截取平台的部分页面了解相关内容,如图 3-1
所示。

图 3-1 百度搜索资源平台的部分界面

在图 3-1 中,百度官方提供了"VIP 俱乐部""站长社区"等交流功能,SEO 工程师可以
通过这些平台相互交流,体会不同优化人员对官方信息的解读、具体实践中的应用等信息,
共同进步。

2. 以实践为导向

SEO 工作是一项以实践为主的工作。搜索引擎官方虽然对外公布了很多资料,但不少
资料都是概括性的,没有明确的方法,这也给 SEO 工程师留下了很多想象的空间。对搜索
引擎官方公布的资料,不同优化人员可能有不同的理解,采取的优化措施可能不同,或者侧
重点不同等,这就需要通过实践去摸索经验、检验成果。一个实战经验丰富、善于思考的优
化人员往往能够取得比较好的优化效果。

SEO 工程师之间通过"站长社区"等交流平台互相交流经验,也是实践中必不可少的环

节。虽然有些人采用一些方法,取得了较好的排名效果,但并不能说这些方法就是正确的;有些人采用一些方法,没有取得较好的排名,也不能说这些方法就一定是落后的或者是错误的等。这也是SEO工作的魅力所在,一切都需要在实践中不断总结,不断提升。

3. 以适度优化为导向

SEO工作需要在一个适当的范围内进行,过于优化可能被搜索引擎判断为作弊手法,优化不到位可能达不到预期效果。适度优化要兼顾搜索引擎系统各要素的要求,尽量避免刻意优化的行为,优化内容要尽量符合多数用户的使用习惯。下面通过几个实例理解一下适度优化的含义。

1)页面文章标题

页面文章标题所包含关键字及显示格式(加粗、字号大、居中等)应能够吸引搜索引擎优先抓取。

2)页面文章排版

如果整篇文章全部加粗、字号一样大,就会让搜索引擎找不到重点,用户看起来也不方便。即使内容再好,全文自始至终不分段,标点符号乱用,用户也很容易放弃浏览。

3)页面图片

相比文字,用户更喜欢看图片类的信息,但是页面包含太多的图片,就会打开缓慢,用户等待的时间越长,离开的概率就越大。相对于图片,搜索引擎更喜欢抓取文字类的信息。

4)浏览设备

有些网站在手机端打开,展示的是PC端的页面,需要放大界面才能浏览,很不方便;针对手机屏幕开发的界面,有更好的浏览体验,更受搜索引擎的青睐,如图3-2所示。

图3-2　手机端打开网站页面的部分界面

目前的搜索引擎技术仍然处于不断完善和发展的过程中。对于搜索引擎已经明确公开的违规方法,一定不能使用。很多 SEO 工程师为了取得比较好的搜索排名,很可能使用一些比较激进的优化方法。使用这些方法到什么程度被搜索引擎判为作弊的标准不好掌握,使用得当就是好的方法,使用过度就成了作弊手段,被搜索引擎判为违规。这一点需要在实践中不断摸索。

具体到某个网站,具体到每一次搜索引擎算法的升级,都会引起一部分网站的排名迅速下滑,可能就是搜索引擎对一些优化方法"适度"的调整。

总之,不管是用户还是搜索引擎,最终追求的都是好的体验。但是什么体验才算是好的,难以量化描述,搜索引擎也难以给出全部的指标,SEO 工程师只能在实践中不断总结。

3.1.3 SEO 原则与导向的模型

我们可以把以上 SEO 工作中的原则和导向描述为一个模型(见图 3-3),这是进行 SEO 工作的基础。

图 3-3 SEO 工作的基本模型

在图 3-3 中,SEO 工作的整体性、战略性、动态性原则是指导 SEO 工作的主要原则,在此基础上,SEO 工程师要坚持以搜索引擎的官方意见、以具体实践操作、以优化适度的导向实施 SEO 策略。其中,"适度"是在搜索引擎官方意见和具体实践中总结出来的,并且具有动态性。

3.2 SEO 的核心思维与优缺点

很多人有这样的疑问:SEO 管用吗?特别是当实施了一定的 SEO 后,优化人员没有见到网站排名有多大的变化,这种疑问更强烈,中途放弃的也不在少数。因此,要做好 SEO 工作,需要坚持 SEO 的核心思维。此外,SEO 工作除了具有明显的优点外,还具有一定的缺点,需要优化人员正确对待。

3.2.1 SEO 的核心思维

下面分别从 SEO 工作围绕的核心要素、要达到的核心目的、核心要素间的变化关系 3 个方面介绍 SEO 核心思维方面的内容。

1. 核心要素

在互联网中,搜索引擎的一端连接着用户,另一端连接着网站,用户通过搜索引擎得到网站的信息。同样的道理,网站通过搜索引擎使用户发现自己,达到展现甚至收益的目的。可见 SEO 工作实际是围绕着用户、网站和搜索引擎 3 个核心要素展开的,它们之间的关系如图 3-4 所示。

如果用户在一个搜索引擎不能找到需要的信息,或者需要花费很长时间才能找到,那么用户极有可能转向其他搜索引擎。搜索引擎如果要迎合众多用户的需求,就要尽可能多地搜集网页,尽可能地把优质网页展示在搜索结果的前面,尽可能地根据关键字匹配到用户最需要的信息。

2. 核心目的

网站要在互联网中脱颖而出,首先要迎合搜索引擎的喜好,只有符合搜索引擎的要求,才有可能在搜索结果中靠前展示。当然,如果网站仅迎合了搜索引擎的喜好,却得不到用户的认可,最终也会被搜索引擎放弃。

所以,好的网站既要迎合搜索引擎的喜好(或者称为搜索引擎友好性),又要满足用户的需求;好的搜索引擎既能满足用户的需求,又能使好的网站有更多的展示机会。可见 SEO 工作的核心目的就是满足用户的需求,或者称为用户体验,如图 3-5 所示。

图 3-4   SEO 工作围绕的核心要素   图 3-5   SEO 工作的核心目的

3. 核心要素间的变化关系

SEO 工程师的工作对象是网站,一个落脚点是用户方面,另一个是搜索引擎方面,偏向于任何一个方面,网站都不会取得长远的优化效果,要学会两手抓,两手都要硬,均衡发展。从用户体验的角度出发,当一方发生变化时,另一方也随之调整,达到用户体验的最优化。核心要素间的变化关系如表 3-1 所示。

表 3-1   SEO 核心要素间的变化关系

要 素	状态	要 素	状态	要 素	状态	结 果	备 注
用户需求	变	搜索引擎	变	网站	变	趋向新最优	用户需求的变化主要是网民的需要和喜好;搜索引擎的变化主要是算法;网站的变化主要是结构和内容等
搜索引擎	变	用户需求	不变	网站	变	趋向新最优	
网站	变	搜索引擎	变	用户需求	不变	趋向新最优	

表 3-1 的内容可以做如下解释:用户需求发生了变化,搜索引擎的算法也要变化,提高用户的搜索体验,网站的内容、结构等方面也要跟上变化,否则网站的排名就会靠后。搜索

引擎优先展示那些更符合算法的网站,搜索引擎的算法变了,用户的需求不变,为了更好地满足用户,网站的内容、结构等要跟上算法的改变,使自己的网站排名更靠前。网站的管理人员在运营中,不断做 SEO 工作,网站变得更优质,搜索引擎就要适时变化,使优化后的网站排名靠前,此时用户的需求没变,但他们的体验更好。

3.2.2　SEO 的优缺点

　　用户使用搜索引擎查询信息,很多时候搜索结果中会出现找到百万多个信息的提示。事实上,很多人可能在搜索结果的前几页就找到了需要的信息,或者翻几页后直接放弃,换一个关键字查询。也就是说,绝大部分搜索结果实际是"无用的"。

　　某个网站如果想在搜索结果中靠前排列,可以通过付费或者 SEO 的方式。但是这并不意味着付费推广的网站就没有必要做 SEO 了,这样极有可能出现付费结束后,网站排名迅速下降的情况。SEO 的结果是网站价值的真实体现。

1. SEO 的优点

　　1）费用低

　　SEO 工作除了人工成本外,基本不需要其他支出,而且正常的 SEO 技术还能给品牌形象、用户口碑等带来正面影响。

　　2）效果持续

　　与付费营销结束后搜索结果不可预测不同,只要付出了,SEO 就会有效果,并且这种效果是持续的,还会稳定上升,不大会受搜索引擎算法变更的影响。

　　3）范围广

　　不同的搜索引擎具有很多相同的普遍规则,都建立在用户体验的基础上,经过 SEO 的网站,在各大搜索引擎的排名都可能提高。

　　4）目标聚焦

　　用户通过搜索单击网站是一种主动行为,说明用户对网站内容在一定程度上是感兴趣的,如果用户在网站停留的时间比较长,解决了自己的问题,就极可能转化为网站的潜在客户。

　　5）网站的吸引力更强

　　在互联网上,用户情愿或不情愿地被很多广告信息影响,他们更喜欢单击那些在搜索结果中自然排名靠前的网站,这些网站更能吸引用户的注意,并且用户在这些网站中往往能得到更好的应用体验。

　　6）应用体验更好

　　如果网站要取得比较好的 SEO 效果,就必须对整个网站进行全方位的优化。这些优化从网站结构到网站内容,从域名到服务器,从链接到代码等,都要从用户习惯和搜索引擎运行的规律出发,这样优化的网站更容易带给用户良好的体验。

　　7）网站更容易脱颖而出

　　很多企业并不重视 SEO,这也给 SEO 工程师提供了很好的机会,特别是对于专业性的垂直网站来说,做付费推广都不是长远之计。当 SEO 工程师兢兢业业地做出搜索引擎和用户都喜欢的网站时,网站更容易在互联网中脱颖而出。

2. SEO 的缺点

1）见效慢

SEO 的效果见效慢，甚至在一段时间内根本没效果，需要优化人员长期坚持下来，按照 SEO 的基本操作执行。

2）不确定性

搜索引擎的运行规则与算法不为外界所知，人们只能通过其官方公布的资料和实际操作的经验推断出可能的优化方法，具有一定的不确定性。

3）复杂性

互联网上的同类信息复杂多样、搜索引擎的算法复杂、网站需要优化的方面多、影响网站搜索排名的因素多、优化人员的素质和知识背景不同、某些优化方法需要多条件下相互印证等，都决定了 SEO 工作的复杂性。

3.3　SEO 的基本矛盾

从理论上讲，SEO 工作的结果应该是网站按价值的优先级依次展示在搜索引擎的搜索结果中，用户对展现的搜索结果总是满意的，但现实情况难以实现。例如，在百度中搜索关键字"美食"，搜索结果如图 3-6 所示。

图 3-6　在百度中搜索"美食"的部分结果页界面

在百度数以亿计的搜索结果中,排在前 4 位的网站页面确实是其价值的真实体现吗?可以看到排在前两位的网站页面,百度已经标出是"广告",也就是说它们可能不是用户最需要的内容。排在第 3 位的是百度图片,也可能不是用户需要的内容。可见搜索结果与 SEO之间存在一定的矛盾,主要表现在以下几个方面。

1. 主体诉求不同带来的矛盾

用户、网站和搜索引擎之间诉求的差异存在一定的矛盾。用户通过搜索引擎从互联网中找到自己需要的信息是最主要的查询方式。网站通过提供内容吸引到用户,达到展示、宣传的目的,同时能在搜索引擎的结果中靠前排列,从而获得一定的收益。搜索引擎创建一个机制科学、富有吸引力的平台,吸引用户和网站聚集在平台上交互信息,最终取得一定的收益。

三者之间主要诉求的不同,导致在运行过程中难免会出现一些矛盾。例如,搜索引擎在搜索结果展现的黄金位置,优先安排给那些付费的网站;有些网站过于迎合搜索引擎的喜好,排名靠前,但对用户的价值一般等。

2. 主体喜好不同带来的矛盾

用户、网站和搜索引擎之间的喜好存在差异。由于技术、投入产出比等因素的影响,用户的很多喜好难以作为满足的首要条件。如用户更喜欢浏览一些图片、动画类的资料,但这些会影响存储空间、运行速度等,不被搜索引擎优先考虑;搜索引擎的技术发展是一个不断升级完善的过程,难以跟上用户的需求;有些网站出于成本考虑,选择的服务器不稳定、网站建设粗糙、缺少日常维护等,这些都是不被搜索引擎所青睐的。这些矛盾可能会随着主体的发展有所缓和,但它们是实实在在存在的。

3. 主体利益不同带来的矛盾

用户、网站和搜索引擎之间因为利益考虑而产生矛盾。这些矛盾有些是短期行为,受到惩罚后会改正,有些现象却经常发生,不会消失。如有些搜索引擎总会倾向于优先展现自己产品的相关信息,这些信息在专业性、阅读体验、质量等方面可能不如自然排名的网站,但是用户不得不接受这种现状。

4. 主体发展阶段带来的矛盾

在互联网发展的不同阶段,在用户、网站、搜索引擎各自发展的不同阶段存在一定的矛盾。这种矛盾会随着发展阶段的不同表现出不同的特点。如用户在使用互联网的初始阶段,可选择的余地小,对网站和搜索引擎的要求不是很高;网站在互联网初始阶段,竞争不是很激烈,对内容和结构的关注度一般;搜索引擎初始的技术水平一般,对一些网站违规行为疏于管控等。随着互联网的发展,用户、网站、搜索引擎也不断发展,它们之间也产生了矛盾,如用户更挑剔、网站竞争更激烈、搜索引擎算法更合理等。

总之,用户、网站和搜索引擎 3 个要素是矛盾的统一体。它们之间应相互依存,互为条件,互相补充,和谐相处。它们之间存在的矛盾也促进了各要素的不断进步,推动互联网的进步。同时,互联网的进步也促进了 SEO 工作的进步。

3.4　SEO 的发展趋势

互联网的信息量在不断增加,搜索引擎的算法在不断升级,SEO 工程师的技术水平也在不断提高。在这个变化过程中,有些网站排名不断下滑甚至倒闭,有些网站排名不断上升,有些 SEO 从业者技术日渐精进,逐渐把握一些规律,有些从业者则跟不上时代的变化,在偏门左道上越走越远,不断被互联网抛弃。不管互联网怎么变化,始终以用户为中心的原则不会变。未来搜索引擎在搜索规则、搜索形式、排名因素等方面可能出现较大的变化,用户获取信息的渠道、方法也可能不同,SEO 工程师要取得长远的进步,就要不断学习,开阔视野,认清未来 SEO 可能的发展趋势,提前做好应对准备。

1. 搜索途径广泛化

原来用户主要通过 PC 端的网络获取信息,随着移动互联网的发展,越来越多的人,越来越多地通过移动端获取信息。原来用户主要通过某个搜索引擎查询信息,随着市场竞争,将会有更多的搜索引擎参与到搜索市场的业务中来,用户的选择余地更大。随着物联网技术、智能设备的发展,未来用户极有可能通过电视、冰箱等终端设备搜索部分信息,形成生活场景搜索渠道等。以上这些变化要求 SEO 工程师掌握多途径的产品优化方法,在不同的应用场景中都能取得较好的优化效果。

2. 搜索方式多元化

当前,人们搜索信息基本是在搜索引擎的搜索框内输入关键字,然后在搜索结果中找寻自己认为满意的页面链接。这种方式比较单一,给用户带来了不便。如用户看到了一张图片,想查找这张图片的来源,就难以用文字表达。未来用户可以通过语音、图片、手势等多种方式进行搜索,搜索更加方便、快捷。这要求 SEO 工程师掌握不同搜索方式的优化方法,使产品在不同的搜索方式下都能得到较好的信息展现。

3. 搜索算法智能化

目前搜索引擎的算法还是以关键字匹配为主要信息提供方式,未来搜索引擎将更加理解用户的真实需求,将更符合用户需求的页面展现给用户。像搜索引擎能够记录用户使用互联网的习惯,从历史数据中判断用户的真实需求,也就是说在不同的搜索终端,用户搜索同一个关键字将得到个性化的搜索结果。例如,搜索引擎除了识别和分析页面的关键字外,更能够识别页面的主题思想,分辨出页面的核心表达内容,将其与用户的搜索请求精准匹配;再如搜索引擎能够从用户的搜索请求中判断出用户的真实需求,提醒用户哪些是他最需要的信息,从用户体验上升到用户洞察的层次;又如搜索引擎将更智能地分析用户的行为,通过对用户使用搜索引擎行为的记录和分析,得出网站的真实价值。

4. 搜索领域细分化

不管软件和硬件怎么变,用户通过搜索满足自己对某些信息的需求不会变,追求更好的搜索体验不会变。网络上的资源非常丰富,在细分领域里,越专业的信息,对用户越有用,越能解决用户的问题,这样的页面价值也越高,搜索引擎也会越重视。如某人使用某件商品的原创心得,是他在使用过程中遇到的问题和真实感受,搜索用户就是想通过这种切身体验来判断自己是不是应该购买。这样的内容对用户的价值高,搜索引擎就会把这样的页面排在搜索结果页的前面。

5. 搜索场景现实化

搜索引擎自身技术水平的提高,结合物联网等设备的广泛应用,让用户有机会体验搜索场景带来的现实体验。如用户搜索某家餐馆,搜索引擎就会以立体场景的形式显示餐馆周边及餐馆内部的现实图像,使用户犹如身临其境。这是在枯燥的文字、图片基础上的创新,更有利于提升用户体验。

3.5　搜索引擎的算法与作弊

有些 SEO 工程师利用搜索引擎算法的漏洞实施作弊行为,达到欺骗搜索引擎的目的,使自己的网站或信息优先展示在搜索结果中。因此,搜索引擎的算法除了为用户和网站提供更好的服务,还要跟作弊行为作斗争,不断完善算法,打击作弊行为,维护信息的公平与公正性,保证用户、网站、搜索引擎三者间的利益平衡。

3.5.1　搜索引擎的算法

搜索引擎通过特定软件系统搜集互联网上的海量信息,经过一系列的数据运算程序,向广大用户提供满足需求的搜索服务。这个过程实际就是一个复杂的数据处理过程,通常我们把数据处理中用到的方法或运算程序称为算法。

各大搜索引擎使用的算法都不为人所知,人们只能通过搜索引擎官方公布的一些信息,或者计算机领域内公开的知识,去推测搜索引擎可能使用的算法。或者人们把搜索引擎看成"黑匣子",通过搜索引擎收录数据,经过处理后得到输出结果,并通过输入数据参数的变化,根据输出结果的变化来判断搜索引擎可能的算法等。

总之,大多数人不会从事技术性特别强的算法开发或处理工作,本节仅从应用的角度介绍相关算法内容。表 3-2 列出了不同搜索引擎官方公布的几个算法名称及核心内容,供读者了解,以对搜索引擎优化方面有所借鉴。搜索引擎每一次算法的发布和更新,都是为了维护和打造更好的搜索体验,创建良好和谐的互联网搜索环境。

表 3-2　搜索引擎的算法

搜索引擎名称	算法名称	公布时间	主要解决问题	备　注
Google	熊猫算法	2012.1	针对网站内容页面质量进行审核过滤,将质量低、含有垃圾内容的网页的排名降低,使高质量的内容得到应有的好的排名	此后不断更新
	企鹅算法	2012.4	降低那些充斥着广告的网站的权重,提升高质量网站的排名	此后不断更新

搜索引擎名称	算法名称	公布时间	主要解决问题	备　注
百度	绿萝算法	2013.2.19	打击买卖链接的行为,包括超链中介、出卖链接的网站、购买链接的网站等	7月升级到2.0版本,加大力度过滤软文中的外链及惩罚发软文的站点
	石榴算法	2013.5.17	打击含有大量妨碍用户正常浏览的恶劣广告的页面	
	冰桶算法	2014.8.30	打击强行弹窗App下载、大面积广告等影响用户正常浏览体验的页面	此后,不断升级到2.0版本、3.0版本、4.5版本,严厉打击在百度移动端搜索中,打断用户完整搜索路径的行为,抵制不健康内容等
	天网算法	2016.8	打击网页嵌入恶意代码,用于盗取网民的QQ号、手机号等行为	
	蓝天算法	2016.11	主要打击新闻源站点售卖软文、目录行为	
360搜索	ICO（Index Clear Optimize）算法	2014.5	对已经入索引库的低质量URL和无效URL数据进行清理	
	悟空算法	2016.12	快速、准确地识别针对网站的各种黑客攻击行为,及时发现被黑网站	此后升级到2.0版本,能更加准确、快速地识别各种网站被黑客攻击的行为
	后羿算法	2016.12	对低劣的采集站点加以控制,对原创和稀缺性网页进行保护和提权,同时确保新闻网站之间正常的转载行为不受影响	

3.5.2　作弊

　　人们使用搜索引擎搜索资料,很多人往往在前几页找不到满意的答案时,不会一直向后翻页,很可能会更换关键字,重新搜索。这种搜索习惯及搜索引擎的搜索排名机制决定了页面排名越靠前,越有可能被用户单击进入;越靠后,越不容易被用户发现。因此很多站长为了使自己的网站得到更多的展现,采用一些作弊手段短时间内取得较好的搜索排名。这种行为损害了其他网站的权益,影响了用户体验,搜索引擎一旦发现网站作弊,网站就会被降权或封禁。

1. 作弊的概念

　　搜狗搜索引擎认为,网页作弊是指在网页设计中,为了提升网页在搜索引擎中的排序而做的欺骗搜索引擎的行为。

　　百度搜索引擎认为,作弊网页是指不以满足用户需求为目的,而是通过不正当手段欺骗用户和搜索引擎从而获利的网页。任何利用和放大搜索引擎的策略缺陷,利用恶意手段获取与网页质量不符的排名,引起用户搜索结果质量和用户搜索体验下降的行为都会被搜索引擎当作作弊行为。

　　SEO 中的很多手法不能被判定是不是属于作弊范围,存在一个发展与认定的过程。互联网在不断发展,搜索引擎的技术也在发展,很多人原来认为合法的优化方法,可能会被搜索引擎判定为作弊。如果某个行为泛滥,影响到了搜索引擎,最终伤害到用户的搜索体验,这个行为就会被认为是作弊行为。作弊手法与搜索引擎的反作弊技术处于一种长期斗争之中,最终使网络环境趋向于越来越公平、合理的搜索环境。

2. 黑帽技术、白帽技术、灰帽技术

　　在 SEO 工作中,经常有黑帽技术、白帽技术和灰帽技术的说法。黑帽技术实际上就是 SEO 的作弊手法,不符合主流搜索引擎的优化规定,具有短平快的特点,在短期内取得一定利益。

　　白帽技术是正常的优化技术,采用 SEO 的思维,合理优化网站,提高用户体验,提升网站的搜索排名。白帽技术关注网站的长远利益,需要较长的优化时间,效果稳定。

　　灰帽技术介于黑帽技术和白帽技术之间,是一种多样化的优化手段,既考虑长远利益,也考虑短期的收益问题,使用得当时会达到优化目的,使用不当时会被视为作弊,其中的度较难把握。

3. 常见的作弊手法

1) 隐身法

　　隐身法即网页设计的部分内容对搜索引擎可见,但对用户不可见,达到欺骗搜索引擎的目的,常见的有隐藏文本和隐藏链接两种方式。例如,把文本或链接文字的字体颜色设置为与页面背景色相同或十分接近的颜色,或者使用超小号文字、将文字放在图片层的后面、滥用图片的 alt 标签等行为都属于隐身。

　　另外一种隐身的方式是,网站提供一些隐性页面。这些页面对访问者或者搜索引擎隐藏真实的页面内容,向搜索引擎提供非真实的、对搜索引擎友好性强的内容,以提升搜索排名。

2) 分身法

　　第一种分身法通常是站长向搜索引擎提交经过优化的网站页面,网站被收录后,再用其他非优化的页面替换该网站,达到排名靠前,同时又向用户展示目标信息的目的。网站的优化页面按照搜索引擎的喜好设计,大大提升友好性;网站的非优化页面按照企业营销或者收益的目的设计,忽略用户的体验。这种做法严重影响了搜索引擎的真实性、客观性和权威性,降低用户对搜索引擎的好感,为搜索引擎所深恶痛绝。

　　第二种分身法就是欺骗性重定向,即把用户访问的第一个页面(着陆页)迅速重定向至另一个内容完全不同的页面。用户访问的着陆页是被搜索引擎识别参与排名的页面,重定向的页面是网站想让用户浏览的页面。例如,搜索结果中显示有关"SEO 方法"的链接,用户单击后,展现给用户的是某广告页面,这将引起用户的反感。

　　第三种分身法是网站镜像,即站长建立大量镜像网站,复制网站或网页的内容并分配以不同域名和服务器,欺骗搜索引擎对同一页面内容进行多次索引。

3)误导法

网站采用误导的方式引起搜索引擎的关注,取得较好的搜索排名,同时吸引用户访问网站。常见的行为主要有以下几种。

(1)使用虚假关键字。网站页面中使用与页面主体内容不相关的关键字,误导用户访问网站。这种页面通常不能给用户带来多大的帮助,体验不佳。

(2)堆砌关键字。页面中出现多个关键字,并且有意识地堆砌,引导搜索引擎判定页面内容与关键字有高度的相关性,从而提升搜索排名。

(3)使用垃圾链接。站长为了强调网站的外部链接,增加外链权重,引起搜索引擎的重视,在两个网站的页面中互相建立大量指向对方网站的链接。

(4)使用日志欺骗行为。通过对一些页面等级较高的站点进行大量的虚假单击以求名列这些站点的最高引用者日志中,从而获得它们的导入链接。

(5)让页面包含恶意广告、恶意代码或恶意插件。用户单击搜索结果的链接进入页面后,页面会出现悬浮广告跟随鼠标移动、广告信息占据显眼位置、广告信息满屏显示等方式,使用户不得不单击广告才能顺畅地浏览信息。有些页面存在恶意插件自动下载安装,或者用户安装后才能正常浏览页面信息等行为,给用户带来较差的体验。

4)假冒法

非法人员利用正常网站的漏洞,黑掉网站,偷偷放上作弊内容,通过搜索引擎获取流量,并利用木马盗取用户信息。例如假冒知名公司官网,用户在其网站上发生交易完全没有保障。

常见的还有非法人员利用BSP、BBS、分类信息等渠道发布虚假的知名公司的客服电话,用户拨打电话后诈骗用户钱财。

3.5.3　反作弊

搜索引擎主要是通过算法升级应对作弊行为。搜索引擎的反作弊系统会实时监控作弊网站,一旦发现网站存在作弊行为,就会根据作弊等级对作弊网站进行相应的处罚。

1. 主流搜索引擎的反作弊惩罚

(1)搜狗搜索引擎的处罚。

搜狗搜索引擎对作弊网站的处罚主要分为3级。

① 常见处罚:降低网站在搜狗的整体排名。

② 一般处罚:仅索引正常网页如首页,其他网页不予收录。

③ 严厉处罚:包含非法内容及恶意程序、用户集中投诉的网站,搜狗将拒绝收录整个网站。

(2)百度搜索引擎的处罚。

百度搜索引擎认为任何损害用户利益和搜索引擎结果质量的行为,都应受到搜索引擎的惩罚。作弊行为在不断发展,搜索引擎的处理手段也在不断变化,但始终都会维持"轻者轻罚,重者重罚"的原则。

① 轻者轻罚:对用户体验及搜索结果质量影响不大的,去除作弊部分获得的权值。

② 重者重罚：对用户体验及搜索结果质量影响严重的，去除作弊部分获得的权值并降低网站的权重，直至从搜索结果中彻底清除掉。

2. 申请解除处罚的方法

（1）搜狗搜索引擎解除处罚。

被搜狗视为有作弊行为的网站，在清除作弊内容后，可在站长平台中的网站申诉，提交解除作弊处罚申请。

搜狗工作人员会在收到申诉之后的 20～30 个工作日内对站点质量进行审查，如果确认网站已经不存在作弊行为，搜狗将恢复对该网站的正常收录。解除处罚的网站一旦被发现再次作弊，将会受到更为严厉的处罚，可能导致永久封禁。

（2）百度搜索引擎解除处罚。

百度认为：惩罚不是目的，让互联网洁净才是目的。取消作弊行为的网站，百度都持欢迎态度。百度有完善的流程，会定期自动对作弊网站进行检测，大部分修正了作弊行为的网站，会在一定的观察期满后自动解除惩罚。

补充知识点：网站被黑问题

以下内容来自搜狗搜索引擎站长平台，供读者参考。

1. 什么是网站"被黑"

网站被黑，是指黑客利用网站的程序、设置等方面的安全漏洞或管理员安全疏忽（如密码复杂度低），未经管理员授权，对网站进行了篡改（例如添加垃圾内容或者添加其他网页）或者向网站注入恶意代码等。

2. 如何知道是否"被黑"

（1）分析系统日志、服务器日志，检查自己站点的页面数量、流量等是否有异常波动，是否存在异常访问或异常操作日志。

（2）检查网站文件是否有不正常的修改，尤其是首页等重点页面。

（3）网站页面是否引用了未知站点的资源（图片等），是否被放置了外站的异常链接。

（4）检查网站是否有不正常增加的文件或目录。

（5）检查网站目录中是否有非管理员打包的网站源码、未知 txt 文件等。

3. 如何处理"被黑"

步骤一：避免问题扩大。

（1）立即关停自己的网站以避免感染其他网站（如果有权访问自己的服务器，则最好将其配置为返回 503 状态代码）。

（2）与自己的网络托管商联系，了解是否已经采取措施解决问题。

（3）更改所有用户和所有账户的密码（如 FTP 访问密码、管理员账户密码、内容管理系统授权账户密码）。

（4）删除所有被篡改或被恶意增加的页面，并在搜狗站长平台，通过死链提交告知搜索引擎删除搜索结果中的被黑数据。

步骤二：评估损失。

（1）使用最新的扫描程序扫描计算机，找出任何可能由黑客添加的恶意代码。请务必扫描所有内容，而不是仅扫描基于文本的文件，因为恶意内容往往会嵌入图片中。

（2）删除被黑的网页或网址。这样可防止系统向用户提供被黑的网页。向搜索引擎报告网上诱骗网页。

（3）查看 antiphishing.org 中针对被黑的网站的处理方法。

（4）如果网站管理者还有其他网站，请检查它们是否也已被黑。

步骤三：如果有权访问自己的服务器，请继续以下步骤。

（1）检查自己的网站中是否有已遭到攻击的开放重定向网址。

（2）根据所用的网站平台，检查.htaccess 文件（Apache）或其他访问控制机制，以找出恶意更改。

（3）检查服务器日志，以查看文件被黑的时间（记住，黑客能更改日志）。查找是否有可疑的活动，如失败的登录尝试、命令（尤其是以根用户身份发出的命令）、历史记录或未知的用户账户。

步骤四：清理自己的网站。

清理网站的内容，根据病毒扫描程序的识别结果删除黑客添加的所有网页、垃圾内容和可疑代码。如果网站备份了内容，则可考虑彻底删除自己的内容，然后替换为已知的最新的完好备份（已核实既无漏洞又不含被黑内容的一次备份）。

步骤五：如果有权访问自己的服务器，请做以下工作。

（1）将所有软件包都更新到最新版本。搜索引擎建议使用可靠的来源彻底重新安装操作系统，以确保删除黑客篡改的所有内容。另外，如果安装了博客平台、内容管理系统或任何其他类型的第三方软件，请务必将其重新安装或进行相应更新。

（2）确信自己的网站不含漏洞后再改一次密码。

（3）将系统设置为可公开访问。更改服务器配置，使其不再返回 503 状态代码，并且采取所有其他必要措施向公众开放自己的网站。

步骤六：申请解除屏蔽。

当网站管理者按照以上提示仔细排除异常后，可以告知搜索引擎站点已经清理完毕被黑数据。申请解除对网站的屏蔽，在未完全排除全部异常的状态下提交申请，将无法通过搜索引擎的检查，进而无法解除屏蔽。

网站申诉处理周期一般为 20～30 个工作日，工作人员将会对站点内容进行检测，当确定完全排除全部异常状态之后，站点会被解除屏蔽。

4. 如何防止"被黑"

（1）通过定期检查服务器日志等方式发现问题，确定是否有可疑的针对非前台页面的访问。

（2）经常检查网站文件是否有不正常的修改或者增加。

（3）关注操作系统，以及所使用程序的官方网站；及时下载补丁，修补安全漏洞；必要时建议直接更新至最新版本。

（4）修改开源程序关键文件的默认文件名（作弊者通常通过程序自动扫描某些特定的文件是否存在来判断是否使用了某套程序）。

（5）修改默认管理员用户名，提高管理后台的密码强度，使用字母、数字及特殊符号多种组合的密码。

（6）关闭不必要的服务及端口。

（7）关闭或者限制不必要的上传功能。

（8）设置防火墙等安全措施。

（9）若问题反复出现，建议重新安装服务器操作系统，并重新上传备份的网站文件。

（10）缺乏专业维护人员的网站时，建议向专业安全公司咨询。

练习

1. 请读者举例说明为什么要坚持 SEO 工作的 3 个基本导向。

2. 请读者举例说明 SEO 三要素之间是矛盾与统一的结合体。

3. 请从人工智能、VR 技术、物联网设备的应用等角度，找出具体实例，然后分析 SEO 的发展趋势。

4. 请读者根据日常中遇到的网站作弊行为分析它属于哪一类。

第 **4** 章

SEO的基本工具

📖 **本章目标**

- 熟悉 SEO 的站长平台。
- 熟悉 SEO 的第三方平台。
- 熟悉 SEO 的查询工具。
- 熟悉 SEO 的其他常用工具。
- 熟悉淘宝 SEO 工具。

SEO 工程师对网站进行优化操作是一项长期、复杂、涉及面广、技术性的工作。为了方便 SEO 工程师工作，很多搜索引擎平台或者第三方专业机构都提供了实用的工具。SEO 工程师利用这些工具得到更多、更准确的参考数据，方便了 SEO 工作，这些工具也为 SEO 工作的推广提供了捷径，有利于整个互联网信息水平的提升。但是 SEO 工具提供的数据仅作为开展工作的参考，甚至不同工具对同一个指标的数据分析结果不同。实际工作中，SEO 工程师要灵活运用这些工具，掌握系统的优化方法，从实践中总结经验，不断提高优化水平。

本章分为两部分介绍 SEO 的基本工具：全文 SEO 工具，淘宝 SEO 工具。

4.1 全文 SEO 工具

本节主要内容有 SEO 的站长平台、SEO 的第三方平台、SEO 的外链查询工具、SEO 的关键字查询工具、SEO 的数据统计工具、SEO 的流量查询工具、SEO 的网站检测工具、SEO 的其他常用工具。

4.1.1 SEO 的站长平台

站长平台工具是搜索引擎平台自己开发的工具。用户可以使用平台工具提供的各项功能优化或查询自己的网站或需求的信息。常见的站长平台有百度搜索资源平台、搜狗站长平台、360 站长平台、Google 站长平台等。

1. 百度搜索资源平台

百度搜索资源平台是全球最大的面向中文互联网管理者、移动开发者、创业者的搜索流量管理的官方平台（见图 4-1）。百度搜索资源平台提供的产品线完整、工具丰富，具有一定的权威性和通用性，聚集了国内的许多 SEO 优秀人才，是站长进行 SEO 工作的重要依据。

图 4-1　百度搜索资源平台部分界面

百度搜索资源平台提供了有助于搜索引擎抓取收录的提交和分析工具、SEO 的优化建议等；提供了面向移动开发者的百度官方 API（Application Programming Interface，应用程序编程接口），以及多端适配的能力和服务；及时发布百度权威数据、算法、工具等升级推新信息。具体来说，百度搜索资源平台提供了移动适配、链接提交、流量与关键字、官网保护等工具，还提供了站长学院、站长社区、VIP 俱乐部等产品。

网站管理者在百度搜索资源平台验证网站后，网站的数据变化将更容易被百度接收，能够准确查询网站在百度的各种数据；能够使网站在百度搜索结果页获得个性化的展示，获取更多流量；可以快速向百度反馈网站问题，跟踪处理进度；移动端网站的开发者可以通过特定产品更容易将搜索用户转化为自身用户。

2. 搜狗站长平台

搜狗站长平台是搜狗搜索引擎与站长沟通的平台，为站长提供多种服务（见图 4-2）。平台为站长提供了一系列工具，帮助站长有效提升网站搜索引擎的友好度，将优质的内容快速展示给用户，带来更多的流量。

搜狗站长平台提供了 Sitemap（网站地图）提交、死链提交、URL 提交、网站域名变更、抓取压力五大工具，可帮助站长诊断和优化网站，进一步改善搜索引擎对网站的抓取和收录效果。同时，站长还可以便利地查询网站索引量和收录量的走势，更加全面地掌握网站运营和发展态势。

平台还提供了"提交中文站点名"和"网站 favicon"两个实用工具。只要站长提交相对应的网站中文名称和网站 icon 之后，当网站首页、站点内 URL 出现搜狗搜索结果时，会同时显示网站 icon，并将网站中文名和 URL 进行匹配，搜索结果更加友好，还可进一步扩大网站品牌和形象的曝光度。

搜狗平台有利于中小网站群体的成长，可进一步改善生存环境，形成搜索引擎、站长和用户多赢的局面。

图 4-2　搜狗站长平台部分界面

3. 360 站长平台

360 站长平台是 360 搜索引擎提供的站长与站长之间、站长与搜索引擎之间交互的平台,是服务于用户、满足用户需求的平台,如图 4-3 所示。

图 4-3　360 站长平台部分界面

360 站长平台提供了数据提交、数据分析、官网认证、移动适配等工具,还有网站检测小工具、站长论坛、意见反馈等产品,帮助用户更好地了解和享受 360 站长产品的服务。

4. Google 站长平台

Google 站长平台是站长与谷歌搜索引擎对话的一个工具（见图 4-4）。平台提供了多种功能，解释通俗易懂。通过谷歌站长平台提供的工具可以提高网站的曝光度，网站提供了常见问题列表、支持文档和测试工具，使用户快速获得帮助，提供了打造用户可轻松找到的高品质网站的课程和指南，还提供了新闻资讯、社交媒体社区等功能，使用户随时掌握最新优化动态等。

图 4-4　Google 站长平台部分界面

4.1.2　SEO 的第三方平台

网络上提供了多种 SEO 的第三方平台，这些平台之间存在一定的区别和侧重点，在此，本书仅介绍站长之家和爱站网两个平台。

1. 站长之家

站长之家成立于 2002 年 3 月，专注于基础网络服务，是中国最大的中小网站站长与互联网创业者交流平台，截至 2013 年 10 月已拥有超过 150 万注册用户，覆盖了网站站长、互联网从业者、行业中高层技术管理人员、搜索引擎优化从业人员、网页设计人员及创业者等多个不同领域的用户。目前，站长之家的业务涉及 PC 端和移动端。

站长之家为用户提供了创业资讯、建站资源、网站优化建议、网站数据监控、社区产品等多个类别的服务，如图 4-5 所示。

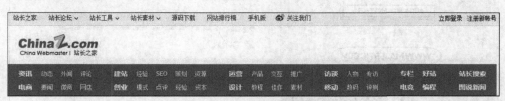

图 4-5　站长之家主页部分界面

2. 爱站网

爱站网成立于 2009 年，是一家专门针对中文站点提供服务的网站，主要为广大站长提供站长工具查询，如图 4-6 所示。爱站网除了为站长们提供友链检测、网站反链、Whois 查询、IP 反查域名、备案查询、PING 检测等常用工具之外,还研发出独具特色的百度权重查询功能,为站长提供网站百度权重值查询。

图 4-6   爱站网部分界面

4.1.3　SEO 的外链查询工具

外链查询工具是帮助 SEO 工程师查询并分析网站外部链接的有效工具。外链是决定一个网站权重的重要指标。优化人员通过查询自己网站、竞争对手网站、目标网站等的外部链接情况,制定出更合理的外链优化策略。常见的外链查询工具主要有以下几款。

1. Majestic

根据 Majestic 的官方说法,Majestic 是全球最大的链接索引数据库(见图 4-7),"了解互联网上所有网站是如何相互链接的。没有其他任何网站或搜索引擎能够为您提供如此详尽的信息,告诉您这个'大网'是如何织成的"。

图 4-7   Majestic 官网的部分界面

通过 Majestic 提供的工具,用户可以了解自己的网站及竞争对手网站的链接分布图,可以对搜索引擎排位进行理性的研究。Majestic 能够以每天大约 10 亿个 URL 地址的速度持续不断地重新访问网页。Majestic 对互联网进行调查并绘制了互联网的"地图"。该互联网地图可由搜索引擎优化人员、新媒体专业人员、网络营销专家等用于围绕网络知名度的各种用途，包括链接建设、声誉管理、网站流量发展、竞争对手分析和新闻监测。

2. 第三方平台的反链查询

1）站长之家的反链查询（外链查询）

站长之家提供的外链查询是一款非常实用的链接查询工具。通过该工具可以查看网站被哪些网站链接；支持网站目录及网站内页查询；支持中文域名查询。该工具除了提供查询某网站的链接外，还提供了"过滤的域名""外链的文本""模糊匹配"功能，如图 4-8 所示。

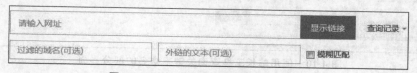

图 4-8　站长之家的反链查询部分界面

2）爱站网的外链查询

爱站网提供的外链查询是一款非常实用的链接查询工具，其中包括"首页反链""内页反链"查询项目。优化人员查询链接时，网站还提供了"查询所有子域名""模糊匹配"等可选查询项，如图 4-9 所示。

图 4-9　爱站网的外链查询部分界面

4.1.4　SEO 的关键字查询工具

关键字查询工具是 SEO 工程师就网站的关键字在某个搜索引擎排名情况查询的工具。某网站相同的关键字在不同搜索引擎的排名可能不同，这与搜索引擎的收录情况和算法相关。优化人员可根据查询结果制定相关关键字优化策略。

常用的关键字查询工具有站长之家的关键字排名查询、百度指数和 Google AdWords 关键字工具。

1. 站长之家的关键字查询工具

站长之家网站提供了针对百度的关键字排名查询工具，同时它根据百度的关键字排名算法,提供了具体到地区的查询。

　　另外,站长之家还提供了针对 360 搜索的关键字排名查询工具(见图 4-10)。优化人员根据工具页面的提示,输入关键字和所在的网址,单击"查询"按钮,就可以快速得到结果。

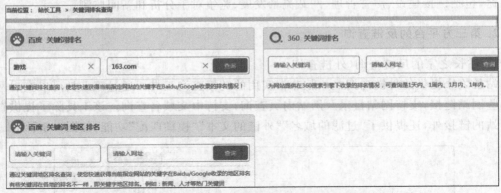

图 4-10   使用站长工具查询关键字排名的部分界面

2. 百度指数

　　百度指数是以百度海量网民行为数据为基础的数据分享平台(见图 4-11)。百度指数一方面进行关键字搜索热度分析,另一方面深度挖掘舆情信息、市场需求、用户特征等多方面的数据特征。

图 4-11   百度指数官网的部分界面

　　优化人员通过百度指数可以研究某个或某些关键字的搜索趋势,还可以从行业的角度分析市场特点等。

　　使用百度指数,用逗号将多个关键字隔开,可以实现不同关键字数据的比较查询;用加号将多个关键字连接,可以实现不同关键字数据的相加查询,即相当于查询一个组合关键字的数据;还可以实现关键字在特定地区、特定时间内的数据搜索等。

3. Google AdWords 关键字工具

　　Google AdWords 关键字工具是谷歌公司推出的为展示客户产品或服务选择合适的广告关键字的工具(见图 4-12)。Google AdWords 可以协助客户通过整个网络中的众多相关网站吸引目标用户,让用户找到客户的企业,提供丰富多样的服务,让客户按网站类型、受众类型或者营销信息来定位广告,在恰当的时间和位置触达潜在用户。该工具还允许客户随时调整广告、尝试新的搜索关键字、暂停广告和恢复投放广告等,所有这些操作都能在

Google AdWords 中免费实现。

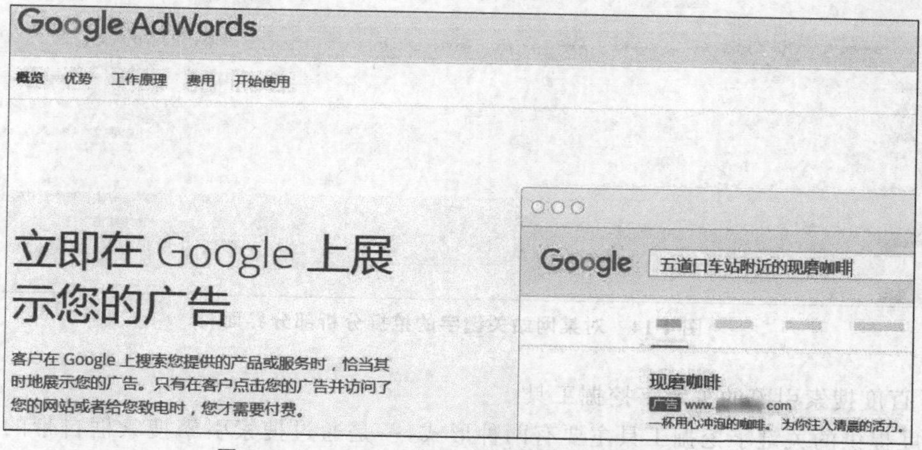

图 4-12　Google AdWords 关键字工具部分界面

相关知识点：关键字挖掘工具

与关键字查询关联密切的一个概念是关键字挖掘，也就是通过一定的方法为自己的网站或产品等寻找更多合适的关键字，从而增加网站的流量。很多搜索引擎、SEO 网站等都提供了关键字挖掘工具。常用的关键字挖掘工具提供方有站长之家和百度搜索引擎等。

1）站长之家的关键字挖掘工具

站长之家提供的关键字挖掘工具主要针对百度搜索引擎，优化人员在搜索框内输入关键字，单击"查询"按钮，就可以得到关键字相关网站在百度的搜索情况。当鼠标放在搜索结果的网站链接上时，自动出现"挖词"和"分析"链接字样，单击字样后，即可进入相关页面。"挖词"链接显示页面关键字的挖掘内容，"分析"链接显示页面关键字的分析内容。优化人员可以根据数据结果为自己的网站制定相关的关键字策略。假设搜索关键字"旅游"，对搜索结果中的首位排名进行关键字挖掘，分别如图 4-13 和图 4-14 所示。

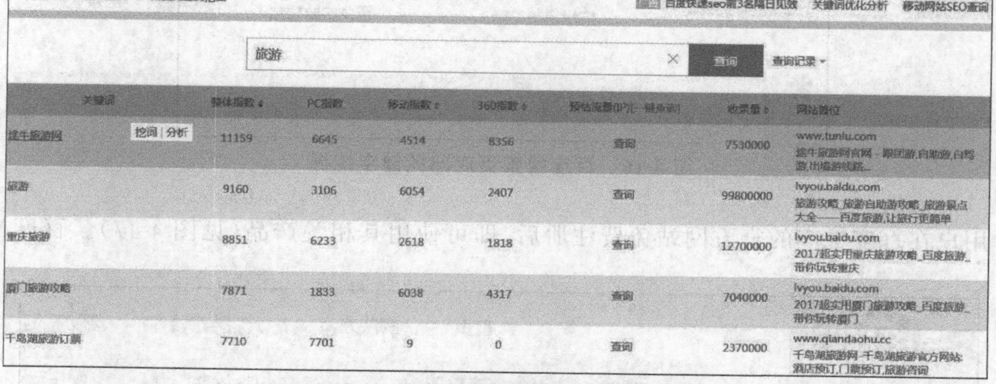

图 4-13　"旅游"的关键字挖掘部分界面

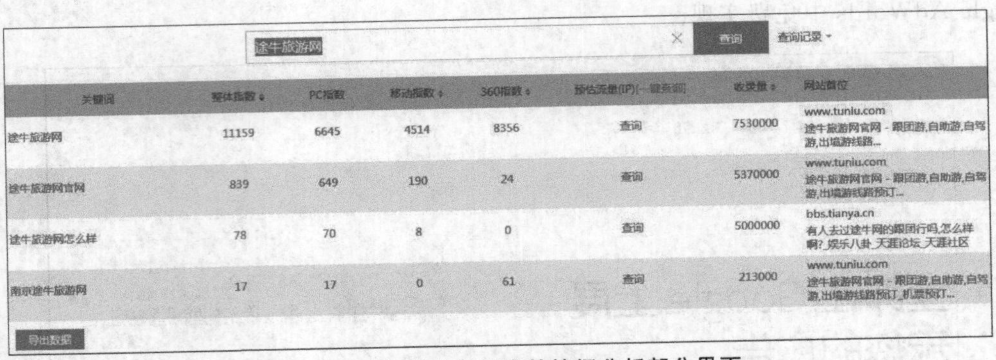

关键词	整体指数	PC指数	移动指数	360指数	预估流量(IP)(一键采购)	收录量	网站首位
途牛旅游网	11159	6645	4514	8356	查询	7530000	www.tuniu.com 途牛旅游网官网 - 跟团游,自助游,自驾游,出境游线路...
途牛旅游网官网	839	649	190	24	查询	5370000	www.tuniu.com 途牛旅游网官网 - 跟团游,自助游,自驾游,出境游线路预订...
途牛旅游网怎么样	78	70	8	0	查询	5000000	bbs.tianya.cn 有人去过途牛网的跟团行吗,怎么样啊?_娱乐八卦_天涯论坛_天涯社区
南京途牛旅游网	17	17	0	61	查询	213000	www.tuniu.com 途牛旅游网官网 - 跟团游,自助游,自驾游,出境游线路预订,机票预订...

导出数据

图 4-14　对某网站关键字的挖掘分析部分界面

2）百度搜索引擎的关键字挖掘工具

百度提供的关键字挖掘工具主要有两种形式,一是通过搜索引擎搜索框自带的下拉框关键字推荐,在下拉框下面“为您推荐”中显示相关关键字,在搜索结果页面的底部也会推荐相关关键字;二是通过百度搜索资源平台提供的专门挖掘工具——百度推广客户端。在百度搜索相关关键字时,搜索引擎下拉框都会智能推荐一些关键字,用户可以根据需要自由选择。假设搜索关键字“旅游”,搜索下拉框和搜索结果页底部的关键字挖掘分别如图 4-15 和图 4-16 所示。

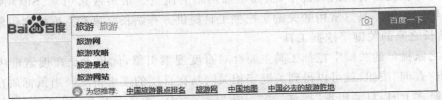

图 4-15　百度下拉框关键字挖掘

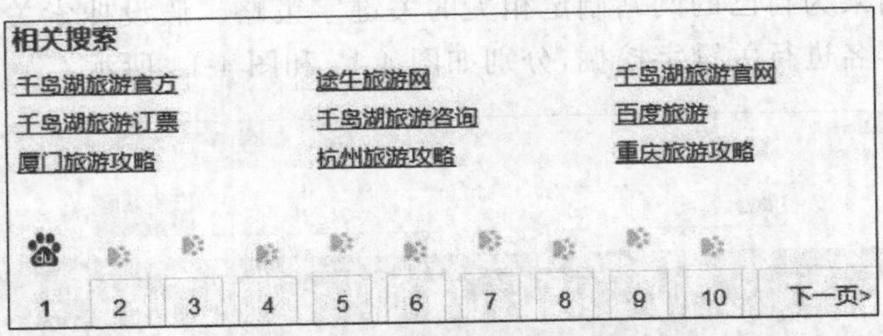

相关搜索

千岛湖旅游官方	途牛旅游网	千岛湖旅游官网
千岛湖旅游订票	千岛湖旅游咨询	百度旅游
厦门旅游攻略	杭州旅游攻略	重庆旅游攻略

1　2　3　4　5　6　7　8　9　10　下一页>

图 4-16　百度搜索页底部关键字挖掘

用户在百度推广的官方网站免费注册后,即可使用其相关产品(见图 4-17)。百度推广

图 4-17　百度推广的部分界面

提供了"关键字规划师"功能,用户搜索某关键字,百度会智能推荐相关关键字,可以查看相关关键字的搜索情况和竞争热度。另外,百度指数也提供了关键字挖掘工具,操作起来比较简单。优化人员也可以综合使用多种工具,最终确定合理的关键字策略。

4.1.5　SEO 的数据统计工具

数据统计工具是 SEO 工程师对网站的各种数据进行统计分析的工具。很多工具都是免费的,只要经过简单的注册就可以使用。优化人员通过数据统计工具了解自己网站的相关指标,还可以了解行业、竞争对手等情况,是优化人员进行系统性方案设计的重要参考。常用的数据统计工具有 Google Analytics、百度统计和友盟+。

1. Google Analytics

Google Analytics 是谷歌公司推出的一款网站数据统计服务产品(见图 4-18)。Google Analytics 不仅可以帮助客户衡量销售与转化情况,而且能为客户提供新鲜的深入信息,帮助客户了解访问者如何使用网站,如何到达网站,以及如何吸引客户不断回访。Google Analytics 基于功能强大、易于使用的报告平台构建而成,客户可以根据自己希望查看的数据对报告进行自定义,操作简单方便。Google Analytics 提供了诸如内容、社交、转化、移动、广告等多种数据分析服务,数据精准,功能强大。

图 4-18　Google Analytics 主页的部分界面

2. 百度统计

百度统计是百度推出的一款免费的专业网站流量分析工具(见图 4-19),能够告诉用户访客是如何找到并浏览用户的网站,在网站上做了些什么,有了这些信息,可以提高网站的用户体验,不断提升网站的投资回报率。

基于百度强大的技术实力,百度统计提供了丰富的数据指标,系统稳定,功能强大,操作简易。登录系统后按照系统说明完成代码添加并执行相应命令,百度统计便可马上搜集数据,为用户提高投资回报率提供决策依据。目前,百度统计提供的功能包括趋势分析、来源分析、页面分析、访客分析、定制分析等多种统计分析服务。

图 4-19   百度统计主页的部分界面

3. 友盟＋

友盟＋是全球领先的第三方全域数据服务商,产品全面覆盖 PC、手机、传感器、无线路由器等多种设备的数据。友盟＋提供包括基础统计、运营分析、数据决策和数据业务等,帮助企业实现数据化运营和管理,如图 4-20 所示。

图 4-20   友盟＋主页的部分界面

友盟＋公司组成的前身之一是 CNZZ 数据专家。CNZZ 数据专家是全球知名的中文互联网数据统计分析服务提供商,为中文网站及中小企业提供专业、权威、独立的数据统计与分析服务。CNZZ 专注于数据统计与挖掘,拥有全球领先的互联网数据采集、统计和挖掘三大技术,专业从事互联网数据监测、统计分析的技术研究、产品开发和应用。

4.1.6   SEO 的流量查询工具

流量查询工具是 SEO 工程师就网站的流量排名进行查询的工具。SEO 工程师通过查询结果了解网站的流量情况,可以有针对性地进行优化策略调整。流量查询工具可能不能提供非常精确的流量统计数据,但可以相对地说明一些问题。常用的工具有 Alexa 和 Google Trends。

1. Alexa

Alexa 网站是全球非常权威的网站世界排名平台,可以提供网站排名的数据查询、网站访问量查询、排名变化趋势查询、网站用户统计、网站页面浏览量等服务。用户可以很方便地进入该网站,直接免费查询相关信息,同时网站还提供了一些更高级别的服务,要获得这些服务,用户需要登录网站,甚至付费。

Alexa 排名是综合了多项指标,通过特定算法得出的数据,是通常被引用来评价某网站访问量的一个重要指标。但是 Alexa 提供的数据并不能作为网站优化的唯一依据,只能作为比较重要的参考。Alexa 网站的 SEO 工具页面部分界面如图 4-21 所示。

图 4-21　Alexa 网站的 SEO 工具页面部分界面

国内很多 SEO 网站提供了 Alexa 排名查询服务,方便用户使用,如站长之家网站就提供了"Alexa 排名查询"和"Alexa 历史报告"功能模块。

2. Google Trends

Google Trends 又称为谷歌趋势,是 Google 推出的一款基于搜索日志分析的产品。它主要有两个功能,一个是查询关键字在谷歌的搜索次数和变化趋势,另一个是查询网站流量,很多功能与百度指数类似。

谷歌趋势依托 Google 公司强大的技术支持和海量数据,采用图表的形式直观显示搜索结果,呈现搜索目标随时间变化的趋势。谷歌趋势的界面简洁,搜索结果具有较高的权威性和准确性,还提供了许多方便 SEO 工程师参考的数据分析和比较,是 SEO 工程师进行网站市场分析和关键字研究的重要依据。

4.1.7　SEO 的网站检测工具

对于初始运行的网站,网站建设期间的规划符合 SEO 的基本思想是非常重要的,网站建设完毕后,必须对网站进行相关检测,确保各项指标数据良好后才能正常运行,网站才可能取得比较好的排名。对于已经运行一段时间的网站,优化人员也需要对各项指标进行检测,这样才能有针对性地实施优化策略;同时,也要对优化完成的项目进行检测,以确保优化的效果。检测项目包括网站是不是对各种浏览器兼容、不同浏览器中网站的加载速度、网站在移动端的运行状况、网站内是否存在断链情况、网站是否安全等。

本节重点介绍 360 网站安全检测工具和站长之家网页检测工具。

1. 360 网站安全检测

360 网站安全检测工具是 360 旗下的网络安全平台,为站长免费提供网站漏洞检测、网站漏洞修复、网站后门检测、木马查杀、网址安全查询等服务。360 还提供相应的解决方案,从根本原因入手,对网站进行全方位的保护。用户登录 360 网站安全检测平台,进入检测中心,添加需要检测的网站,进行网站的管理员权限验证后,即可对网站进行详细检测。360 网站安全检测平台首页部分界面如图 4-22 所示。

图 4-22　360 网站安全检测平台首页部分界面

2. 站长之家网页检测工具

站长之家网页检测工具从多个角度对网站漏洞及可信度进行检测与评估。工具页面提供了 5 项查询功能,分别是"挖 META""网页关键词密度检测""死链接检测""网站安全检测"和"网站被黑检测",如图 4-23 所示。

图 4-23　站长之家网页检查页面部分界面

其中,META 标签是 HTML 网页源代码中的一个重要标签,用于描述网页文档的属性,如页面描述、关键字、日期等信息。通过设置 META 标签关键字,能够提高被搜索引擎收录的可能性。"关键词"密度是某个关键词在某页面的出现情况,合适的关键词密度有助于提升搜索引擎的搜索效果。"死链接"也称为无效链接,即达不到的链接,不利于搜索引擎抓取页面。"网站被黑"是指网站被做了跳转或禁止搜索引擎索引等操作。通过网页检测工具提供的 5 项功能,SEO 工程师可以分别检测出指定网址存在的问题。SEO 工程师可以根据问题及相关建议对网站进行优化。

4.1.8　SEO 的其他常用工具

SEO 的工具很多,上面的类别只是大体的类别,不能反映工具的整体情况。下面再从不同角度介绍另外几个常用工具。

1. 百度搜索风云榜

百度搜索风云榜(见图 4-24)以数亿网民的每日搜索行为作为数据基础,建立权威、全面的各类关键字排行榜,通过权威的数据、精确的统计、周全的分类,精彩的点评,以榜单形式向用户呈现海量搜索数据的排行信息。

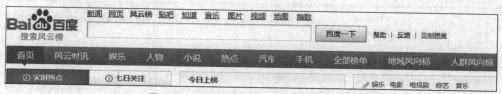

图 4-24　百度搜索风云榜首页部分界面

搜索风云榜主页开辟了"实时热点""七日关注""今日上榜"等栏目,通过关键字搜索指数排名,将栏目信息呈现给用户。SEO 工程师可以通过搜索风云榜的信息结合自己网站的特点,对网站进行优化。

2. 收录查询工具

收录查询工具主要用来查询网站页面被搜索引擎收录的情况。国内一般以查询百度和360 收录的情况为主。SEO 工程师可以通过工具查询网站或页面在某个时间段内或者整体被搜索引擎收录的情况,通过分析收录情况,制定相应的优化策略。例如,优化人员发现在较长的时间段内,网站原创新闻资讯类的内容被搜索引擎收录的及时、数量多,那么他就可以在新闻资讯类内容上多下功夫,制定相应的优化策略。

常用的收录查询工具是站长之家提供的"收录查询"。该工具提供了百度和 360 两个搜索引擎的收录查询,收录查询的时间段可选,如 24 小时、最近 1 周、最近 1 个月、总收录等,如图 4-25 所示。

3. 友情链接检测工具

友情链接也称为网站交换链接,即分别在自己的网站上放置对方网站的名称(或图片,一般不建议),并设置超链接,允许用户从一个网站直接进入另一个网站。通常友情链接的网站间存在一定的资源互补或共享性,是增加网站流量、提高网站知名度、吸引搜索引擎收

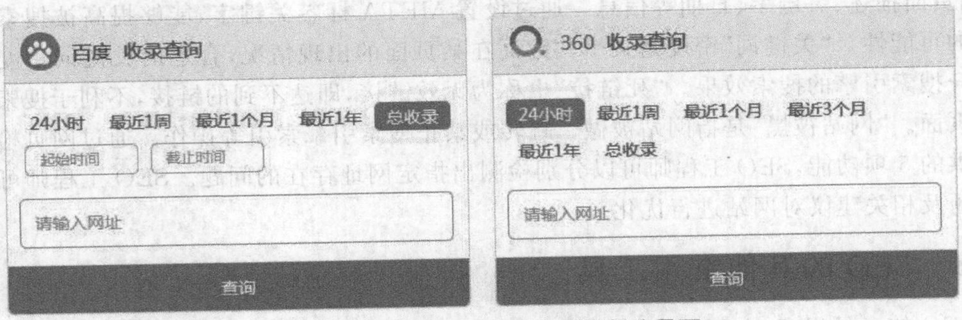

图 4-25　站长之家收录查询工具部分界面

录的重要方法。

　　友情链接检测工具是专门检测网站友情链接信息的工具,通过该工具可以查询指定网站的友情链接在百度的收录情况、百度快照、网站权重值及对方网站是否链接本站等信息。常用的工具是站长之家提供的"友情链接检测"。假设使用该工具查询亚马逊(中国)网站的友情链接情况,部分结果如图 4-26 所示。

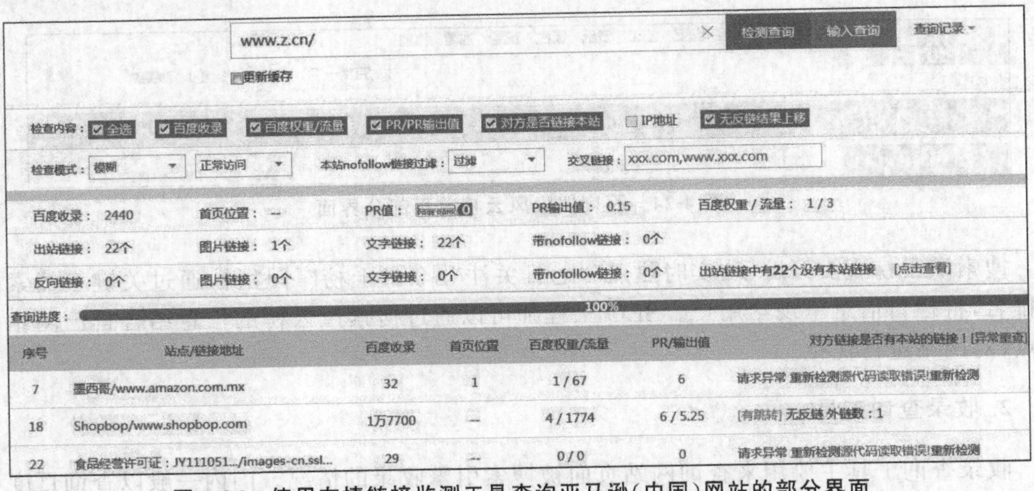

图 4-26　使用友情链接监测工具查询亚马逊(中国)网站的部分界面

4. 权重查询工具

　　权重是站长之家等第三方网站提供的针对网站优化关键字排名预计给网站带来流量的等级评估数据,并不是搜索引擎提供的官方数据。

　　百度官方声明:"百度从未提供过网站权重信息数据及对外查询服务。第三方站长工具的数据并非百度官方数据,不代表真实的网站情况,百度对使用此类数据而造成的困扰不负任何责任。请网站管理员不要将这些'百度权重'数值当成真实数值来参考使用。"

　　实际上,通常 SEO 工程师会将第三方网站提供的权重数据作为实施网站优化的参考。权重数值越大,说明网站的流量越大,相应的关键字排名相对靠前。站长之家提供了权重综合查询等多种工具,如图 4-27 所示。

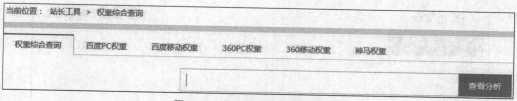

图 4-27　权重查询工具部分界面

5. PR 值查询工具

PR 值全称为 PageRank(网页级别),是 Google 用来测评网页重要性的一个重要标准,级别为 0~10,级别越高,网页越重要,越受欢迎。通常 PR 值为 4 以上的网站属于比较好的网站。PR 值是 Google 搜索排名算法中的一个组成部分,主要体现网页间的超链接关系,是 SEO 工程师判断一个网站重要性的重要指标。

通常可以通过站长之家提供的 PR 查询工具查询相关网站的 PR 值。该工具除了提供 Google PR 值,还提供了搜狗 PR 值,并且还可以计算网站的 PR 输出值(带给友情链接的 PR 值,用于判断对方链接贡献度,跟最终的 PR 值无必然联系)。假设使用该工具查询网易的 PR 值和 PR 输出值,查询界面如图 4-28 所示。

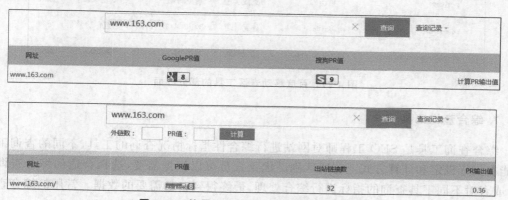

图 4-28　使用 PR 查询工具查询网易的情况

6. 百度移动专区工具

百度搜索资源平台提供了"移动专区"工具。该工具用于百度移动端搜索,包括移动适配和 MIP 引入两项功能。当 SEO 工程师同时拥有 PC 站和移动站,而且两者在内容上能够对应时,优化人员可以通过标注 META 声明或提交对应关系的方式告知百度,有助于百度在移动端搜索中将原 PC 页结果替换为对应的移动页结果。优化人员可以登录站长平台"添加站点"和"添加新数据",如图 4-29 所示。

其中,MIP(Mobile Instant Page,移动网页加速器)是一套应用于移动网页的开放性技术标准。网站通过提供 MIP-HTML 规范、MIP-JS 运行环境及 MIP-Cache 页面缓存系统,实现移动网页的加速(详见第 8 章)。SEO 工程师可以通过创建基本的 MIP HTML 页面、引入图片、调整样式和布局等操作,开发出较理想的 MIP 页面。

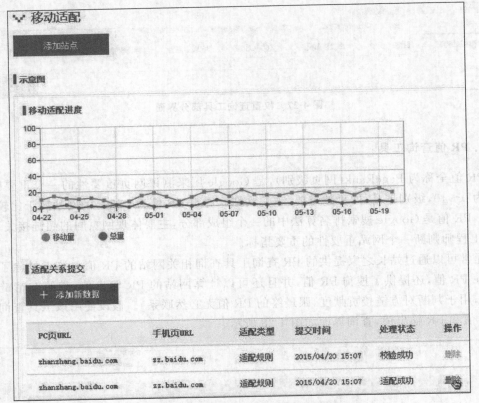

图 4-29　百度移动专区工具的部分界面

7. 综合查询工具

综合查询工具是 SEO 工程师对网站进行综合性指标情况查询的工具,不同的查询工具可能在指标设定和计算方式上有所区别。优化人员可以根据需要,选择合适的综合查询工具,或者对不同工具查询的指标进行综合处理,最终得到自己需要的数据。常用的综合查询工具是站长之家网站和爱站网提供的,分别如图 4-30 和图 4-31 所示。

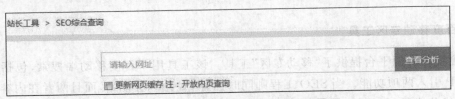

图 4-30　站长之家 SEO 综合查询部分界面

图 4-31　爱站网综合查询部分界面

使用站长之家网站中的 SEO 综合查询工具查询网易的相关信息,查询的部分信息如

图 4-32 所示。

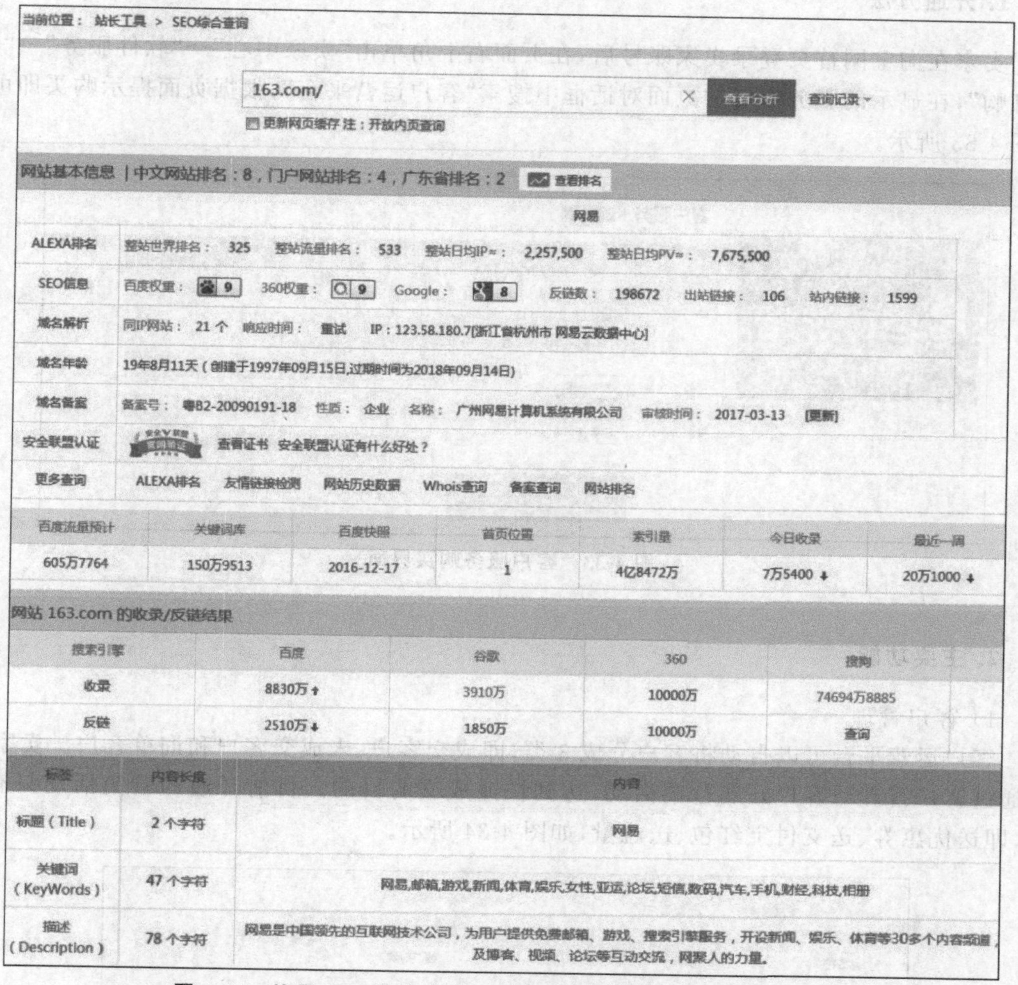

图 4-32　使用 SEO 综合查询工具查询网易的相关信息部分界面

4.2　淘宝 SEO 工具

淘宝 SEO 工具大部分由第三方平台开发。这些工具可以方便卖家管理店铺,提高工作效率,并为店铺运营提供决策依据,同时也可以提高用户的体验,增加搜索引擎的好感,为店铺带来更多的流量。淘宝 SEO 工具主要有客户运营平台、生意参谋和超级店长。

4.2.1　客户运营平台

客户运营平台也称客户服务平台,是基于阿里巴巴的大数据和人工智能技术,聚焦淘宝卖家的客服运营工具。客户运营平台能够帮助店铺精细运营,高效工作,准确预判买家动向,并最终实现可视、智能、简单、有效的客服工作。

1. 开通方法

　　卖家在淘宝网首页登录卖家账号后,在页面右上角单击"卖家中心"→"软件服务"→"我要订购",在显示的服务市场的页面对话框中搜索"客户运营平台",根据页面提示购买即可,如图 4-33 所示。

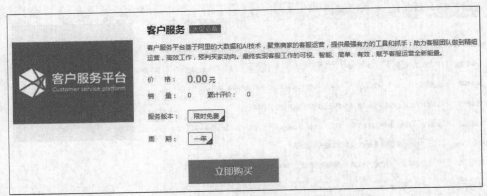

图 4-33　客户服务购买界面

2. 主要功能

1) 客户管理

　　客户运营平台可以自动将客户分成 3 类,即成交客户、未成交客户和询单客户。卖家可以通过客户管理对客户开展营销活动,达到快速成交的目的。目前开通的营销活动只有 3 类,即送优惠券、送支付宝红包、送流量,如图 4-34 所示。

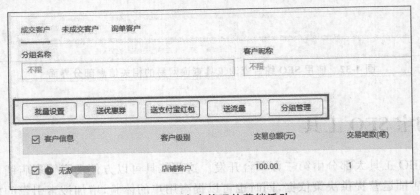

图 4-34　客户管理的营销活动

　　客户运营平台还将客户分成另外 3 类,即兴趣人群、新客户人群、复购人群,如图 4-35 所示。通过对 3 类人群进行定向运营活动,达到增加店铺成交量的目的。

2) 运营计划

　　运营计划可以提供智能店铺与智能营销。智能店铺可以根据进入店铺用户的情况,进行精准的营销,为用户节省选择商品的时间。智能营销包括上新老客户提醒、短信营销、兴

图 4-35　定向运营客户群

趣客户转化、优惠券关怀、专享打折/减现、专享价、购物车营销等功能,如图 4-36 所示。

图 4-36　智能营销的内容

4.2.2　生意参谋

　　生意参谋是淘宝卖家开店做生意和数据化经营的参谋平台,是商家统一数据的平台,也是大数据时代下商家数据化经营的重要平台,涵盖了市场行情、数据作战室、实时直播、流量分析、商品分析、交易分析等功能。

　　利用长期积累的/商业大数据,生意参谋可以针对不同的商家,提供定制化的服务,例如什么产品最受消费者欢迎、进货策略该如何制定、产品如何定位、在网站页面上如何摆放产品让消费者看上去更舒服等。生意参谋使商家能够看到、看懂、看清、看明白运营数据。

　　由于功能实用,卖家可以免费使用普通版,现在已经有五百多万个卖家在使用生意参谋。

1. 开通方法

　　卖家在淘宝网首页登录卖家账号后,在页面右上角单击"卖家中心"→"营销中心"→"生意参谋",根据页面提示步骤,通过店铺授权后即可开通,如图 4-37 所示。

生意参谋有不同版本,如标准版、主店版、单店版、竞争情报、流量纵横等,不同版本的价格不同,功能也不同。对于新开的店铺,使用免费的标准版即可,店铺经营一段时间,产品有一定销量后,可以根据店铺需求,选择对应功能的版本。生意参谋的不同版本如图 4-38 所示。

图 4-37   单击"生意参谋"

图 4-38   生意参谋的不同版本

2. 主要功能

1)实时直播

生意参谋功能能够提供店铺实时概况、实时来源、实时榜单、实时访客、实时催付宝等数据(见图 4-39)。通过实时直播,卖家可以查看店铺的实时数据,如访客地区、进店途径、浏览宝贝、支付订单等,便于卖家抢占生意先机。

2)流量分析

流量分析功能主要展现全店流量概况、流量来源分析及路径分析,如图 4-40 所示。

3)商品分析

商品分析功能能够提供店铺所有商品的详细效果数据,主要包括商品概况、商品效果、异常商品、分类分析、单品分析等功能模块,如图 4-41 所示。

4.2.3   超级店长

超级店长是由淘宝的软件工具服务商开发的一款软件集合,基本涵盖店铺运营所需要的各种功能,包括限时打折促销、主图水印、短信群发、橱窗推荐、打单发货、差评师拦截等。

图 4-39　实时直播功能

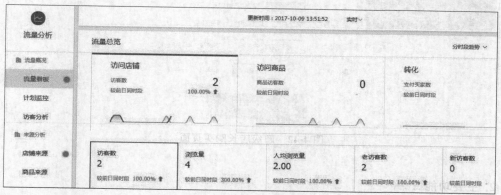

图 4-40　流量分析功能

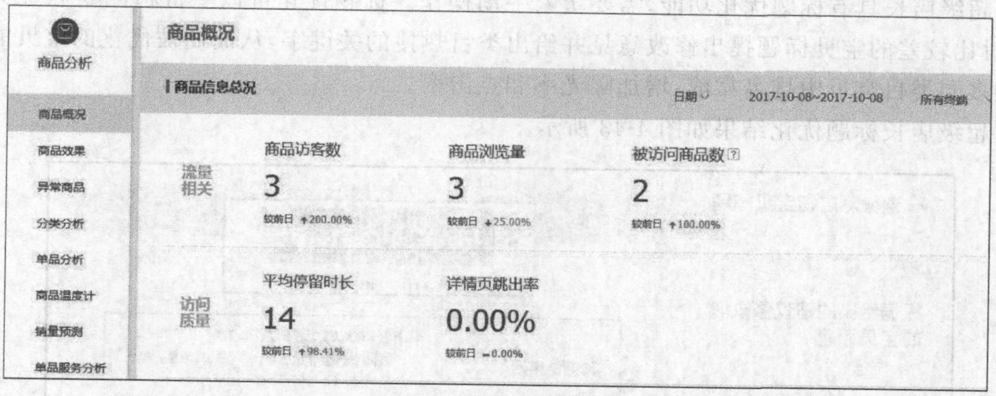

图 4-41　商品分析功能

超级店长可以帮助淘宝卖家增加流量、提高工作效率、提升店铺转化率等，解决卖家在店铺运营过程中遇到的困惑与阻碍。

1. 开通方法

超级店长分为初级版、中级版和高级版 3 个版本。卖家开通超级店长需要交一定费用，可以根据店铺运营需要开通相应版本。中小卖家开通初级版即可。

超级店长开通方法：卖家在淘宝网首页登录卖家账号后，在页面右上角单击"卖家中心"→"软件服务"→"我要订购"，在显示的服务市场的页面对话框中搜索"超级店长"，根据页面提示付款后开通，如图 4-42 所示。

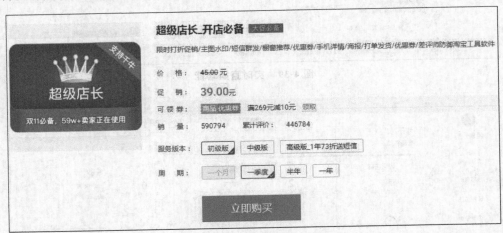

图 4-42　超级店长购买页面

2. 主要功能

1) 标题优化

超级店长具有标题优化功能，需要卖家手动操作。标题优化可以一键检测全店宝贝标题，对比较差的宝贝标题提出修改意见并给出类目热搜的关键字，从而使被优化的宝贝能够在众多同类目宝贝中排名靠前，增加曝光率和点击率。

超级店长标题优化结果如图 4-43 所示。

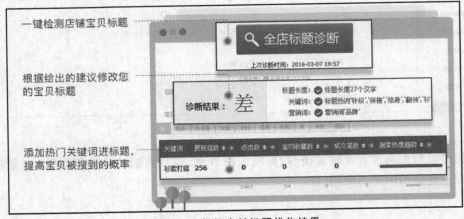

图 4-43　超级店长标题优化结果

2）促销活动

促销活动可以让宝贝在第一时间吸引客户，增加客户的购买欲望。超级店长可以设置的促销活动有限时折扣、全店限时折扣、满送/包邮等，能够满足店铺日常活动需求。超级店长提供的促销活动如图 4-44 所示。

图 4-44　超级店长提供的促销活动

3）差评师拦截

卖家的店铺信誉对店铺的成长至关重要。超级店长的差评师拦截功能，可以在短时间内拦截卖家设置的黑名单买家，禁止有差评意向的买家购买，让卖家也有选择顾客的权利，保障店铺的信誉。

差评师拦截的设置如图 4-45 所示。

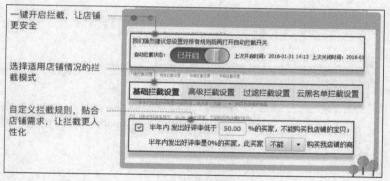

图 4-45　差评师拦截的设置

练习

1. 请读者浏览百度搜索资源平台，用树状图的形式列出百度搜索资源平台提供的主要功能。

2. 请读者熟悉站长之家网站，使用导航栏"站长工具"提供的各种工具，练习查询凤凰网的相关 SEO 信息。

3. 请读者拟定某关键字，确定某网站使用百度指数和百度统计工具查询相关信息。

4. 请读者分别开通淘宝的客户运营平台、生意参谋和超级店长，熟悉各工具的内容。

第 2 篇　百度 SEO 实战
——推广品牌

第 5 章
关键字策略

📖 **本章目标**

- 熟悉关键字基础知识。
- 掌握关键字分布与表现形式。
- 掌握关键字查找与分析。
- 掌握关键字优化策略。

5.1 关键字基础知识

用户在互联网上查找信息,首先是在搜索引擎中输入相应的内容,用户输入的内容即为关键字(也称关键词)。关键字是网站优化的基础,选择关键字正确与否决定了网站优化的成败。做好关键字优化,首先要了解关键字基础知识。

5.1.1 关键字词频与关键字密度

1. 关键字词频

关键字词频是指某个关键字在某个页面出现的次数。关键字在页面中出现的次数在一定程度上说明了页面内容与关键字的相关性,相关性越强就应该在搜索排名中越靠前。在搜索引擎算法不是很完善的时候,有些人就在页面中植入大量的关键字,实际上页面内容与关键字的关联性一般,这样就影响到了用户的阅读体验。但是,页面中关键字出现的次数太少,也无法说明页面内容与关键字的关联性强或者不强,关键字密度的出现,在一定程度上能解决这个问题。

2. 关键字密度

关键字密度是表示关键字与页面总词汇之间关系的一个指标。搜索引擎官方并没有明确提过关键字密度这一概念,因此这种说法缺乏权威支持。很多第三方工具网站提供了关键字密度查询功能,但在查询结果方面可能存在一定差异。因此关键字密度只能作为关键字优化的一个参考指标,相对来讲,关键字的密度值能在一定程度上说明某关键字在某个页面的重要性。以查询网易首页的关键字"游戏"为例,不同工具的查询结果如图 5-1 所示。

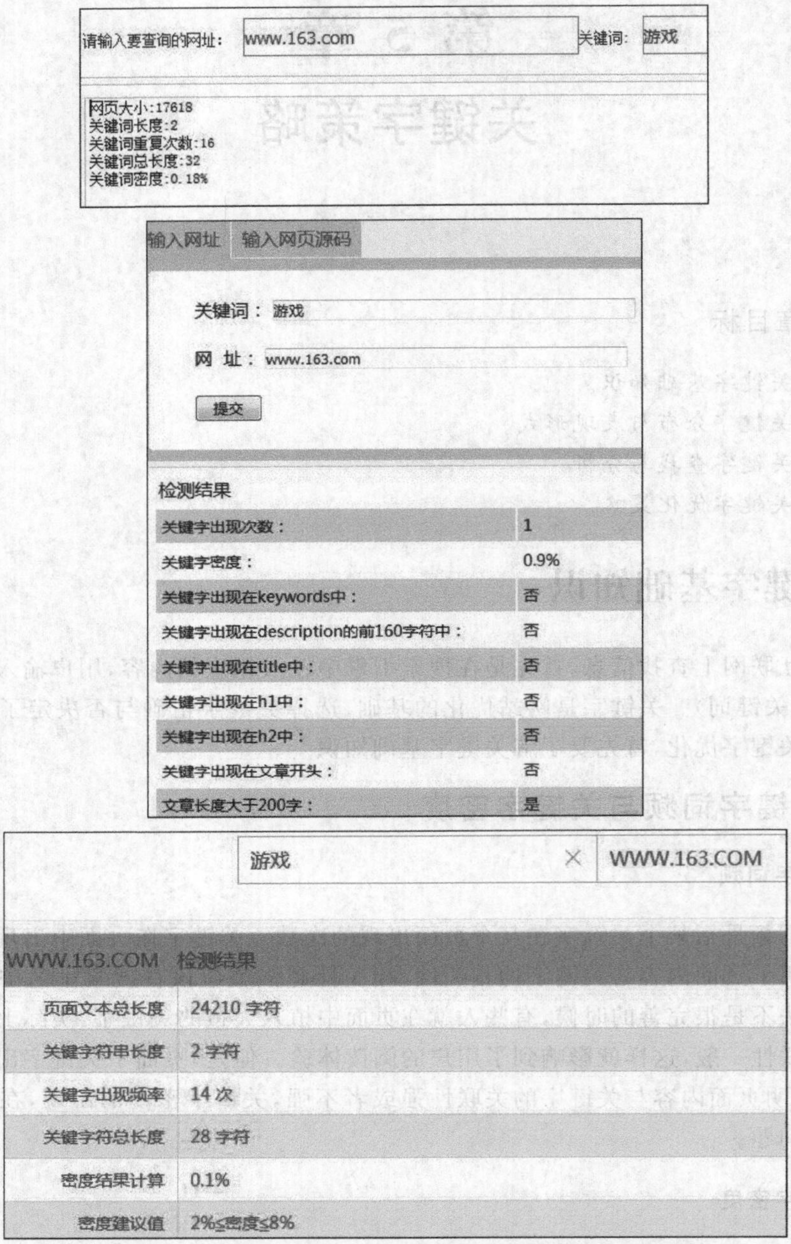

请输入要查询的网址： www.163.com   关键词： 游戏

网页大小:17618
关键词长度:2
关键词重复次数:16
关键词总长度:32
关键词密度:0.18%

输入网址 输入网页源码

关键词： 游戏

网 址： www.163.com

提交

检测结果

关键字出现次数：	1
关键字密度：	0.9%
关键字出现在keywords中：	否
关键字出现在description的前160字符中：	否
关键字出现在title中：	否
关键字出现在h1中：	否
关键字出现在h2中：	否
关键字出现在文章开头：	否
文章长度大于200字：	是

游戏	×	WWW.163.COM

WWW.163.COM	检测结果
页面文本总长度	24210 字符
关键字符串长度	2 字符
关键字出现频率	14 次
关键字符总长度	28 字符
密度结果计算	0.1%
密度建议值	2%≤密度≤8%

图 5-1　不同工具查询相同网页关键字的密度结果

5.1.2　主关键字与辅关键字

1. 主关键字

主关键字是屡试不爽表达核心意思的关键字。例如，某个页面主要描写的内容是关键字优化的几个方法，那么页面的主关键字就是"关键字优化方法"。"关键字""优化""方法"

可以理解为页面的关键字,但不是主关键字。

再如,公司是某微信公众号代运营的,那么"公众号代运营"或者"微信公众号代运营"就是公司网站的主关键字。如果公司想体现业务的区域性,就可以将主关键字设为"成都公众号代运营"。一个网站的主关键字可以有多个,但要注意内容方面不要缺乏相关性,也不能漫无目的地胡乱设置。如前面的公司还可以选择主关键字"成都公众号推广",但对某个页面来讲,建议主关键字越少越好,方便页面主题的集中,也能够让搜索引擎给页面一个精准的定位。

2. 辅关键字

与主关键字对应的是辅关键字,是围绕着主关键字进行相应的改变,对主关键字进行补充或说明的关键字。有效地使用辅关键字能够有效增加主关键字的词频,突出页面主题,提高页面的排名权重。辅关键字主要有以下几种形式。

1)习惯称呼

人们约定俗成的对一些名词或行为等的称呼,有可能不符合语法表达,但是人们往往习惯把它们作为关键字进行查询。例如,有些人称搜索引擎优化为"SEO",有些人称为"SEO优化",有些人称为"搜索引擎 SEO"等,我们就可以确定"SEO"为主关键字,其他两个为辅关键字。

2)习惯用法

生活中,人们使用了很多口语化的词语,在搜索引擎中输入关键字的时候,会输入一些口语化或者习惯性的词语。例如,有些人搜索苹果手机,可能输入关键字"手机苹果"或者"iPhone";有些人搜索减肥方法,可能输入关键字"瘦身方法"或者"减肥方法";有些人搜索华为手机 mate9,可能觉得切换中英文输入法麻烦,直接输入关键字"华为 9"等。

3)错别字误用

不管是英语还是汉语,都会出现错别字的情况,甚至很多用户不知道是错别字,他们只是用自己认为对的字进行查询。例如,页面的主关键字为"篮球培训",有些用户可能搜索"蓝球培训",那么后者就是辅关键字。

4)结构化语句

很多人搜索信息时喜欢使用一些结构化的语句,比较详细地描述自己的想法,而非输入简单明了的关键字。例如,有些用户在搜索"篮球培训"时喜欢使用结构化的语句,如"哪里的篮球培训好""什么地方的篮球培训好""如何选择篮球培训"等,这些都属于辅关键字。

总之,搜索引擎能够正确判断人们输入关键字的真实意思,满足用户的需求。搜索引擎即使能够判断用户的真实意思,页面的关键字密度、主关键字和辅关键字的设置也要恰当,如果关键字的分布和表现形式处理不当,就会影响页面排名。

5.2　关键字分布与表现形式

相同的关键字,在同一网页中分布的位置与表现形式不同,对网页的排名有很大的影响。重要的关键字分布在页面的重要位置,并采用多种方式突出,可以增加搜索引擎的友好性,提高关键字的搜索排名。

5.2.1　关键字分布

1. 用户的浏览习惯

网站设计者对网站和页面的设计，搜索引擎对网站和页面的抓取与分析，都应该遵循用户的浏览习惯，这样才能给用户带来更好的体验。下面以浏览京东商城的主页面为例，帮助读者体会一下浏览顺序。京东网首页如图 5-2 所示。

图 5-2　京东网首页

通常，用户浏览页面的顺序是从上向下、从左向右。也就是一般情况下，用户对页面位置的重视顺序自上向下、自左向右逐步降低，左上角是最重要的位置，显示为"淘宝网"。搜索引擎对页面的分析顺序也是由重要到一般，如图 5-3 所示。

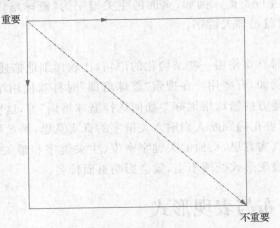

图 5-3　页面重要位置分布示意图

对于重要的关键字或者内容理应分布在重要的位置。所谓关键字分布，就是指关键字在页面中的位置分布情况，既包括主关键字也包括辅关键字。

2. 关键字分布的原则

1）头部优先

页面头部主要包括标题、概要和关键字标签。标题内容在页面头部最先出现，然后是关键字和概要描述。以在百度搜索关键字"旅游攻略"为例，根据显示结果，打开某排在前面的网站首页后，查询其源代码，查看关键字的分布情况，部分内容如下。

```
<title>旅游攻略,自由行,自助游攻略,旅游社交分享网站-马蜂窝</title>
<meta name="keywords" content="自由行,旅游攻略,自助游" />
<meta name="description" content="马蜂窝!靠谱的旅游攻略,最佳的自由行,自助游分享社区,海量旅游景点图片、游记、交通、美食、购物等自由行旅游攻略信息,马蜂窝旅游网获取自由行,自助游攻略信息更全面" />
<meta name="author" content="马蜂窝" />
```

2）分布自然

所谓分布自然，是指关键字在页面的分布既没有刻意地增加出现的次数，也没有特意安排在重要的位置，而是根据内容需要自然呈现。人们的阅读习惯：通过题目了解文章写什么问题，通过概要了解文章的主体思想，通过结尾了解问题的结论，文章主体部分就是详细的描述了。因此，在文章的题目、概要、结尾和主体部分出现关键字是自然的分布，但是在文章的每一部分反复多次出现就是有意的行为，可能会引起用户和搜索引擎的反感。例如，如果某网站首页的源代码显示如下关键字，就不是自然分布。

```
< meta name="keywords" content="旅游攻略,旅游攻略,旅游攻略" />
<meta name="description" content="靠谱的旅游攻略,最佳的旅游攻略,自助游旅游攻略,海量旅游攻略,全面旅游攻略,实用旅游攻略,旅游攻略,旅游攻略,旅游攻略" />
```

3）协调出现

所谓协调出现，主要指主关键字与辅关键字在页面中协调出现，通过辅关键字的运用，加强主关键字出现的频率，同时又不至于引起用户和搜索引擎的反感。例如，为了强化主关键字"手机"在页面中的重要性，又不至于重复出现，可以出现如"音乐手机""拍照手机""手机维修"等辅关键字，防止搜索引擎判定为作弊行为。假设用户在百度搜索关键字"手机"，搜索结果排在前面的部分网站如图 5-4 所示。

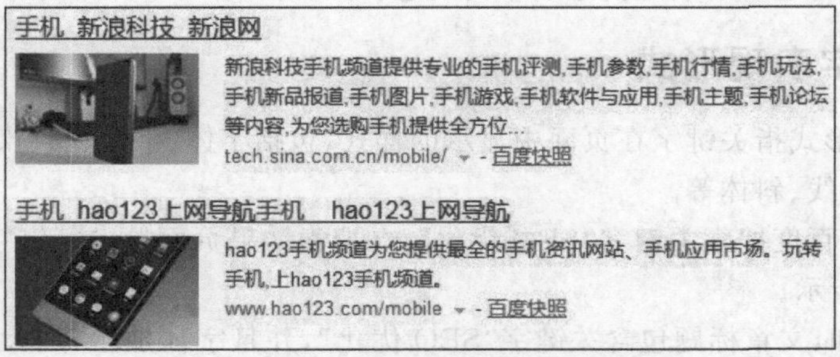

手机 新浪科技 新浪网

新浪科技手机频道提供专业的手机评测,手机参数,手机行情,手机玩法,手机新品报道,手机图片,手机游戏,手机软件与应用,手机主题,手机论坛等内容,为您选购手机提供全方位...
tech.sina.com.cn/mobile/ - 百度快照

手机_hao123上网导航手机　　hao123上网导航

hao123手机频道为您提供最全的手机资讯网站、手机应用市场。玩转手机,上hao123手机频道。
www.hao123.com/mobile/ - 百度快照

图 5-4　搜索结果排在前面的部分网站

4）主次分明

关键字并不是越多越好，也不是在网站内分布得越广越好，而要围绕着网站的核心内容，做到主次分明。网站管理者要将网站的关键字进行 ABC 分类，核心关键字的数量要少，并将它们安排在网站首页的重要位置。其他次重要关键字安排在网站首页的分类导航栏位置，或者导航栏包含的二级链接，其他更多的关键字出现在页面内容中。用户和搜索引擎都很喜欢这种层次分明的布局。像淘宝的主页，关键字的安排主次分明，其中，鼠标指针放在"家电/数码/手机"上时，就会出现二级关键字链接，如图 5-5 所示。

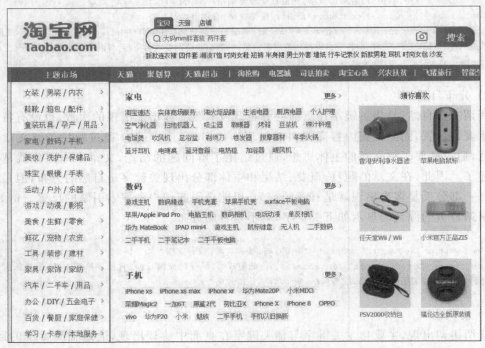

图 5-5   淘宝网关键字安排情况

另外，网站每一个页面的内容也要做到主题分明，确保每个页面对应的主关键字不重复，这样当用户需要某方面的内容时，可以直接找到这个页面，而不是不知道选择这个页面还是那个页面，同时也容易引起搜索引擎的疑惑。

5.2.2   关键字表现形式

关键字表现形式指关键字在页面中显示的样式，包括字体、字号、颜色、样式等，其中，样式包括粗体、下画线、斜体等。

例如，用户在百度搜索关键字"SEO 优化"，在搜索结果页面单击某链接，得到的页面正文内容如图 5-6 所示。

由图 5-6 可知，文章标题包含关键字"SEO 优化"，并且字体加粗、加大显示。页面文字效果的显示通过 HTML 标签实现，在此，主要介绍 5 种常用的标签。

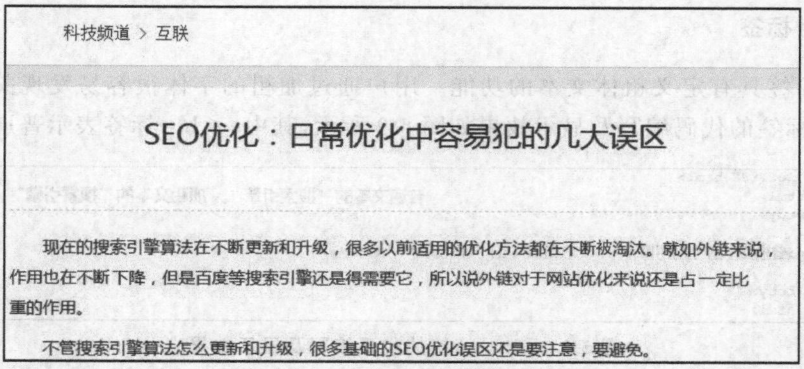

科技频道 > 互联

SEO优化：日常优化中容易犯的几大误区

现在的搜索引擎算法在不断更新和升级，很多以前适用的优化方法都在不断被淘汰。就如外链来说，作用也在不断下降，但是百度等搜索引擎还是得需要它，所以说外链对于网站优化来说还是占一定比重的作用。

不管搜索引擎算法怎么更新和升级，很多基础的SEO优化误区还是要注意，要避免。

图 5-6　页面正文内容

1. <h>标签

<h>标签又称为标题标签，通常有 6 种样式，从<h1>到<h6>，表现形式不同。<h1> 定义最大的标题，<h6> 定义最小的标题，可根据标题的重要程度选择不同的标签进行标注。<h>标签对影响页面相关性方面起到重要的作用，通常用来标记主关键字。该标签的代码编写及显示效果如图 5-7 所示。

```
<html>
<body>

<h1>SEO优化</h1>
<h2>SEO优化</h2>
<h3>SEO优化</h3>
<h4>SEO优化</h4>
<h5>SEO优化</h5>
<h6>SEO优化</h6>

</body>
</html>
```

SEO优化

SEO优化

SEO优化

SEO优化

SEO优化

SEO优化

图 5-7　<h>标签的代码编写及显示效果

2. <font>标签

<font>标签具有定义文本的字体、字体大小和颜色功能，其中，字体大小和颜色的属性相对更重要。用户通过字体大小和颜色的变化，可以很容易地发现关键字，从而使重点更突出。该标签的代码编写及显示效果如图 5-8 所示。

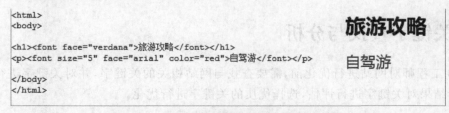

```
<html>
<body>

<h1><font face="verdana">旅游攻略</font></h1>
<p><font size="5" face="arial" color="red">自驾游</font></p>

</body>
</html>
```

旅游攻略

自驾游

图 5-8　<font>标签的代码编写及显示效果

3.＜b＞标签

＜b＞标签具有定义粗体文本的功能。用户通过加粗的字体很容易发现关键字,使重点突出。该标签的代码编写及显示效果如图5-9所示,其中,＜b＞标签表示普通文本格式。

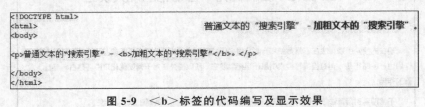

图 5-9 ＜b＞标签的代码编写及显示效果

4.＜i＞标签

＜i＞标签具有定义斜体文本的功能。用户通过斜体文字较容易发现关键字,因而重点突出。该标签的代码编写及显示效果如图5-10所示。

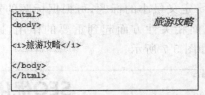

图 5-10 ＜i＞标签的代码编写及显示效果

5.＜u＞标签

＜u＞标签是下画线标签,是页面链接的默认样式,表示为文本添加下画线。使用该字体样式通常表示指定内容含有超级链接。该标签的代码编写及显示效果如图5-11所示。

```
<html>
<body>                                    如果"SEO优化"不是超链接,就不要对"SEO优化"使用下画线。

<p>如果"SEO优化"不是超链接,就不要对<u>"SEO优化"</u>使用下画线。</p>

</body>
</html>
```

图 5-11 ＜u＞标签的代码编写及显示效果

总之,标签对提高页面的相关性具有很重要的作用,能够突出关键字,但也要使用适当。如果整个页面全部使用标签,则无法突出主要的关键字,容易引起搜索引擎的反感。如果把页面内容比作绿叶,那么使用标签的关键字就是红花,适度即可。

5.3 关键字查找与分析

SEO工程师对网站进行优化前,需要查找与网站相关的关键字,并对关键字进行分析。通过分析结果对关键字进行评估,选择优质的关键字进行优化。

5.3.1　关键字查找

关键字查找也称为关键字挖掘,也就是如何确定网站或者页面的关键字,使网站内容最大限度地与用户的搜索相匹配。假设用户习惯搜索关键字"SEO 优化",而网站中优化的关键字是"搜索引擎优化",那么网站被用户"发现"的概率可能会很低。下面介绍 5 种常用的查找关键字的方法。

1. 搜索引擎法

搜索引擎接受用户的查询,积累了大量的用户行为数据,根据用户输入的关键字以及打开结果页面的情况等数据分析,逐步形成了智能推荐关键字的算法。SEO 工程师可以根据这些智能推荐的关键字优化自己的网站。目前,主流搜索引擎智能推荐关键字主要体现在 3 个方面:搜索下拉框、结果页搜索框下部的"为您推荐"、结果页底部的"相关搜索"。以在 360 搜索引擎中搜索关键字"鸡蛋"为例,以上 3 个位置推荐关键字的截图如图 5-12 所示。

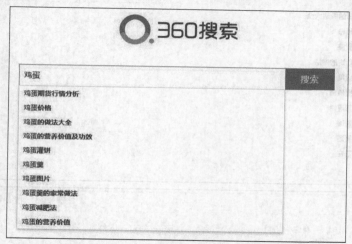

图 5-12　360 搜索引擎推荐的关键字

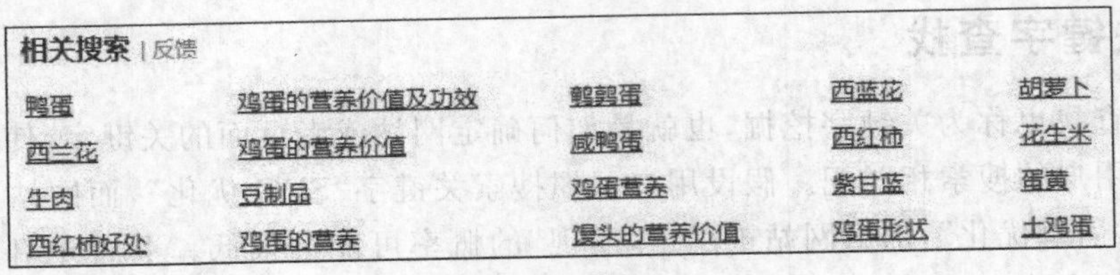

图 5-12（续）

另外,不同的搜索引擎输入同样的关键字,其智能推荐的关键字差别较大。以在搜狗搜
索关键字"鸡蛋"为例,关键字的推荐结果如图 5-13 所示。

图 5-13　搜狗搜索引擎推荐的关键字

因此,针对不同的搜索引擎,SEO 工程师要有针对性地优化关键字,对于各主流搜索引
擎都推荐的关键字要重点优化。

2. 工具查找法

可以使用搜索引擎站长平台提供的工具,也可以使用第三方平台提供的关键字挖掘功
能,查找相应关键字,参考相关数据进行关键字查找。如站长工具、爱站网、百度搜索资源平
台等都提供了挖掘关键字的工具。使用站长工具挖掘关键字"旅游",使用百度搜索资源平

台工具进行关键字分析,如图 5-14 和图 5-15 所示。

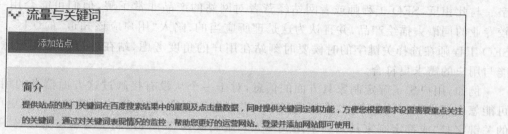

关键词	整体指数	PC指数	移动指数	360指数	预估流量(IP)[一键查询]	收录量	网站首位
途牛旅游网	14273	7579	6694	8356	查询	6710000	www.tuniu.com 途牛旅游网官网_跟团游,自助游,自驾游,出境游线路_
厦门旅游攻略	10541	1892	8649	4317	查询	7880000	lvyou.baidu.com 2017超实用厦门旅游攻略_百度旅游_带你玩转厦门
旅游	9858	2573	7285	2407	查询	100000000	lvyou.baidu.com 旅游攻略_旅游自助攻略_旅游景点大全——百度旅游,让旅行更简单
旅游管理	9578	970	8608	192	查询	18000000	baike.baidu.com 旅游管理_百度百科
云南旅游	8637	910	7727	1206	查询	16300000	lvyou.baidu.com 2017超实用云南旅游攻略_百度旅游_带你玩转云南
四川旅游学院	8487	1198	7289	277	查询	2520000	www.sctu.edu.cn 四川旅游学院

图 5-14　第三方工具关键字查找与分析

▽ 流量与关键词

添加站点

简介

提供站点的热门关键词在百度搜索结果中的展现及点击量数据,同时提供关键词定制功能,方便您根据需求设置需要重点关注的关键词,通过对关键词表现情况的监控,帮助您更好的运营网站。登录并添加网站即可使用。

图 5-15　站长平台关键字查找与分析

3. 竞争对手法

研究行业内的主要竞争对手,以及搜索排名靠前的竞争对手,关注他们选择了哪些关键字,以及这些关键字的布局情况,从而有针对性地优化自己的关键字,或者选择更合适的关键字。此时,需要注意竞争对手是自然排名还是付费情况,只有那些自然排名的网站才更有参考价值。另外,有些第三方网站提供了挖掘竞争对手关键字的工具,通过这些工具能够更精准地发现竞争对手布局的关键字。

例如,公司网站的主营业务是"定制家具",那么在搜索引擎中搜索该关键字,研究自然排名结果靠前的网站的关键字情况,有助于为自己的网站找到合适的关键字和合理布局关键字,如图 5-16 所示。

4. 产品分析定位法

网站管理者可以使用思维导图工具,从本网站所处的行业、面临的环境、产品优势、客户定位等多个角度出发,逐步分析网站和业务特点,进而发现大量的关键字。这些关键字是从自身产品特点发掘而来,具有很强的相关性,定位明确,针对性强,往往能取得比较好的效果。这种方法要求发掘者对产品、市场、客户等都具有深刻的洞察。

例如,某网站主营 T 恤,围绕着网站经营产品的特点、优势及客户喜爱角度,可以考虑下列关键字:男士 T 恤、男纯棉 T 恤、卡通图案 T 恤、性价比高的 T 恤、厂家直销 T 恤等。

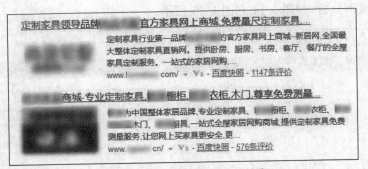

图 5-16   研究竞争对手的关键字

5. 用户分析法

很多时候,用户搜索信息对搜索对象知道得不多,不能明确地提炼出应该搜索什么关键字。与此相反,SEO 工程师或者网站经营者对网站的产品非常了解,他们可能会用一些比较专业的词语去描绘产品,并且认为这是理所应当的,陷入"用户应该知道"的误区。因此,SEO 工程师在选择关键字的时候要时刻站在用户的角度考虑,站在外行的角度考虑,才可能与用户的需求更符合。

例如,用户想了解定制家具方面的信息,对于一个从没有接触过这方面信息的用户,他可能怎么考虑呢?他会考虑"全屋定制家具""免费定制家具"这样的关键字吗?他更可能用的关键字是"成都定制家具"(如果是成都人)"定制家具""家具定制""定制家具好吗"等。因此,站在用户的角度去考虑关键字,站在用户是外行的角度去考虑关键字,寻找简单易懂、符合口语化的关键字,可能更有效。

总之,查找关键字的方法和工具虽然很多,但是并不意味着使用了就能取得效果,往往需要 SEO 工程师在实践中不断摸索,积累经验。实际上,SEO 工程师采用多种工具和方法,结合自己的思考、实践,以及其他网站运营人员的共同努力,才可能取得比较好的效果。

5.3.2   关键字分析

SEO 工程师查找到的关键字可能有很多,但并不意味着这些关键字都要选择,都要优化,还要掌握一定的原则,通过一定的方法对关键字进行分析。

1. 选择关键字的原则

选择关键字要掌握相关性和适度性的原则。相关性是指关键字与网站主题的相关程度,与网站主题相关性弱的关键字即使再好,也没有实际意义。适度性指关键字的竞争程度,竞争激烈的关键字即使再好,也可能付出努力多、所得回报少,达不到优化的效果。

例如,关键字"旅游"非常重要,非常符合人们的搜索习惯,但竞争非常激烈,优化的难度相当大,就不宜选择;如果网站的主题是自驾游,那么选择关键字"自驾游"要好于"旅游",并且"自驾游"的相关性更强。

2. 关键字分析的指标

SEO 工程师经常通过以下指标来分析关键字:关键字搜索指数、关键字页面数量、关键字竞价排名价格和关键字排名靠前网站的影响力。常用的分析工具有搜索引擎搜索指数工具、百度竞价排名工具和第三方分析工具等。

1）关键字搜索指数

关键字搜索指数表示某关键字在某个搜索引擎被搜索的情况。关键字的指数越高，说明搜索越频繁，人们对与之相关的信息越关注，竞争也相对激烈。很多搜索引擎都提供了搜索指数工具，用户能够很方便地查询关键字的搜索指数，并且还提供了搜索指数的数据分析，如 PC 端指数趋势、移动端指数趋势，最近一周的数据、最近一个月的数据、最近一年的数据等。

例如，国内的百度搜索引擎提供的百度指数，360 搜索引擎提供的 360 趋势，搜狗搜索提供的搜狗指数等都是很好的关键字分析工具。使用搜狗指数工具搜索关键字"旅游"最近一个月的搜索情况，如图 5-17 所示。

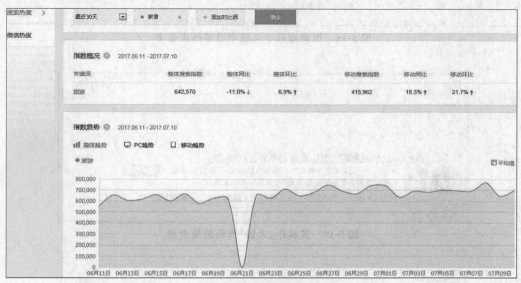

图 5-17   使用搜狗指数搜索关键字"旅游"

从图 5-17 中可以看出，搜狗指数工具可以提供 PC 端和移动端的整体搜索指数、移动搜索指数、同比和环比数据分析，PC 端的搜索趋势图、移动端的搜索趋势图等数据，让用户更方便、更直观地分析所搜索的关键字。该工具还提供了微信搜索的指数情况，让用户了解微信端用户搜索关键字的情况，如图 5-18 所示。

2）关键字页面数量

关键字页面数量表示搜索引擎数据库中包含某个关键字的页面的数量。页面数量越多，说明包含该关键字的网页越多，竞争也越激烈，优化难度也越大。用户搜索关键字时，有些搜索引擎会显示找到了多少条结果，也就是关键字页面数量，有些则不显示。搜索引擎显示的结果条数是个约数，仅作为参考，能够在一定程度上反映出关键字的竞争程度。例如，使用搜狗搜索关键字"旅游"和"自驾游"，得到的结果如图 5-19 和图 5-20 所示。

需要注意：搜狗搜索引擎找到的相关结果数量，最多只显示到 100 000 000 个，但并不意味着仅有这么多页面。包含关键字"自驾游"的页面远少于"旅游"的页面，与生活中的常

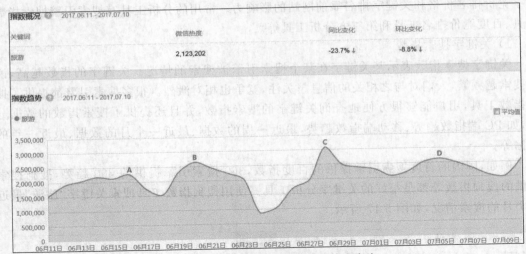

图 5-18   搜狗指数中关键字微信热度查询

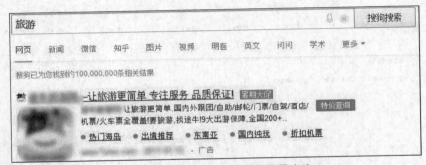

图 5-19   关键字"旅游"页面数量查询

图 5-20   关键字"自驾游"页面数量查询

识相符。

  3）关键字竞价排名价格

  关键字竞价排名价格表示商户为了使用户搜索某个或某些关键字时，自己的网站排名靠前，而愿意支付给搜索引擎的点击付费价格。一般情况下，点击付费价格越高的关键字，竞争越激烈。目前,在国内,商家常用的关键字竞价排名工具是百度竞价排名(百度推广)。例如,在百度中搜索关键字"自驾游",排在首页前 5 位的网站就是通过百度推广实现的,如图 5-21 所示。

图 5-21　关键字竞价排名

4) 关键字排名靠前网站的影响力

关键字排名靠前网站的影响力表示用户搜索某关键字时,自然排名靠前网站的知名度、行业地位、规模大小等综合因素形成的一种评价。排名靠前网站的影响力越大,可能关键字的优化难度也越大。例如,在百度搜索关键字"军事",首页自然排名在前两位的网站分别是新浪网和网易网,如图 5-22 所示。SEO 工程师想优化关键字"军事"使自己的网站排在搜索结果自然排名前两位,难度相当大。

3. 关键字分析的工具

互联网上有多种第三方工具可以协助 SEO 工程师对选择的关键字进行评估。它们提供的分析评估项目可能不同,评估相同的项目可能得到的数据也不尽相同。建议 SEO 工程

图 5-22　百度搜索关键字"军事"排名前两位的网站

师使用一些名气较大的工具,也可以使用多种工具综合比较分析结果。此处,以使用站长工具提供的"关键字优化分析"功能查询关键字"自驾游"为例,查询结果如图 5-23 所示。

当前位置:站长工具 > 关键词优化分析

自驾游　　　　　　　　　　　✕　查看分析　　查询记录 ▾

关键词 自驾游 的分析结果

长尾关键词	指数	收录量	首页网站(前50名)
北京周边自驾游 西藏自驾游 川藏线自驾游	1249	1460万	21

排名前10网站分析						竞价网站数量	优化难度	优化估价(仅供参考)
权重>=4	首页	内页或目录页	权重<=4	首页	内页或目录页	0(竞价量时刻在变化)	竞争度 　高难度	12000-40000元/年
9个	3个	6个	1个	1个	0个			

图 5-23　查询结果

5.4　关键字优化策略

目前,用户使用搜索引擎获取信息的方式主要是搜索关键字,根据搜索结果进入相关页面浏览信息。可见,商家的网站要想被用户"发现",就必须选择合适的关键字,针对关键字实施优化。上文介绍的很多内容都与关键字的优化相关,下面介绍几种常用策略供读者参考。

5.4.1　选择合适的关键字

合适的关键字是一种模糊的说法,即使是 SEO 工程师,也可能因为个人水平和认识的不同而对同一个关键字给出不同的评价,目前也没有严格的条件或者框架来限定具备什么特点的关键字对网站来讲是合适的。表 5-1 列举了满足"合适"关键字的条件,供读者参考。

表 5-1　关键字选择分析表

条　件	分　析	举　例
相关性	与网站主题相关,与页面内容相关,内容聚焦。互联网上的信息量巨大,相关性越强,越容易体现价值	自驾游注意事项

条　件	分　析	举　例
竞争性	竞争不宜太激烈,热门的关键字难优化;不宜没有竞争,冷门的关键字说明很少有用户搜索;竞争性适中,且没有知名网站优化的关键字更容易优化	Windows 10、Windows 10 中文版下载
习惯性	更精准匹配用户搜索习惯的关键字,更容易排名靠前。很多时候用户的输入习惯更生活化,不遵循中文语法	火车退票、退火车票、如何退火车票
合规性	关键字要符合法律法规的规定,虚假、暗示性引导、与主流思想不符等的词语都会被搜索引擎系统自动过滤,或者被投诉后,给网站带来严重处罚	包治百病
数据性	选择关键字要参考多种工具给出的量化数据为依据进行分析,这些数据具备一定的参考性。如百度指数是对亿万用户搜索行为的统计结果,有很高的参考价值	整体搜索指数、移动搜索指数、搜索指数趋势变化
经验性	SEO 工作者在从业中会积累很多经验,这些经验能够帮助他做出准确判断,但是也不能说经验就一定屡试不爽	当一个热词出现的时候,如果避开竞争,优化一些有价值的长尾词,可能会取得更好的效果

5.4.2　合理布局关键字

首先,SEO 工程师要知道某个页面的主关键字,围绕主关键字有哪些辅关键字,以及页面内容表达的主旨思想。主关键字要体现出页面内容的主旨思想,辅关键字要有效对主旨思想进行阐释。最后,SEO 工程师要对关键字进行布局。

关键字出现在页面的不同位置,主关键字出现的次数,以及辅关键字出现的位置和次数,都会对页面的相关性产生影响。应尽量使主关键字出现在页面显眼、重要的位置,并且限制主关键字出现的次数,合理利用辅关键字,以突出显示页面主题,做到主次分明,层次清晰,重点突出。如果用户在浏览页面的时候能够很好地得到需求信息,并且体验良好;搜索引擎也能够根据算法设计迅速得到页面的主旨,页面就容易获得较好的排名。

但要注意,关键字并不是为了布局而布局,是为了更好地突出页面内容的主旨,帮助用户快速、准确地得到核心信息。用户的体验好,即使主关键字只出现在题目中也是好的布局,用户的体验不好,理论上再好的布局,也没有实际意义。因此,SEO 工程师要站在用户的角度思考。另一方面,按目前的技术水平,搜索引擎的算法也存在一定的局限性,并不能跟用户一样读懂页面内容的“内涵”,它必须通过一定的规则解读内容,并按一定的标准给页面排序。这就要求 SEO 工程师在布局关键字的时候,还要明白搜索引擎的“喜好”。总之,关键字布局符合搜索引擎规则的页面才可能取得较好的排名;页面内容满足用户的需求,并且用户体验良好,才可能保持住排名,甚至排名更靠前。

5.4.3　关键字突出显示

从用户的角度看,关键字在字体、字号、加粗、出现的位置等方面突出显示,有利于提升用户体验,吸引用户迅速判断是否有必要留在页面继续浏览。从搜索引擎读取的角度看,网站管理者要用好各种标签,有利于搜索引擎读取页面源代码时,迅速定位关键信息。下面以京东商城首页面的部分源代码为例,看其关键字是如何显示的。

```
<!DOCTYPE html>
<html>
<head>
  <meta charset= "UTF-8">
  <title> 京东(JD.COM)-正品低价、品质保障、配送及时、轻松购物!</title>
  <meta name="description" content="京东 JD.COM- 专业的综合网上购物商城,销售家电、数码通信、电
脑、家居百货、服装服饰、母婴、图书、食品等数万个品牌优质商品.便捷、诚信的服务,为您提供愉悦的网上购物体
验!" />
  < meta name="Keywords" content="网上购物,网上商城,手机,笔记本,电脑,MP3,CD,VCD,DV,相机,数
码,配件,手表,存储卡,京东" />
  <script type="text/javascript">
      window.sourceVersion={
      aggr : "57dcffc24781dbdfab4178d955928090",
      banner_1 : "5e2561ba6dfae55b4bde324f9e08b5af",
      banner_2 : "d2f2eda685fa4140d9763e3b07d316be",
      npeople : "1371012ebd4f376e8c86f1lcc2fee089",
      banner_3 : "1f6d8fff704c3a03cd006cf622f4c82c",
      coupons : "1bb3a26bead143afe9c0ef51689d03eb",
      banner_4 : "d6a60f81254e19b16dfefe92c424d7eb",
      "" : ""
  };
  </script>
```

5.4.4　其他优化策略

1. 动态监控关键字

SEO 工程师选择关键字后,并不能确定产生的效果,要通过网站流量、页面流量、页面
内容被转载情况、百度指数等多种数据和工具综合判断效果。SEO 工程师应通过数据的变
化,分析原因,必要的情况下可以调整关键字。另外,SEO 工程师要关注竞争对手的情况,
分析竞争对手的关键字、流量等数据变化,并作为进一步优化关键字的参考。

2. 内部关键字不冲突

关键字出现在网站内部的特定页面,不要重复出现,以免引起内部页面之间的竞争,反
而降低搜索引擎对页面的关注度。关键字出现在首页面的两个位置,会引起用户和搜索引
擎的疑惑,到底哪一个才是自己需要的内容。关键字出现在网站的两个页面,到底哪个页面
的内容才是关键字想表达的,两个页面关键字相加并不会增加搜索引擎对关键字的重视度。
这里的关键字是指页面要优化的关键字,表达页面的核心内容。这个关键字也可以出现在
其他页面中,但目的是描述其他页面的核心内容,这种情况不能看作关键字的内部冲突。

3. 站外推广

站外推广是通过在本网站以外的其他相关网站或媒介推广网站的内容。站外推广主要
通过发布外部高质量的链接、QQ 群、微信群、公众号、论坛和微博等方式实现。例如,通过
在公众号发布原创高质量的文章,吸引其他公众号或网站转载,借以吸引用户浏览企业的

网站。

4. 多总结、多实验

搜索引擎官方并没有给出关键字优化的秘密,即使给出了,人们都知道的秘密也不能称为秘密,SEO 工程师同样会面临关键字优化的竞争。很多策略、方法都是工作人员在实践中总结出来的,虽然不具有权威性,但有些确实经得起实践的检验。所以,只要 SEO 工程师对关键字的优化方法多总结,结合自己的思考多实验,多与同行交流,多关注搜索引擎官方的资料,就可能找到好的方法。

练习

1. 某网站以加工、销售核桃制品为主,请读者为该网站选择合适的主关键字和辅关键字,并说明理由。

2. 请读者通过百度搜索引擎搜索一篇关于"如何学好 SEO"的文章,根据文章内容分析其关键字的分布和表现形式。

3. 请读者自拟内容,分别使用本章介绍的关键字查找与分析工具,练习关键字的查找与分析。

4. 请读者通过搜索引擎搜索一家加工、销售核桃制品的网站,根据网站具体情况拟定其关键字优化策略。

第 6 章

用户体验策略

📖 **本章目标**

- 掌握用户体验的来源。
- 熟悉用户体验的分类。
- 熟悉域名的基础知识。
- 掌握域名优化的要点。
- 掌握页面结构优化的要点。
- 熟悉页面内容评价的标准。
- 掌握页面版式优化的要点。
- 熟悉权威认证策略。

6.1 用户体验基础知识

用户体验是用户在使用搜索引擎过程中的一种主观感受,受用户个人、搜索引擎、网站页面等因素的影响。好的用户体验能增加用户对搜索引擎的忠诚度,为搜索引擎和商家带来一定的收益和口碑。

6.1.1 用户体验的来源

用户使用搜索引擎搜索信息的体验大体来自 3 个方面:一是使用搜索引擎方便、快捷,包括搜索引擎的域名简单、界面清爽、有较好的智能提示关键字功能等;二是来自搜索结果,包括结果能较好地满足用户的需求、广告信息少、展示图片类或摘要信息类等内容,给用户带来一定的引导作用;三是用户打开相关搜索链接后,打开的页面能给用户带来较好的帮助,包括内容与摘要信息关联性强、能满足用户的需求、页面垃圾信息少、无强制性安装插件、有一定的互动性等。下面通过实例来说明用户体验来源的 3 个方面。

例如,用户使用百度搜索防暑降温方面的信息,大致经历以下过程:首先在浏览器的地址栏输入百度的域名,按回车键打开百度的主页面,然后在搜索框内输入关键字"防暑降温",单击"百度一下"按钮(也可不单击),就会看到与"防暑降温"相关的页面链接,如图 6-1 所示。

在上面的搜索过程中,百度的域名简单好记,搜索框显示醒目,在输入关键字的过程中搜索引擎自动根据信息显示搜索结果,用户体验良好。

接下来,在展现出的搜索结果页面,用户根据页面标题、内容摘要、图片信息等的提示,

图 6-1 用户搜索"防暑降温"的显示结果

单击可能满足自己需求的相应链接，进入页面浏览详细信息。例如，用户对"防暑降温"的百度百科信息感兴趣，单击进入该页面浏览相关信息，如图 6-2 所示。

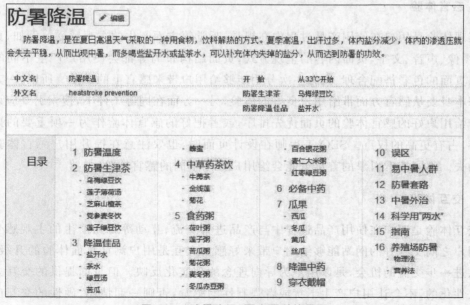

图 6-2 "防暑降温"百度百科的界面

图 6-2 中,百度百科提供了"目录",是对防暑降温的相关解释。用户通过目录就能很快判断出本页面的信息对自己是否有用。目录中的每一个标题都设有超链接,用户单击超链接就可以快速定位到相关信息。这对用户来讲,条理清晰,方便快捷,体验良好。

用户进入搜索结果提供的链接页面后,如果页面内容对自己有价值则详细阅读,如果不符合自己的要求,则关闭页面,返回百度的搜索结果页继续查看其他页面,或者输入更合适的关键字再次搜索。这个过程可以表示为图 6-3。

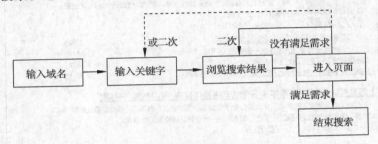

图 6-3　用户搜索信息的流程

总之,用户体验主要来自使用搜索引擎搜索信息、根据搜索结果选择链接、进入链接浏览信息 3 个方面,SEO 工程师在工作中应主要围绕这 3 个方面对网站进行相关优化。

6.1.2　用户体验的分类

通过上面介绍的用户体验的 3 个主要来源,根据用户使用搜索引擎的习惯和过程,可以把用户体验分成 3 个方面,即感官体验、交互体验、情感体验。这 3 种体验贯穿于使用搜索引擎的整个过程,并且体验的层次逐步加深。

1. 感官体验

感观体验是用户在使用产品过程中在视觉、听觉等方面产生的主观感受。例如,页面的色彩、图像、声音、文字,页面内容的呈现方式,页面结构布局等都会使用户产生不同的感官体验。页面的色彩搭配合理、内容主次分明能够给用户带来感官上的享受。所以,一方面搜索引擎本身要从感官方面带给用户良好的体验,另一方面在同等条件下,搜索引擎应该把那些能带给用户好的感官体验的页面优先排序,或者把好的感官体验作为一项重要的排序指标对待,占有更高的权重。SEO 工程师在设计页面时,也要注意在提升用户感官体验方面多下功夫。不同搜索引擎的首页可能会给用户带来不同的感官体验。

2. 交互体验

交互体验是用户在使用产品过程中与产品进行交流、互动等行为产生的主观感受。页面与用户之间交互好的网站能够给用户带来好感。交互是用户浏览页面体验的升级,给用户提供进一步交流的机会,是以用户为导向理念的现实化反映。但页面提供的交互方式应该是人性化的,不会让用户产生干扰或者强制性的感觉,否则一厢情愿、硬性的交互反而会容易引起用户的反感。

例如,用户在页面产生的点击、浏览、留言、评论、转向链接,以及页面内容的个性化推荐等行为都会使用户产生不同的体验。也有的页面提供在线客户服务,当用户对产品有疑问时,可以直接与在线客服联系以解决问题,增加网站与用户的交互,如图 6-4 所示。

图 6-4　某网站的在线客服互动界面

图 6-4 中的互动界面增加了用户与网站的直接互动机会,是比较好的交互体验。若用户不需要互动,可以关闭对话框,也可以单击"稍后再说"按钮,需要互动时可以单击"现在咨询"按钮,进入咨询界面。如果用户关闭对话框后,每隔 20 秒对话框重复出现一次,就容易引起用户的反感,就是不好的交互体验。

3. 情感体验

情感体验是用户使用产品的一种心理认可度,也是产品能够带给用户体验的目标。用户与产品之间产生情感就会成为产品的忠实粉丝,哪怕产品有些瑕疵,用户也会采取包容的态度,并且极有可能提出建议,甚至与产品设计者共同完善产品。这里的情感可能是用户已经养成了使用产品的习惯,不想更改;或者产品具有出色的功能,很好地满足了用户的需求;或者产品在发展过程中,用户参与其中,自己与产品有融入感等。情感体验是用户体验的高级层次,某产品有这种体验的用户越多,产品对用户越有黏性。

例如,虽然百度搜索引擎的用户感官体验和交互体验都不错,还占有绝对领先的市场份额,但仍旧有很多用户将必应搜索设为主页。在使用户感官体验和交互体验好的前提下,用户的情感体验是产品设计者追求的目标,也是优化用户体验的重要方向。

虽然产品对用户已经到了情感体验的层次,但并不意味着用户就一成不变了,还需要产品根据市场变化、用户喜好的变化等相应调整、改进,不断满足甚至引导用户的喜好和体验。如很多用户都曾经是诺基亚手机的忠实用户,但诺基亚手机在智能手机时代落伍,用户不得不转向其他品牌的手机。后来,诺基亚也推出了自己的智能手机,但并没有因此重新赢得那些曾经的"忠实粉丝",因为那些用户中的大多数已经另有"情感"。

总之,SEO 工程师在工作中要把握以上 3 种体验,从用户的角度出发,不断完善网站。搜索引擎也应该重视用户的这些体验,不断完善自己的产品,合理地使网站具备较好的用户体验,在搜索结果中排在较前的位置。

下面根据用户体验的来源和分类,结合用户日常使用搜索引擎的习惯,分别从域名、页面结构、页面内容、权威认证、用户评价等几个方面介绍用户体验优化的相关策略。

6.2　域名策略

6.2.1　域名的基础知识

域名也称网址,是互联网上识别和定位计算机的层次结构式的字符标识,与该计算机的互联网协议(IP)地址相对应。通俗地讲,域名是企事业单位和公司在互联网上的名称,用户通过域名进入该企事业单位或公司的网站了解所需信息。相对于数字型的 IP 地址,域名更容易记忆。

域名由域名主体和域名后缀两部分组成,中间用点号分隔开。例如,百度的域名是baidu.com,baidu 是域名主体,.com 是域名后缀。不同域名后缀的含义如表 6-1 所示。

表 6-1　不同域名后缀的含义

域　名	含　义	域　名	含　义
.com	商业组织、公司	.cc	简短的国际顶级域名
.gov	政府部门	.tv	电视台或频道
.net	网络服务商	.info	信息网与信息服务
.org	非营利组织	.cn	中国国家顶级域名
.edu	教研机构	.com.cn	中国公司和商业组织域名
.int	国际组织	.net.cn	中国网络服务机构域名
.mil	美国政府军事机构	.gov.cn	中国政府机构域名
.biz	商务网站	.org.cn	中国非营利组织域名

通常,我们说百度的网址是 www.baidu.com,打开百度的主页后,浏览器地址栏显示为https://www.baidu.com(见图 6-5)。其中,https://表示超文本传输协议,一般不需要输入;www 表示用的是万维网(World Wide Web)的服务器。

图 6-5　百度的主页地址

另外,从域名级别的角度分析,如百度地图产品,其网址是 http://map.baidu.com/(见图 6-6),其中,.com 称为顶级域名,baidu 称为二级域名,map 称为三级域名。

图 6-6　百度地图的主页地址

6.2.2　域名优化的要点

1. 简短易记

较短的域名更容易让用户记住,较长的域名会增加用户记忆的难度。对不经常光顾的网站,用户很难记住较长的域名。另外,较短的域名也容易在视觉上给用户造成冲击,引起用户的兴趣。

例如,相对于亚马逊中国网站的域名 amazon.cn,人们更容易记住它的另一个域名 z.cn;相对于京东商城的原域名 360buy.com,人们更容易记住它的新域名 jd.com。另外,域名中应尽量避免出现连词符。从 SEO 角度来看,输入烦琐的域名一般都不是好域名。

从另一个方面讲,简短的域名一般都已被抢注。因此在注册域名时,SEO 工程师应尽可能从未注册的域名中选择长度短的域名。

2. 相关性

(1) 域名的相关性主要体现在企业的中文名称与英文域名相关,以及域名与网站主题相关。企业的中文名称与英文域名相关是指用户看到企业的名称或者 LOGO,能够很自然地联想到它的网站域名,或者用户看到网站的域名(通常域名用英文单词、字母或者拼音表示),能够自然联想到企业名称。

例如,海尔集团官方网站的域名是 haier.net,海尔商城的域名是 ehaier.com,海尔产品官方网站的域名是 haier.com;淘宝网的域名取"淘宝"两个字的汉语拼音(taobao.com),容易让人在两者之间产生联想,从而更容易记住域名。

(2) 域名与网站主题相关是指用户看到域名,基本能判定网站的主题是什么,或者多数用户浏览网站得到的主题信息能够在域名中反映出来。例如,微信的官方网页地址 weixin.qq.com。

在此,我们建议域名最好与企业的品牌名相关。相关性是选择域名时优先考虑的因素。

3. 稳定性与长期性

一个网站一旦确定了域名就不要轻易改变。域名相当于企业在互联网上的一张名片,变来变去容易给人产生不稳定的感觉。搜索引擎更倾向于赋予那些域名稳定、注册时间早、被收录时间早、存续时间长的网站更高的排名权重。

4. 合理选择顶级域名

合适的顶级域名能够有效地体现企业网站的形象、地位和所在行业等信息。例如,国际顶级域名.com、.net、.cn 都是不错的选择。如果企业的业务主要集中在国内,.cn 是不错的选择,如果是教育类网站,在符合审核条件的情况下就应该首选.edu,政府类网站首选.gov等。不常见的域名后缀可能会引起用户的不信任感,增加用户的判断成本,不易于域名的传播。

表 6-2 列举了国内知名网站的域名,读者可以体会一下什么样的域名更能提升用户的应用体验和企业的知名度。

表 6-2   国内知名网站的域名

域　名	网站名	网站简介
taobao.com	淘宝网	亚洲较大的网上交易平台,提供各类服饰、美容、家居、数码、话费/点卡充值等数亿优质商品,同时提供担保交易(先收货后付款)等安全交易保障服务,并由商家提供退货承诺、破损补寄等消费者保障服务,让消费者安心享受网上购物乐趣
jd.com	京东商城	专业的综合网上购物商城,销售家电、计算机、家居百货、服装服饰、母婴百货、图书、食品等数万个品牌优质商品。便捷、诚信的服务,为消费者提供愉悦的网上购物体验
z.cn	亚马逊(中国)	亚马逊(中国)坚持"以客户为中心"的理念,秉承"天天低价,正品行货"信念,销售图书、计算机、数码家电、母婴百货、服饰箱包等上千万种产品。亚马逊中国提供专业服务:正品行货天天低价,机打发票全国联保。货到付款,30天内可退换货。亚马逊(中国)为中国消费者提供便利、快捷的网购体验
so.com	360搜索	360搜索是安全、精准、可信赖的新一代搜索引擎,依托于360母品牌的安全优势,全面拦截各类钓鱼欺诈等恶意网站,提供更放心的搜索服务
sogou.com	搜狗搜索	中国领先的中文搜索引擎,支持微信公众号、文章搜索,通过独有的SogouRank技术及人工智能算法为用户提供最快、最准、最全的搜索服务
baidu.com	百度	国内知名的搜索引擎
sina.com	新浪网	新浪网为全球用户24小时提供全面及时的中文资讯,内容覆盖国内外突发新闻事件、体坛赛事、娱乐时尚、产业资讯、实用信息等,设有新闻、体育、娱乐、财经、科技、房产、汽车等三十多个内容频道,同时开设博客、视频、论坛等自由互动交流空间
163.com	网易	网易是中国领先的互联网技术公司,为用户提供免费邮箱、游戏、搜索引擎服务,开设新闻、娱乐、体育等三十多个内容频道,以及博客、视频、论坛等互动交流空间
ifeng.com	凤凰网	凤凰网是中国领先的综合门户网站,提供含文、图、音频、视频的全方位综合新闻资讯、深度访谈、观点评论、财经产品、互动应用、分享社区等服务,同时与凤凰无线、凤凰宽频形成三屏联动,为全球华人提供互联网、无线通信、电视网三网融合、无缝衔接的新媒体优质体验

6.3　页面结构策略

用户通过搜索结果进入页面后,良好的页面结构能够给用户带来好的阅读体验。同时,网站更希望通过该页面,吸引用户浏览网站其他页面的内容,甚至收藏本网站,因此,网站结构也是影响用户体验的重要因素。接下来,分别从单个页面的结构优化和网站结构优化两个方面介绍相关内容。

6.3.1　单个页面结构优化的要点

具体到某个页面,大多数用户的浏览习惯是从上向下、从左向右。这里把整个页面分为左上、右上、左、右、左下、右下6个部分(见图6-7),那么它们的重要性依次是左上＞右上＞左＞右＞左下＞右下。

事实上,用户单击进入某个页面后,他关心的重点是在中间区域的文章标题和文章内

左上		右上
左		右
左下		右下

图 6-7　页面分布

容,甚至会略过左上和右上区域的内容。但是当用户想进一步关注网站的其他页面或内容时,又往往会遵循先看左上,然后看右上的浏览习惯。下面通过一个例子进一步说明页面结构的优化情况,如图 6-8 所示。

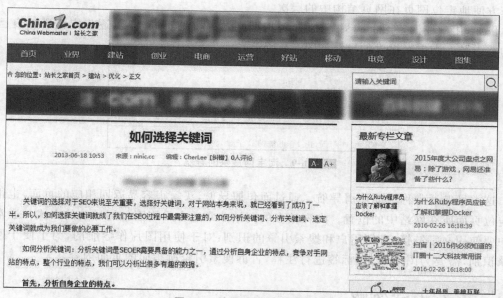

图 6-8　某网站页面结构布局

图 6-8 的左上角显示网站的 LOGO,并且做了超链接,用户单击后可以直接到网站的首页。图中的模糊处理部分是广告信息,对用户的视觉产生干扰,体验不好。图中上部显示各栏目的导航,方便用户单击进入感兴趣的页面。图中右部是网站推荐的文章,但文章标题内容与本页面的主题相关性差,难以起到浏览引导作用。这些不足之处,也是需要优化的方向。页面结构清晰分明,表现的项目或内容与页面主题协调,尽量避免出现广告等信息是优化页面的关键。

6.3.2   网站结构优化的要点

清晰的网站结构和导航能引导用户快速找到需要的内容,避免猜测、试验、迂回等情况的发生,这也是搜索引擎快速顺畅抓取页面的要求。常见的网站结构是树状结构,分为首页、频道和内容页 3 个层次。首页到内容页的层次越少,越有利于用户的浏览体验,也越能吸引搜索引擎抓取页面。

网站内各网页之间形成网状结构,即每个页面都应该有指向上级、下级页面及相关内容的链接:首页有到频道页的链接,频道页有到首页和普通内容页的链接,普通内容页有到上级频道及首页的链接,内容相关的网页间互相有链接。最终达到每个页面是网站结构的一部分,每个页面都能直接或通过其他页面链接到任意一个页面。任意两个页面间链接经过的层次越少越好,也就是说好的网站结构应该是扁平化的树形网状结构。

百度给出的网站结构建议如下。

(1)确保每个页面都可以通过至少一个文本链接到达。

(2)重要的内容,应该能从首页或者网站结构中比较浅的层次访问到。

(3)合理分类网站上的内容,不要过度细分。

(4)为每个页面都加上导航栏,让用户可以方便地返回频道、网站首页,也可以让搜索引擎方便地定位网页在网页结构中的层次。

例如,用户在淘宝网上购买登山鞋,可根据网站提供的不同选项,逐步定位满足自己需求的登山鞋。淘宝网提供的导航如图 6-9 所示。

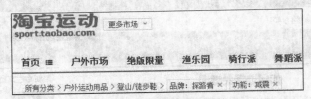

图 6-9   淘宝网提供的导航

这类导航通常称为面包屑导航。通过面包屑导航,买家很容易返回相应的页面,也很容易定位页面所在网站中的位置。内容较多的网站非常适合采用面包屑导航的方式。通常导航中要使用文字链接,方便用户和搜索引擎的识别;对于使用图片作导航的,为了便于搜索引擎识别,需要为图片加 alt 标签进行注释,告诉搜索引擎所指向的页面内容。

6.4   页面内容策略

页面内容优化是 SEO 优化的核心。用户可能会忍受页面广告的干扰,但不能忍受低质量的内容,不能满足需求的页面内容对用户来讲没有意义。从搜索引擎的角度看,按目前的算法水平,搜索引擎还不能像人一样完全"读懂"页面内容,只能通过一定的算法去判断页面的核心内容,通过用户点击次数、页面的停留时间等条件,辅助判断一个页面内容的质量。下面介绍页面内容评价的标准和页面版式优化的要点。

6.4.1　页面内容评价的标准

内容价值体现在多个方面,不同网站、不同用户对内容价值高低的判断也存在一定的差异。例如,新闻类网站要求快速、真实地发布新闻稿件,能够简练到位地把事件描述清楚,满足人们对新闻的好奇心。而像优化等专业类网站,用户更关心内容是不是系统,有没有"干货",对内容的深度和实用性有较高的要求。另外,由于不同的专业领域对问题的理解深度等不同,用户很有可能把一篇价值比较高的文章看作晦涩难懂的文章。

再如,同样是解决"如何选择实木家具"问题,有些文章写得很专业,有些文章写得很白话,有些文章写得图文并茂等,被大多数人认为好的文章,可能就是价值高的文章。下面分别从 4 个方面介绍内容价值高的网站应该具备的条件。

1. 内容专注

内容专注主要指网站内容专注于某个领域,页面内容专注于某个关键字,这样更容易引起搜索引擎的青睐,也有助于为用户解决专门的问题。用户通过搜索引擎输入关键字进行搜索,本身就是一种"内容专注"的行为,只有与用户搜索意图完全匹配的页面才可能获得较好的排名。

假设某网站的内容除了与实木家具相关,也与 Excel 表的函数应用相关,还与健身相关,这除了让搜索引擎疑惑,也会给用户带来困惑——这个网站到底要做什么?因此,从网站到每个页面都要内容专注。

例如,某网站以 SEO 为主题,某个页面的内容是"如何选择网站关键字",页面底部还提示了"相关文章",以及"上一篇"和"下一篇",每个页面的主题不同,所有页面内容都围绕 SEO 展开,就属于比较典型的内容专注,如图 6-10 所示。

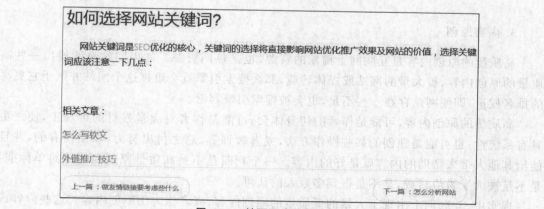

图 6-10　某页面内容的布局

2. 内容成体系

内容成体系指网站或页面不是针对某个点或某几个点组织内容,而是从系统的角度出发,全方位、多角度地组织内容,使用户能够得到较全面的解决方案。

例如,图 6-10 中的网站主题是 SEO,那么与 SEO 相关的关键字、链接、网站结构、页面内容、服务器选择等内容都要体现在网站中,这样才可能吸引用户更多地关注网站,从被网站的某个页面吸引到对整个网站感兴趣。再如图 6-10 中页面内容的主题是"如何选择网站关键词",那么内容就可以从网站主题、用户搜索习惯、关键字竞争度等几个方面入手进行组织,因为某个方面的因素不能成为选择关键词的决定因素,从影响选择关键词的多个角度出发,才可能解决用户的问题。

有些比较好的 SEO 第三方工具网站,提供了比较系统的 SEO 工具,在这一个网站上,SEO 工程师基本可以找到解决常见问题需要的各种工具。这样的网站内容成体系,不管是 PC 端还是移动端,不管是常用工具还是搜索优化查询,或者加密解密相关等内容,都有比较好的内容供 SEO 工程师参考,部分内容如图 6-11 所示。

图 6-11   某网站提供的部分 SEO 系统化工具

3. 内容原创

高质量的原创内容是互联网上稀缺的资源,也是热门资源。如果网站总能推出一些高质量的原创内容,被大量的网站或媒体转载,那么搜索引擎就会重视这个网站并赋予它更高的排名权重,即便网站存在一些不足,也会被搜索引擎容忍。

高质量的原创内容,可能是作者的切身体会;可能是作者对大量素材的再加工,使之更具有系统性;也可能是独创的某些操作方法,或者教训等,总之付出努力,以往没有的,并且能给其他人带来帮助的内容就是好的内容。一个判断是不是高质量原创内容的简单标准:是不是被大家纷纷转载,是不是得到多数人的认可。

现实中,互联网上出现了大量的低质量的原创内容,或者称为伪原创内容。这些内容或许在短时间内能欺骗搜索引擎,但是不能欺骗用户。被用户抛弃的内容,也必然会被搜索引擎抛弃,还极有可能受到搜索引擎的处罚。甚至有些软件可以自动生成伪原创内容。例如,某原创内容如图 6-12 所示,软件生成的伪原创内容如图 6-13 所示。

从两者的对比中可以看出,伪原创内容没有任何价值,仅是为了迷惑搜索引擎而产生的,用户也无法读懂其表达的含义。

在实木家具选购时，首先应注意观察家具面板上是否有清晰的木纹，有的话，再看该位置的背面，是否有同样的花纹，如果也有就大概可以认定为纯实木的。还有一个方法是看节疤，在板面出现疤痕的地方，如果木板正反两面都有同样的疤痕，则可确认为纯实木家具。

图 6-12　某页面部分原创内容的截图

在实木家具选购时，首先应留心观察家具面板上是不是有明白的木纹，

有的话，再看该方位的不好，是不是有相同的斑纹，假定也有就大约能够认定为纯实木的。

还有一个方法是看节疤，在板面呈现疤痕的本地，假定木板正反两面都有相同的疤痕，

则可确认为纯实木家具。

图 6-13　软件生成的伪原创内容的截图

4. 内容的权威性和可靠性

页面内容的权威性和可靠性实际是要求网站的权威性和可靠性。用户和搜索引擎都对品牌知名度高的网站感兴趣，并且认为它们提供的内容更可信，价值更高。因此，网站所有者要持续对网站进行品牌建设，确保页面内容的质量，逐步在某个领域内树立起权威和可靠的形象。搜索引擎也会赋予这样的网站更高的权重。

例如，同样一条爆炸性新闻，出现在新浪网上就比出现在一些小网站上更容易让人相信。尽管这条新闻是真的，但如果出现在小网站上，用户很可能认为它是假的，是小网站为了博取大众的眼球、吸引流量而编写的。

6.4.2　页面版式优化的要点

这里的页面版式主要指页面内容的排版布局。好的内容只有配上好的版式，才能引起用户阅读的兴趣。展示乱糟糟的页面，内容即使再好，也不会引起用户的好感。通常好的版式具备以下特征。

（1）题目突出。题目的字体、字号等显眼，但不显得突兀；题目含关键字，体现页面内容的中心思想。

（2）结论明显。如在题目下方含摘要信息，表明页面核心内容、结构层次等。

（3）重点突出，层次清晰。页面内容的表述逻辑清晰，层次分明，每段首有本段的总结性观点等，能引导用户不断深入浏览。页面内容结束部分应该有总结性的观点，与开始部分呼应。

（4）图文并茂，语言流畅，通俗易懂。图文并茂的内容更能引起用户阅读的兴趣，通过图片能够加深用户对文字内容的理解。页面内容应尽量避免出现专业术语，可通过一些通俗易懂的语句表明观点。

（5）字体适中，自然呈现。应多使用常见的字体、字号，保证整体页面字体、字号的协调，符合多数人的阅读习惯，如使用宋体、微软雅黑等字体。

SEO 工程师可以参考互联网上公认的好版式，下载相关模板编辑内容。如"百度经验"提供的版式就有一定的借鉴价值。例如，搜索关键字"如何选择冰箱"，"百度经验"给出解决方案的页面版式如图 6-14 所示。

图 6-14 中，标题明显，表明主题，并且后面紧跟着"听语音"按钮，用户选择后可以收听

图 6-14　百度经验的部分版式

解决方案。解决方案分步阅读、图文并茂、逻辑清晰,增强了用户的阅读体验。页面最后还给出了"注意事项""相关经验"栏目,给用户切实解决其问题的感觉,还提供了"投票""有得"等互动功能(见图 6-15),从侧面反映了内容对用户帮助的程度,即使用户并不参与这些互动,也会感觉体验良好。

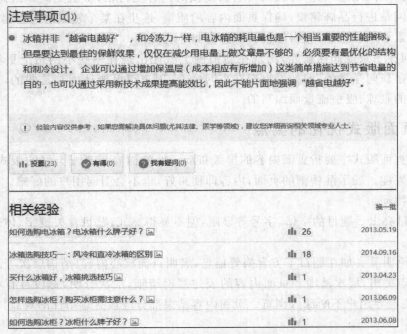

图 6-15　百度经验的部分版式

补充知识点:用户评价策略

用户评价指用户或搜索引擎的产品对页面内容或网站等的评价,这些评价多是来自用户的真实感受,是其他用户及搜索引擎评价页面或网站价值的重要参考。图 6-15 中的"投票"功能就是用户评价的直观显示,投票越多说明用户越认可页面内容的价值。

用户对页面内容或网站的评价可能来自多个方面。如有些页面带有"点赞""留言""评论""转发"等功能,它们是与用户互动的途径,也是页面价值的直接体现。用户还可以通过论坛、百度知道、知乎等途径发布对网站的评价或询问其大体情况等信息。当用户对某网站不是很熟悉的时候,很容易想到通过搜索引擎进行查询或询问,此时网络上已经存在的或者用户新产生的评价,将会对搜索者的判断产生重要影响。当然,有些评价可能是不客观的,这也要求 SEO 工程师能够善于利用用户评价策略,使网站的真实价值得以体现。

另外,还有一种评价是搜索引擎提供的"评价"功能。如百度搜索引擎就在搜索结果页提供了"评价"选项,供用户参考,如图 6-16 所示。

图 6-16　用户查看评价内容的入口

用户单击"评价"选项后,得到百度搜索引擎的百度口碑提供的用户评价,如图 6-17 所示。

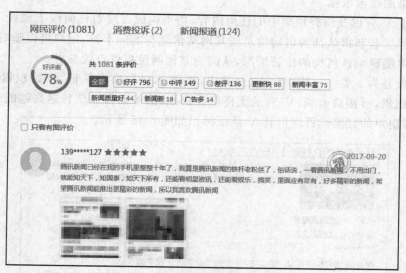

图 6-17　百度口碑部分评价内容截图

百度口碑是用户在百度搜索结果中进行评价的平台。该平台汇聚了来自真实网友、行业专家、法律顾问、媒体的商家口碑内容,也有来自商家的反馈,实现商家与用户的互动。

用户评价通过网民对商家的真实评价,有凭有据的消费者曝光,专业人士的点评,客观真实地体现出来。用户对网站的评价,可以反映网站质量的好坏,同时也为新用户访问网站提供决策依据,还能给新用户是否进入网站提供参考。

此外,从图 6-17 中还可以看到,百度搜索引擎提供了"收藏""分享""举报"等功能,这些也是用户了解网站的重要途径,在一定程度上也能说明网站的价值。因此,SEO 管理员要从多个角度重视用户评价策略。

6.5　权威认证策略

百度搜索引擎在搜索结果展现中提供了诚信企业认证和商家承诺认证等功能，这些权威认证能够协助用户判断网站的价值，为用户提供各种保障，提高用户的体验；另外，百度对获得这些认证的网站也特别重视，可能赋予更高的排名权重。

6.5.1　诚信企业认证

诚信企业代表企业的信誉情况，通过诚信企业认证的商家能够得到用户的信任。百度诚信企业认证主要包括信誉 V 认证、实名实网认证、资信认证、官网认证和商标认证 5 个方面。

1. 信誉 V 认证

百度信誉 V 认证也称百度信誉档案，是把互联网商家网站及网站背后的经营实体资信认证、信用记录、承诺保障和口碑评论等数据，以信誉评级和信誉成长值等方式呈现给用户，作为用户决策的参考依据。

百度信誉 V 标识及信誉档案中的任何内容，均不构成百度对任何线上或线下交易行为的推荐或担保。若获得认证的机构信息或其网站信息与实际不符，用户可以随时举报，举报的内容将有可能影响该机构的信誉情况，从而为其他网民提供有效参考。

百度信誉分为 3 类——V_1、V_2、V_3。其中，V_1 表示已获实名认证，开始积累信誉；V_2 表示基础信誉积累，可接洽商谈；V_3 表示优良信誉积累，值得信任。信誉越高越能获得好的排名，越能获得用户的好感。百度信誉 V 认证标识如图 6-18 所示。

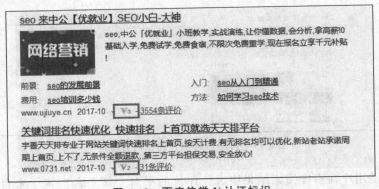

图 6-18　百度信誉 V 认证标识

百度信誉 V 认证申请流程分为 3 步——提交信息、认证审核、获得权益，如图 6-19 所示。

2. 实名实网认证

实名实网认证是对网站经营主体的身份真实性进行核实，并结合营业执照、法人身份

图 6-19　百度信誉 V 认证申请流程

证、组织机构代码证、ICP 备案、银行对公账户等,确保网站经营及管理主体的身份合法存在,核验通过的信息会进行公开展示,以便在消费者决策时,提供信息参考。

目前,实名实网认证费用为 600 元/年,认证成功的企业将获得百度商家信誉评级,可量身定制信誉档案,并在百度搜索结果中展示蓝色 V 标,如图 6-20 所示。

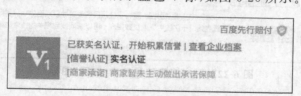

图 6-20　实名实网认证成功后的搜索显示结果

3. 资信认证

资信认证是百度基于第三方实地获取的企业经营资质及相关资产情况等信息,为企业提供前述客观实力信息的特别展现,帮助企业更好地获得目标消费人群的关注及信任。

目前,资信认证费用为 6288 元/年。资信认证成功后,企业可获得实力商户尊享、定制化卡片、展示醒目徽章标识等权益。资信认证后的搜索显示结果如图 6-21 所示。

4. 官网认证

官网认证是百度对客户主体资质及主体网站相关的搜索词下展示"官网"标识的增值服务认证,以帮助客户树立权威形象,辅助网民快速识别客户的官方网站,防止山寨、钓鱼虚假网站对网民与客户的侵害。

百度对知名、权威网站经营主体免费认证并授予"官网"标识;对非知名、非权威网站经营主体本着保证网民体验的原则,在核实身份真实性、经营稳定性、资质归属权后授予"官网"标识,并收取认证管理费用。

目前,官网收费认证分为标准版和高级版两种,标准版认证费用为 3000 元/年,高级版

图 6-21   资信认证后的搜索显示结果

实行浮动定价机制,根据官网保护深度、保护频次、搜索词价格等进行系统定价。网站官网认证成功后,在搜索结果中的显示如图 6-22 所示。

图 6-22   百度搜索结果显示"官网"图标

5.商标认证

商标认证是百度以企业的注册商标权证为权威认定依据,对注册商标及其对应网站进行的认证,以帮助企业树立品牌形象,打击品牌侵权。

商标认证申请需要具备一定的条件,如信誉 V 认证生效、身份认证主体与 ICP 备案主体名称一致、企业没有纳入失信名单且不涉及行政机构处罚等。目前,商标认证费用为 2000 元/年。

6.5.2   商家承诺认证

百度为商家提供承诺意愿展现服务,购买承诺产品,可增强网民消费信心,使网民对商家产生持续信赖。

商家承诺服务包括诈骗保赔、先验后付、N 天退换货、正品保证等,如图 6-23 所示。

商家根据自己企业的实际情况选择性开通其中的服务,开通后商家要遵守服务的约定。如某商家开通正品保证等服务,搜索显示结果如图 6-24 所示。

总之,增加用户体验需要从多个方面入手,本章中介绍的 4 种策略只是众多策略中的一部分。SEO 工程师要从网站、用户、搜索引擎的角度出发,兼顾三者的利益,最终把用户体

图 6-23　百度商家承诺服务

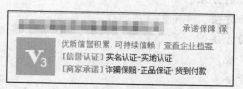

图 6-24　商家开通的部分承诺认证服务

验放在首要位置。相信 SEO 工程师长期坚持以用户体验为基础的 SEO 操作，一定能取得比较好的效果。

练习

1. 请读者从网上找出 5 个网站的域名，分别分析其优缺点，并提出优化措施。

2. 请读者以淘宝网和唯品会网站的主页为例，分别分析其页面结构，并对比分析两者的不同点和相同点。

3. 请读者自行从网上找一个认为比较好的页面内容，分析其优点并与本章介绍的页面内容评价标准进行对比。

4. 请读者根据浏览体验找出一个体验比较好的网站，根据本章中介绍的相关知识，分析其都采用了哪些策略，还有哪些策略是本章没有提到的（请逐一列出）。

第 7 章

搜索引擎友好性策略

📖 **本章目标**

- 熟悉服务器选择的要点。
- 掌握增加外部链接的方法。
- 熟悉链接重定向的方法。
- 了解链接静态化的方法。
- 掌握 404 页面的实现。
- 了解精简代码的方法。
- 熟悉标签优化的方法。
- 熟悉网站备案的流程和方法。

用户体验是用户对搜索结果和网站的整体感受,而搜索引擎友好性指搜索引擎对网站的整体评价。网站对搜索引擎的友好性越高,搜索引擎越会认为网站的价值大,赋予网站的权重越多,网站的搜索排名越靠前,用户单击网站的概率越大。

从搜索引擎的角度看,它更希望把用户体验好的网站排在较前位置。但是,搜索引擎友好性与用户体验之间也存在一定的矛盾,有些用户感觉好而搜索引擎恰恰认为不好,如用户喜欢看图片、视频多一些,不喜欢看太多文字,而搜索引擎喜欢文字多一些,目前还不能完全读懂图片的内容。随着技术的进步,两者之间可能会越来越趋同。因此,SEO 工程师除了要掌握用户体验优化策略外,还要掌握搜索引擎友好性优化策略。

SEO 工程师进行网站优化时,大多数细节优化工作既属于用户体验范畴,也属于搜索引擎友好浏览范畴。本章主要介绍影响搜索引擎友好性的细节工作,如服务器选择策略、链接优化策略、代码优化策略、网站备案策略。

7.1 服务器选择策略

网站建成之后,需要为网站准备稳定的服务器来保障其运行。如果选择的服务器经常出现故障,不但会影响用户访问网站,而且会影响搜索引擎对网站的信任度。

7.1.1 服务器简介

服务器也称网站空间,是存放网站内容的空间,包括文字、文档、数据图、图片、视频和声音等文件。服务器是保障网站稳定运行的基础设施。

1. 服务器的主要功能

服务器的主要功能是保证网络数据不间断地存储和传输。优质的服务器可以保障网站持续稳定地运行,给用户提供不间断的服务;劣质的服务器会使网站运行不稳定,甚至不能被打开,影响用户和搜索引擎的访问。所以选择合适的服务器是非常必要的。

从用户体验角度来讲,用户在浏览网页时,由于网页打开速度慢,而用户不愿花太长时间等待网页打开,很可能就会放弃浏览。例如,在浏览器中输入某网站的网址(网站实际存在),显示"正在等待",等一段时间后,显示"您输入的网址无法访问!"(见图 7-1),这对用户来讲就是不好的体验。

图 7-1　用户体验不好的浏览情况

从搜索引擎友好性角度来讲,搜索引擎希望每次抓取网页内容时,服务器都能快速响应。如果搜索引擎在每次抓取时,服务器响应速度慢或者没响应,搜索引擎不得不放弃抓取,该网站就很容易被搜索引擎忽略。

2. 服务器的类型

此处主要介绍服务器的 3 种类型:虚拟主机、VPS 主机、云主机。

1) 虚拟主机

虚拟主机是指在网络服务器上分出一定的磁盘空间,用户可以租用此部分空间,以供用户放置站点及应用组件,提供必要的数据存放和传输功能。

虚拟主机使用特殊的软硬件技术,把一台真实的物理服务器主机分割成多个逻辑存储单元。每个逻辑单元都没有物理实体,但是每个逻辑单元都能像真实的物理主机一样在网络上工作,具有单独的 IP 地址(或共享的 IP 地址)、独立的域名及完整的 Internet 服务器(支持 WWW、FTP、E-mail 等)功能。

虚拟主机作为网络服务器,最重要的指标是系统的稳定性,直接关系到网站是否能够被访问。虚拟主机性能的好坏取决于服务器的配置及所使用操作系统、软件本身之外,还与机房所处的外界环境有关。

2) VPS 主机

VPS 主机即虚拟专用服务器(Virtual Private Server,VPS),是利用虚拟服务器软件(如微软的 Virtual Server、VMware 的 ESX Server、SWsoft 的 Virtuozzo)在一台物理服务

器上创建多个相互隔离的小服务器。

VPS 技术是一项服务器虚拟化和自动化技术,它采用的是操作系统虚拟化技术,共用操作系统内核,这样虚拟服务器就不需要额外的虚拟化内核的过程,因而虚拟过程资源损耗就更低,可以在一台物理服务器上实现更多的虚拟化服务器。这些 VPS 主机以最大化的效率共享硬件、软件许可证及管理资源。每个 VPS 主机都可分配独立公网 IP 地址、独立操作系统、独立超大空间、独立内存、独立 CPU 资源、独立执行程序和独立系统配置等。

从使用者角度,VPS 主机用户大致包括个人工作室、个人站长、微企业、小型门户网站、SOHO 一族、中小企业、专业门户网站、团体组织。

从应用程序角度,VPS 主机可用于办公自动化、即时通信、多媒体娱乐、资源下载、数据库应用、网络游戏、企业应用软件和视频网站等方面。

3)云主机

云主机是云计算在基础设施应用上的重要组成部分,产品源自云计算平台。该平台整合了互联网应用三大核心要素——计算、存储、网络,面向用户提供公用化的互联网基础设施服务。云主机技术类似于 VPS 主机技术。云主机是在一组集群主机上虚拟出多个类似独立主机的部分,集群中每个主机上都有云主机的一个镜像,从而大大提高了虚拟主机的安全稳定性,除非所有的集群内主机全部出现问题,云主机才会无法访问。

云主机是新一代的主机租用服务,它整合了高性能服务器与优质网络带宽,有效解决了传统主机租用价格偏高、服务品质参差不齐等缺点,可全面满足中小企业、个人站长对主机租用服务低成本、高可靠、易管理的需求,也可以有效地解决传统物理主机与 VPS 服务中存在的管理难度大、业务扩展性弱的问题。

实际应用中的云主机具有 3 个方面的弹性能力:主机服务配置与业务规模可根据用户的需要进行配置,并可灵活地进行调整;用户申请的主机服务可以实现快速供应和部署,实现了集群内弹性可伸缩;计费方式灵活,用户无须支付押金,且有多种支付方式供用户选择。

7.1.2　服务器选择的要点

通常购买独立服务器存储网站内容的成本比较高,很多中小型网站都采用租用的方式,保证网站的日常运营。

服务器的速度和稳定性需要一定的技术实力来保障,网站管理者要选择那些有实力的正规空间提供商。网站管理者除了要考虑使用速度快、稳定性好的服务器,还要根据网站的规模和需要提供的服务来决定服务器的选择,避免出现费用高、“大马拉小车”的情况。

通常服务器都有流量、连接数量和功能上的限制,多个网站共用一台服务器,稳定性会受到影响,但价格便宜;单个网站单独租用一台服务器,各种限制少,可以自主管理,但价格较高。网站管理者需要根据实际情况进行适当选择。另外,服务器的安全性也非常重要,网站容易受病毒和木马的感染,好的服务器能尽量减少病毒的攻击,同时还能对网站的数据进行有效备份。

选择服务器的接入商也是必须考虑的因素。假设网站的用户群集中在联通,就应尽量选择联通访问较好的接入商;如果用户群主要在电信,则选择电信访问较好的接入商;如果用户群分布在全国,那就选择一家互通访问处理比较好的接入商。

综上所述,在考虑搜索引擎友好性前提下,选择服务器主要考虑的要点如表 7-1 所示。

表 7-1 服务器选择要点

项　　目	选 择 要 点
服务器硬件配置	服务器大小够用为原则，在扩展升级方面留有余地。硬件配置能保证最大在线人数的浏览速度，避免"大马拉小车"
服务器所在位置	网站空间所在的位置与目标客户的时空距离越近越好
服务器带宽	带宽越大，网页打开的速度越快，可以提升用户的体验，同时搜索引擎也喜欢抓取速度快的网站
服务器支持线路数	网站空间最好选择能提供多线的空间，如联通、电信、教育网等。常见的是双线和三线空间
同 IP 网站数据与质量	同一个 IP 地址内网站的数量越少越好，网站太多，会存在一定的安全隐患。一个网站作弊，可能会连带整个网站空间的网站都被搜索引擎屏蔽
服务器是否支持 SEO 技术和数据备份功能	如 404 页面技术，可以增加搜索引擎友好性。数据备份能使网站在受到破坏时，最大限度地挽回损失
服务商实力	当网站空间出现故障不能提供服务时，实力强的网站空间服务商可以在短时间内排除故障，保证网站的正常运行，避免损失

7.2　链接优化策略

7.2.1　链接简介

1. 链接的定义

链接又称为超链接，是指从某个页面指向一个目标的连接关系。页面和目标之间的链接对象，可以是一段文本，也可以是一张图片等。链接对象可以指向本页面的内容，也可以指向其他页面的内容。用户单击具有链接的对象后，就会在浏览器中运行或打开链接目标的内容。正是有了超链接，才有了互联网上海量信息的共享。如用户单击某页面的某栏目直接进入相关页面，就是超链接在起作用。

2. 链接的分类

按照使用对象的不同，通常可以把页面中的超链接分为文本超链接、图片超链接、多媒体文件链接、E-mail 链接等。

按照两个链接连接关系的不同，可将链接分为导入链接与导出链接。如页面 A 中存在链接指向页面 B，则页面 A 是页面 B 的导入链接（也称反向链接），页面 B 是页面 A 的导出链接。

按照链接路径的不同，通常可以把页面中的超链接分为内部链接和外部链接。内部链接是指某网站内部各页面间的连接关系，主要与网站结构、网站内容相关；外部链接是指不同网站页面间的连接关系，主要与链接目标网站的重要性、内容相关。

3. 链接的信任关系

在网络的链接关系中，如果某一页面中存在链接指向另一个页面，即表示页面对于被链接页面是信任的,从而投了它一票,并分配被链接页面一定的权重值。

在搜索引擎优化中,链接投票机制反映页面间的信任关系。如果链接都指向了某个目标页面,相当于所有的链接对目标页面是信任的,等于为目标页面投了信任票。得到票数越多的页面,被信任的程度越高,权重也越高。

4. 链接的评价指标

链接优化在搜索引擎优化中占有重要的地位。好的链接不但能增强搜索引擎的友好性,也能提升用户的浏览体验。评价一个链接好坏的主要指标如表 7-2 所示。

表 7-2　链接的评价指标

优化方向	要点简介	评价指标	
		内部链接	外部链接
内容相关性	导出链接页面和目标页面的内容越相关,越能引起用户的阅读兴趣,也越受搜索引擎的重视	链接对象与目标页面主要从方便性、突出性、合理性等方面考虑,其中以文本为对象的超链接为常见形式。页面内容间存在前置、后续、并列、互补等关系,具有较强的相关性。例如,SEO 网站与电影网站之间不具有内容相关性,而 SEO 网站与网站代码间就具有一定的互补性	
导入链接的数量	导入链接的数量越多,相当于得到的信任越多,链接越重要,越能引起搜索引擎的重视	通过改变内部链接的关系,使重要链接的导入链接最多,突出重要性	导入外部链接数量越多,页面越重要,得到的权重越高
导入链接的质量	导入链接的质量越高,说明页面越重要;低质量的导入链接越多,越降低本网站的价值	在内部链接设计中,通常是在首页"3 次单击"就到达目标页面,避免目标页面过深	要争取获得重要性高的网站的青睐或认可,取得导入链接或交换友情链接
提交链接	向搜索引擎提交网站链接,让搜索引擎更容易发现	可以利用搜索引擎站长平台提供的链接提交工具提交相关数据,同时可以根据相关工具优化网站收录。百度等搜索引擎还鼓励站长提交子链接,能在搜索结果中以子链接的形式出现,提高网站的权威性	
死链或断链	页面之间的链接陷入死循环,不利于搜索引擎抓取;页面链接到某页面后无法转向新链接即断链,不利于搜索引擎抓取	网站管理人员在建站规划初期就要避免页面间出现死链;一旦发现死链,要通过搜索引擎站长平台提供的工具(如百度的 sitemap)提交死链列表,并且通过 robots.txt 命令阻止搜索引擎继续抓取死链页面,或者返回 404 状态码表示当前页面不存在。发现断链后要及时建立新的链接关系	
易被识别	网站链接容易被用户和搜索引擎发现,才能起到应有的作用。包括链接的位置、表现形式是图片还是文字等都要安排得当	选择用户自然浏览页面时,合适的位置出现链接,采用突出文字显示或图片、动画显示等方式,引导用户单击链接。例如,出现"如何解决××问题"字眼时,可明确让用户感知到有链接指向解决问题的答案	

优化方向	要点简介	评　价　指　标	
		内部链接	外部链接
遵纪守法	遵纪守法的网站是一切优化行为的基础。任何违背国家法律或搜索引擎明令禁止的行为,可能会取得一时的利益,但最终会被严厉惩罚	网站内容低俗,无效链接遍布,购买链接行为,短期内链接数量波动巨大,链接内容违法,网站有违规记录等行为,都是典型的禁止行为,SEO 工程师在进行链接优化时要特别注意	

根据链接的评价指标,在网站优化工作中,SEO 工程师要尽量完善以上各项指标,使重要的链接能得到搜索引擎青睐,取得好的排名。链接优化除了做好以上指标外,还包括以下 3 个主要内容:增加外部链接优化、链接重定向优化和链接静态化。

7.2.2　增加外部链接优化

增加外部链接是指增加网站以外的导入链接,获得更多网站的信任,提高权重值。网站管理者可以操控网站的内部链接,但不能操控外部链接。外部链接不管是在提高页面权重还是相关性方面所起的作用都远大于内部链接。因此,想办法增加高质量的外部链接是一项非常重要的网站优化工作。

1. 增加外部链接的方法

目前,增加外部链接主要有以下几种方法。

1) 提交分类目录

分类目录指通过人工方式搜集网站,经过人工审核,具有一定价值的网站按照主题被分类和整理,放在不同的目录下,从而形成网站的目录分类体系。分类目录中收录网站的质量越高,越能引起搜索引擎的重视。目前,各大主流搜索引擎都非常重视分类目录。如果网站登录了搜索引擎重视的分类目录,那么网站就会得到更高的搜索权重。

网站登录一些名气比较大的分类目录是比较好的增加外部链接的方法。目前,互联网上存在很多分类目录网站,如果能找到比较好的分类目录,就会给所优化网站带来更多的链接。例如,在搜索引擎中搜索关键字"分类目录",在搜索结果中寻找评价比较高的分类目录网站。为了缩小搜索范围,还可以在搜索时加上本网站主题的关键字。如果网站的主题是登山,那么可以搜索"登山分类目录"(见图 7-2)"登山网址导航"等关键字。

2) 交换链接

交换链接又称为交换友情链接,是链接双方在各自网站上添加对方网站链接信息的一种行为。交换链接的方式有多种,可以分别在对方网站上放置网站 LOGO 链接、图片链接、文字链接等。交换链接是网站双方合作意愿的共同表示,一般遵从相关性、互补性、公平性、互利性的原则。

(1) 相关性

交换链接双方网站的主题要具有一定的相关性,内容相近的同类网站,可以提升网站流量,提高网站的权重。如果两个毫不相关的网站存在链接关系,就将大大降低网站的搜索

图 7-2　搜索网站主题分类目录示例

权重。

（2）互补性

交换链接双方网站的主题要具有一定的互补性。内容互补，可以有效提升网站流量，提高网站的权重，提高用户的浏览体验。

（3）公平性

交换链接双方网站坚持公平自愿的原则，是双方意思的共同表示，不存在强迫行为。如果任何一方拒绝交换链接，就需要重新寻找其他链接伙伴。

（4）互利性

交换链接对合作双方都有利，能够促进彼此的用户体验，提升搜索权重。可能双方的利益是不对等的，但一定是在双方都同意交换链接的情况下，才能确保持续的交换行为。

寻找友情链接的方法有很多，常用的有搜索引擎法、分类目录法、QQ 群法、行业社区法等。例如，网站管理员可以搜索网站主题的关键字，根据搜索结果找到合适的网站，获得联系方式后，洽谈交换链接事宜；通过分类目录网站寻找合适的交换链接网站；在行业论坛中寻找或发布交换链接的信息等。

但是，并不意味着所有的外部链接都有价值，有些链接会起到相反的作用。网站管理员要选择那些和自己网站相关性比较强或者互补性比较强，重要性相当的网站建立链接。当然，如果对方网站的重要性更强，并且愿意和自己交换链接的话，会对自己的网站非常有利。另外，如果某网站导出外部链接的数量比较多，会造成网站继承的权重过少，不宜建立链接关系。

3）链接推广

互联网上有多种推广链接的方法，使用得当，能够很好地起到引流的作用，提升网站的权重。如在各种问答网站搜索相关关键字，积极地提问或者回答与网站主题、关键字相关的问题，并合理地将链接体现在问答中。又如软文推广、博客推广等，只要具备一定的专业性，能够解决用户的疑问，通过时间的积累就可能积累更多用户，链接推广数量更多。

2．增加外部链接的注意事项

网站优化人员在增加外部链接时，需要注意以下事项。

（1）持续稳定增加。增加外部链接的数量不宜在短时间内突然增加很多，否则可能引起搜索引擎的注意。要保持一种稳定持续增加的趋势，以逐渐达到优化的目的。

（2）链接对象合理。除了前文交换链接中提到的一些建议外，还要注意所链接网站的合法性、真实性，以及链接对象不能过于集中，如网站注册所在地区要分散在全国各地等。

（3）链接突出重点。文字链接所用的锚文字要是网站的关键字，所用的图片要能代表网站的形象标识等。同样的道理，导入对方的链接时也要注意这些重点的内容。此外，建议使用文字链接，如果使用图片链接，要带上网站的 alt 标签，否则可能不能被搜索引擎搜索到。

另外，链接在网站中的位置对网站优化也有一定的影响，搜索引擎重视的区域能起到更好的优化作用。如链接处在网站左上部的价值要优于处于页面的中间位置。

（4）过犹不及。适当的外部链接能够给网站带来比较好的搜索权重，但要注意掌握尺度，超过一定的界限会适得其反。如某个重要页面导出的链接数量过多，反而不会起到优化作用。

（5）定期检查。交换链接具有一定的动态性，并不是一成不变的，优化人员要养成定期检查的习惯。如有些交换链接的网站可能出现作弊行为，或者对方网站链接的其他网站有作弊行为等现象，搜索引擎会对网站进行处罚，如果发现不及时的话，会使自己的网站受到牵连。

（6）不购买链接。购买链接是通过购买大量高权重网站的外链，使自己的网站排名能在短时期内获得提升。搜索引擎一旦发现购买链接行为，会对双方网站进行严厉的处罚。

7.2.3　链接重定向优化

在网站建设中，经常遇到网站调整（如调整目录结构）、网页转移到新地址、网页扩展名改变等情况，此时需要对页面做链接重定向，否则会出现用户访问不到页面的情况。链接重定向是把一个访问链接请求重新定个方向转到另一个链接上。当用户访问具有重定向设置的链接页面时，页面响应后自动跳转到其他指定的位置。链接重定向分为不同类型，适用于不同的应用场景。

1. 重定向分类

常见的链接重定向包括 301 永久重定向、302 暂时重定向等，又称为 301 redirect、302 redirect。

301 永久重定向是指某网站域名、页面原地址等永久不再使用，转向其他新的页面地址。当用户访问原页面地址时，会自动跳转到新的地址。如果页面不做 301 永久重定向设置，用户将访问到一个错误页面，搜索引擎也会抓取到错误的页面信息，这对用户的体验和搜索引擎的友好性都不好。

设置 301 永久重定向需要通过网站空间的服务器实现，不同类型的网站空间服务器设置的方法不同。以 IIS 服务器为例，设置 301 永久重定向可参考以下步骤。

（1）打开 Internet 信息服务管理器，在欲重定向的网页或目录上单击鼠标右键；

（2）选择"重定向到 URL"；

（3）在"重定向到"输入框中输入要跳转到的目标网页的 URL 地址；

（4）选中"资源的永久重定向"复选框；

（5）单击"应用"按钮。

设置界面如图 7-3 所示。

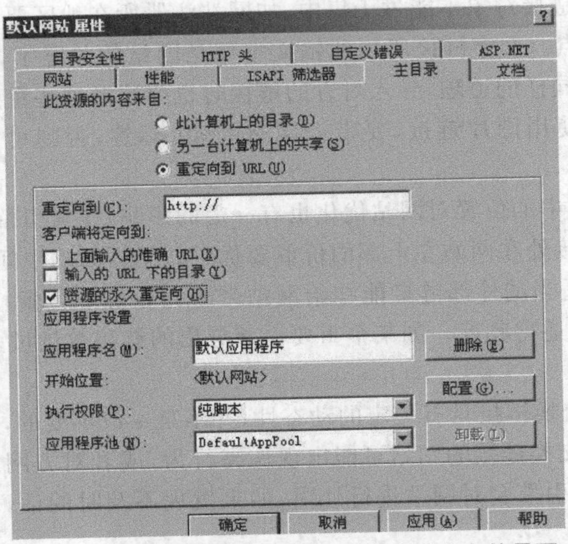

图 7-3　应用 ISS 服务器设置 301 永久重定向的界面

302 暂时重定向指某网站域名、页面原地址等暂时不用,转向其他新的页面地址。当用户访问原页面地址时,会自动跳转到新的地址。如果页面不做 302 暂时重定向设置,用户将会访问到一个错误页面,搜索引擎也会抓取到错误的页面信息,这对用户的体验和搜索引擎的友好性都不好。

常见的 302 暂时重定向方式包括 meta 标签重定向、js 标签重定向等。前些年,该重定向方式被一些 SEO 工程师作为作弊手段应用,对于是否合理应用 302 暂时重定向也引起了各大搜索引擎的重视。与设置 301 永久重定向不同,设置 302 暂时重定向一般由网站的技术开发人员实现,具有一定的专业性。

2. 应用场景举例

(1) 智能跳转。智能跳转是指网站能够根据用户的访问请求智能判断其真实意思,自动跳转到网站能够提供匹配信息的页面。这一点在搜索引擎中使用得非常普遍。例如,用户在百度中搜索关键字"特朗普",结果页面首页第一项显示的是"唐纳德·特朗普"的"百度百科"信息。人们很多时候搜索"特朗普"时实际就是指"唐纳德·特朗普",但不会把"唐纳德"也输入搜索框。类似地,把这些重定向做好后,能够大大提升用户的搜索体验。

(2) 域名跳转。很多网站存在更换域名或者注册多个域名对应一个网站的情况,需要对域名做 301 重定向优化。

虽然网站更换域名的行为,可能会给网站的搜索权重带来影响,但有时候这种做法是必要的。旧域名积累了一定的搜索权重,选择 301 重定向优化,使域名定向到新域名,维护了网站的权重,避免流量的损失,对搜索引擎和用户都有价值。例如,京东商城原域名为 360buy.com,后来更改为 jd.com,显然后者更有价值,进行 301 重定向设置后,输入旧域名,自动跳转到京东商城现在的网站,jd.com 的搜索权重逐渐继承并且超过了旧域名。

另外,有些网站可能出于品牌保护等方面的考虑,会为同一个网站注册多个域名,将这些域名也重定向到一个网站地址,有利于增加网站的搜索权重,也不易被搜索引擎判定为作弊。

7.2.4 链接静态化

网站的链接分为静态链接和动态链接,又称为静态页面和动态页面。通俗地讲,静态链接指每个页面都有一个固定的网址,且页面地址以.htm、.html、.shtml 等常见形式为后缀,不含?、=、& 等字符。

动态链接是指页面并没有固定的地址,当页面接到用户的指令后,根据指令到数据库中寻找对应的数据,然后传递给服务器,通过服务器的编译,把动态页面编译成标准的 HTML 代码,传递给用户浏览器,这样用户就看到了网页。动态链接的地址以.aspx、.asp、.jsp、.php 等常见形式为后缀,包含?、=、& 等字符。

1. 静态链接和动态链接的优缺点

静态链接有固定的页面更便于搜索引擎收录,而动态链接没有固定的页面,动态网址的生成是采集数据库的内容,不能保证页面内容的稳定性和链接的永久性,因此不大受搜索引擎的欢迎。

静态链接不利于页面内容的修改和管理,且占用磁盘的空间大。动态链接方便页面内容的修改和管理,占用磁盘的空间小,但网址的友好性差。

静态链接的加载速度快,由于不需要从数据库提取数据,也不会对服务器产生压力。动态链接的加载速度慢,对服务器产生的压力较大,对服务器性能的要求较高。

2. 动态链接静态化

动态链接静态化是指通过专业技术手段在网站空间服务器将网站的动态链接改写为静态链接,在页面内容不变的基础上,使动态页面转为静态页面,以增强搜索引擎的友好性。由于动态链接静态化需要较专业的技术,要有大量的专业基础知识做支撑,本书不再涉及。

7.2.5 404 页面优化

用户打开某网站页面时,可能会出现网址输入错误或者页面无法正常显示的情况,此时网站页面会出现相关提示信息,引导用户访问网站的其他页面或者系统自动跳转到相关页面,这样的页面通常称为 404 页面。

404 页面的主要功能是给用户提示页面信息无法显示,并提供相关的链接地址,方便用户访问其他页面,或者页面给出提示并自动转向其他页面。此时,用户可以选择进入页面提供的链接地址继续浏览,可以选择关闭页面重新浏览,也可以选择转向网站跳转的页面浏览等。这样有助于提高用户的体验,也有利于提升搜索引擎的友好性,引导蜘蛛程序抓取网站的其他页面,而不至于因页面错误而终止抓取。

1. 404 页面的样式

互联网上有各种各样的 404 页面。不同的网站或者相同网站的不同频道都可能返回不同样式的 404 页面,并且这些页面在功能、内容、效果等方面也各有特点。此处分别以百度经验和中华网某页面为例进行介绍。更改百度经验的某个正确页面地址,输入错误信息后,得到的 404 页面如图 7-4 所示；更改中华网某项搜索内容的正确页面地址，输入错误信息后，得到的 404 页面如图 7-5 所示。

图 7-4　百度经验返回的某 404 页面

图 7-5　中华网返回的某 404 页面

图 7-4 中，用户可以单击"返回首页"按钮，返回到百度经验的首页，也可以不做任何操作等待"＊秒后自动返回"，页面自动计时到 0 秒后自动返回百度经验的首页。图 7-5 和图 7-4 不同，页面没有动态变化，提示用户没有找到相关页面，并给出了"返回首页"提示。用户可以根据提示内容单击相关链接，或者直接单击"关闭"按钮退出该页面。另外，页面下方中华网还给出了一些新闻链接，用户也可以单击合适的链接继续浏览其他新闻。可见，页面不同、功能不同，404 页面的样式和功能也不同。

2. 404 页面的实现

网站要实现 404 页面功能，需要两个步骤来完成：一是完成 404 页面制作；二是在服务器上进行 404 页面设置。

1）404 页面制作

如果网站管理员熟悉网页制作的方法，可以根据用户体验的需要自行设计 404 页面。如果网站管理员不熟悉网页制作，可以从网站下载 404 页面，如图 7-6 所示。

2）404 页面设置

404 页面设置应在网站所在的服务器进行。首先将做好的 404 页面保存在网站的根目录下，然后在服务器管理程序中，对网站进行 404 页面设置。以 IIS 服务器为例，404 页面设置应在图 7-7 中进行。

3. 404 页面的优化要点

（1）简单明了。404 页面要简单，文字不宜太多，在醒目位置用重点文字表明页面无法正常显示，不要出现专业术语。页面还要清晰标明引导用户下一步操作的内容，让用户能够

图 7-6　搜索"404 页面模板"的结果

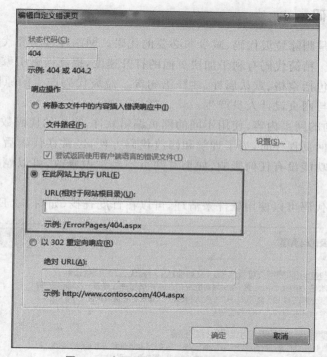

图 7-7　应用 IIS 服务器设置 404 页面

迅速判断下一步的动作。

（2）智能提示。如果因为用户输入了错误的页面地址而出错，网站最好能够智能地判断出用户可能想浏览的信息，把正确的页面链接或者相关信息显示出来，方便用户继续浏览。

（3）界面友好。用户未能进入正确的页面，会影响体验，如果在 404 页面出现一张友好的图片，或者一个简单的动画，一款简单的互动游戏等，都可能改变用户的心情，使其产生好感。

（4）正确引导。如果 404 页面能够提供正确的引导信息，可能比用户直接关闭页面或自动返回首页体验要好一些。常见的链接引导信息有"返回上一页""网站导航""返回首页",以及其他相关信息等。

　　404 页面优化与网站功能、网站规模、网站知名度、网站主题等诸多因素相关,优化人员可以在实践中不断总结,得到适合自己网站的页面设计,给用户和搜索引擎更好的体验。

7.3　代码优化策略

　　网站代码又称为网站源代码。用户在互联网上看到的网页实际是浏览器将页面源代码转换成了用户能看懂的图文并茂的内容,而搜索引擎浏览网页实际是读取页面的源代码。因此为了提高搜索引擎的友好性,对网站代码进行优化十分必要。

　　网站代码优化主要从精简代码和标签优化两个方面进行。

7.3.1　精简代码

　　精简代码主要是删除垃圾代码、减少非必要的代码。网站经过精简代码后,不影响用户体验和网站的功能。精简代码有利于加快页面的打开速度,提高搜索引擎的抓取效率。

　　垃圾代码主要包括空格、默认属性、注释语句等。垃圾代码产生的原因分为两种情况:网页编辑软件产生与网页设计人员产生。

　　例如,生成相同的网页内容,使用不同的网页编辑软件,产生的代码数量不同。另外,网页设计人员在开发网页程序时,为了理解和修改代码方便,经常在代码后面加上注释,这些注释语句对网页的功能没有任何影响,如果对网页不经常做修改,可以删掉,使网页代码尽量减少。

　　网页中的垃圾代码可以使用软件来清理,可以在百度查找,如图 7-8 所示。

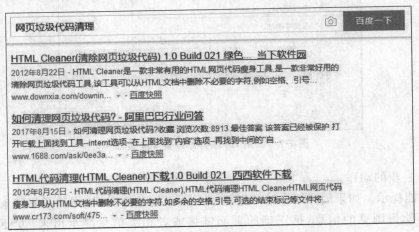

图 7-8　搜索结果

　　从技术层面看,虽然搜索引擎完全可以抓取代码很多的网页,但是网页代码越少,对搜索引擎越友好。大型门户网站如新浪、搜狐等网站的首页源代码在 100KB 左右,对普通的网站而言,网页代码文件最好限制在 100KB 以下,页面上的链接数目在 100 个以下。

7.3.2　标签优化

优化页面标签有利于页面内容重点突出、层次分明、表达清晰；有利于搜索引擎发现页面的主要内容，更合理地抓取页面。常见的标签包括标题标签＜h＞、字体标签＜font＞、粗体标签＜b＞、斜体标签＜i＞及下画线标签＜u＞。

1. 标题标签＜h＞

标题标签＜h＞是所有标签中最重要的，对页面相关性所起的作用最大。标题标签＜h＞能有效突出页面的文本标题的内容。

网页中的标题可以分为 6 个不同的级别，分别为＜h1＞至＜h6＞，＜h1＞字体最大，＜h6＞字体最小，在网页中显示的格式如图 7-9 所示。

标题标签＜h＞是对网页中的文本标题进行加重、强调说明的一种辅助标签，一般是指文章的标题。而＜title＞标签是指一个网页的主题。＜title＞标签的内容是给搜索引擎看的，标题标签＜h＞的内容是给用户看的，＜title＞的权重要大于标题标签＜h＞。＜title＞与＜h＞的语法格式如图 7-10 所示。

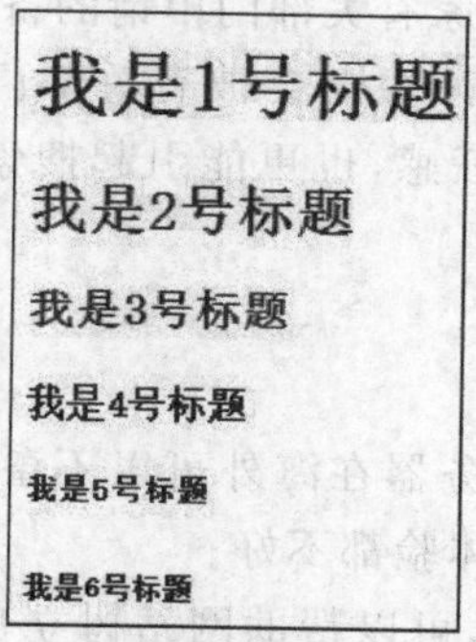

图 7-9　＜h＞标签显示的格式

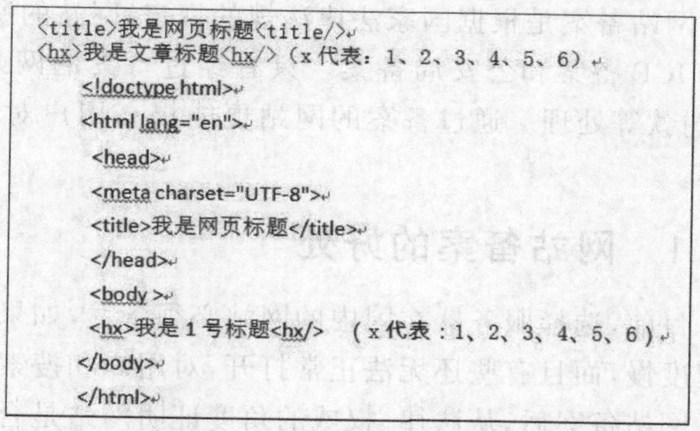

```
<title>我是网页标题<title/>
<hx>我是文章标题<hx/>（x 代表：1、2、3、4、5、6）
<!doctype html>
<html lang="en">
  <head>
  <meta charset="UTF-8">
  <title>我是网页标题</title>
  </head>
  <body>
  <hx>我是 1 号标题<hx/>　（x 代表：1、2、3、4、5、6）
  </body>
</html>
```

图 7-10　＜title＞标签与＜h＞标签的语法格式

2. 字体标签＜font＞

字体标签＜font＞包括字体颜色、字号大小等属性，通过改变字体的颜色及字号，使页面中相对重要的内容与普通内容之间形成强烈的对比，从而达到突出重点内容的目的。如果一个页面都采用了相同的字体颜色和字号大小，重点内容就无法突出，达不到优化的目的。

字体标签的语法格式如下。

```
<font size="3" color="red">字号大小</font>
<font size="2" color="blue">字号大小及颜色</font>
<font face="verdana" color="green">字体与字体颜色</font>
```

3. 粗体标签＜b＞

粗体标签＜b＞是常用的字体样式之一，能够对关键字起到重点突出的作用。

例如：粗体标签的作用。

显示的效果：**粗体标签**的作用。

4．斜体标签<i>

斜体标签<i>是常用的字体样式之一，对突出重点关键字有一定的作用。

例如：<i>斜体标签</i>的作用。

显示的效果：*斜体标签*的作用。

5．下画线标签<u>

下画线标签<u>是常用的字体样式之一，对突出重点关键字有一定的作用。

例如：<u>下画线标签</u>的作用。

显示的效果：下画线标签的作用。

7.4　网站备案策略

网站备案是根据国家法律法规的规定，网站的所有者向国家有关部门申请的备案，主要分为 ICP 备案和公安局备案。只有经过备案的网站才能运营，否则会被有关部门执行关站、罚款等处理。通过备案的网站更能提高用户对网站的信任感，也更能引起搜索引擎的好感。

7.4.1　网站备案的好处

目前，选择服务器在国内的网站必须备案，如果网站的服务器在海外可以不备案，但访问速度慢，而且有些还无法正常打开，对用户和搜索引擎来说体验都不好。

网站备案后，从法律、权威的角度证明网站是合法经营的，可以帮助网站树立良好的形象，让用户更容易接受网站。经过备案的网站看起来比较正规，容易让用户产生信赖感，也容易引起搜索引擎的好感。如某购物网站，如果经过备案的话，用户在上面购物感觉比较放心。像京东商城这样的大型购物网站就经过了备案，如图 7-11 所示。

图 7-11　京东商城的备案信息

从安全角度考虑，除了用户和搜索引擎外，一些网站或者软件提供机构也特别看重网站是否备案。如有些网站会认为没有备案的网站是非法的，采取回避的态度，有些网络安全方面的软件会拦截或者限制那些没有经过备案的网站。如给用户提示该网站存在一定的风险，通常用户不会浏览这样的网站，无形中降低了网站流量。

另外，如果网站要参加一些联盟，就必须备案。如网站要申请加入百度、阿里妈妈的广告联盟，必须备案后才能申请。

7.4.2　ICP 备案

ICP 英文全称为 Internet Content Provider，中文译为网络内容服务商。根据国家相关法律，从事互联网信息服务，应当依法履行备案手续，未经备案，不得在中华人民共和国境内从事经营性互联网信息服务。

ICP 备案的目的是防止人们在网上从事非法的网站经营活动，打击不良互联网信息的传播。如果网站不进行备案，将无法正常运行。

ICP 备案是不收任何手续费的，网站所有者可以自行到备案官方网站去备案。

ICP 备案流程如图 7-12 所示。

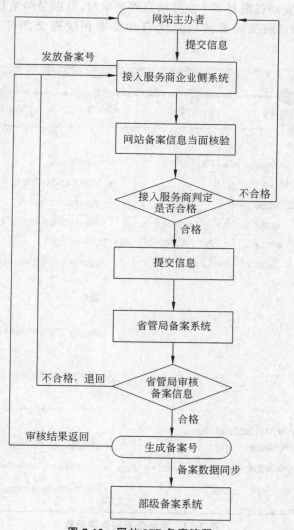

图 7-12　网站 ICP 备案流程

7.4.3 公安局备案

公安局备案一般按照各地公安机关指定的地点和方式进行。

公安机关备案号是由公安部门管理的一种备案号,和申请网站 ICP 备案号所需的资料类同,但不用空间接入商审核处理,直接在线填写资料即可。网站 ICP 备案号一般由申请主体所在省会的"工业和信息化部办事处"审核,而公安机关备案号是由申请人所在地公安局审核,一般是离申请人地址最近的公安局。

不管网站有没有 ICP 备案号,都可以申请公安局备案号,如果已经取得了 ICP 备案号,公安局备案审核时间会减少。

新办网站进行公安局备案有 3 个主要信息需要填写,分别是网站开办主体、网站基本信息、网站负责人,根据页面所需要的信息内容和要求在线提交即可,备案流程如图 7-13 所示。

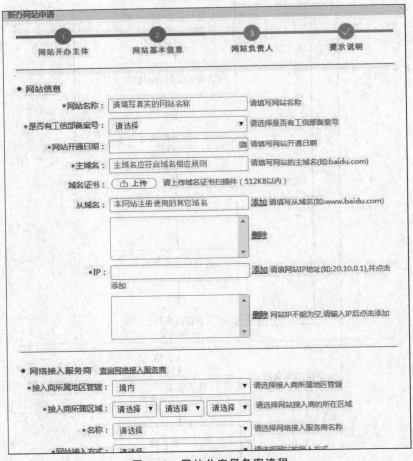

图 7-13 网站公安局备案流程

补充知识点：网站更新策略

网站更新主要包括网站结构更新和网站内容更新。通常，SEO 管理员要尽量避免对网站结构进行较大的改动。网站建设初期就要对网站结构进行充分的论证和设计，在网站逻辑和层级等方面做到科学合理的布局。日常中的网站更新，一般是指网站内容更新。在此，我们参考搜狗站长平台给出的建议介绍网站内容更新方面的知识。

搜狗蜘蛛程序会根据网页的重要性和历史变化情况来动态调整更新时间，更新已经抓取过的页面。蜘蛛程序对同一个 IP 地址的服务器主机，只建立一个链接，抓取间隔速度控制在几秒一次。一个网页被收录后，最快也要过几天以后才会去更新。如果持续不断地抓取网站，请注意网站上的网页是否每次访问都产生新的链接。

蜘蛛程序喜欢内容优良而独特的页面，可能不会收录互联网上已经存在的高度相似的页面。蜘蛛程序喜欢链接层次较浅的页面，过深的链接层次，尤其是动态网页的链接，会被丢弃而不收录。

蜘蛛程序更偏好收录静态页面，如果是动态网页，要控制参数的数量和 URL 的长度，重定向次数越多的页面，越有可能被丢弃。

根据以上信息，我们大体总结网站内容更新方面的优化策略，以提高搜索引擎的友好性，但不能保证适用于任何一个搜索引擎。

网站中重要页面的内容要保持一定频率的更新，同时保证更新内容的质量，以进一步增加网站的重要性。网站内容的更新频率可以考虑具有一定的规律性。

高质量的原创内容更容易引起搜索引擎的好感，持续更新这类内容可能会引起搜索引擎的重视。

内容更新要以发生在层次较浅的页面为主，以静态页面为主。

SEO 工程师要结合网站的具体情况设计网站内容更新情况，并根据搜索引擎的反应做动态调整。若网站在业内具有一定的知名度，则及时地发布一些行业新闻，并且具有一定的权威性，搜索引擎就会非常重视网站内容的更新。

练习

1. 简述服务器选择的要点。
2. 以熟悉的网站为例，为网站增加外部链接。
3. 使用 IIS 服务器，设置链接重定向。
4. 以熟悉的网站为例，为网站设置 404 页面。
5. 以熟悉的网站为例，了解网站的备案流程。

第 8 章

移动端SEO策略

📖 **本章目标**

- 理解移动端搜索与 PC 端搜索的区别。
- 掌握移动端搜索的特点。
- 掌握移动端搜索的途径和方式。
- 理解移动端 SEO 的必要性。
- 理解将网站移动化的 3 种形式。
- 掌握移动端 SEO 的关键字策略。
- 掌握移动端 SEO 的用户体验策略。
- 掌握移动端 SEO 的搜索引擎友好性策略。

8.1 移动端 SEO 简介

很多企业的网站在 PC 端上,可能就某个关键字的排名比较好,但在移动端上几乎没有什么排名。随着信息技术的快速发展,特别是智能手机和移动网络的普及,移动互联网必然成为未来发展的主流。目前,越来越多的用户已经习惯使用手机上网获取需要的信息。因此,非常有必要对企业网站进行移动端的搜索引擎优化。移动端 SEO 工作相比传统的 PC 端,有相同之处,也有不同之处。

目前,在我国移动手机用户群体中,百度依然占据搜索的龙头位置,大多数的中小网站都是依靠搜索引擎尤其是依赖百度而生存的,因此本章主要介绍移动端网站在百度中的 SEO 工作。

8.1.1 移动端搜索简介

移动端搜索是指用户在移动设备上搜索互联网信息。移动端搜索是用户快速、方便、及时地获取信息的一种重要途径,用户主要通过手机上网实现移动端的搜索行为。随着科技的高速发展,特别是手机硬件技术、软件技术及信息传递技术的发展,用户使用手机上网已经成为获取信息的一种主流方式。如无特别说明,下文中出现的移动端搜索就指在手机端的搜索。

1. 移动端搜索与 PC 端搜索的区别

移动端搜索并不是 PC 端搜索的移动化,在很多方面,它们之间的区别都比较大,下面从 4 个方面分别介绍。

（1）终端硬件不同。移动端搜索受制于电池、屏幕尺寸、带宽、系统运行能力等多种客观因素的影响，在视觉、搜索内容展现等方面与 PC 端不同。PC 端的供电更持续、设备屏幕更大、网络带宽更有优势、系统运行能力更强、操作更方便、能展现的内容更多、浏览信息更方便等。如分别在 PC 端和移动端搜索关键字"移动 seo 优化"，搜索结果如图 8-1 所示。

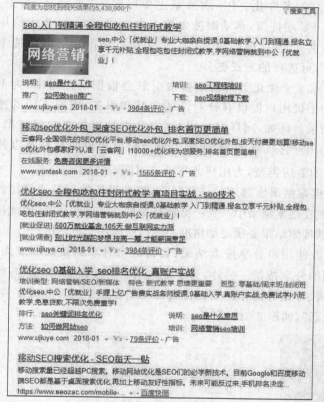

图 8-1 PC 端与移动端搜索结果

（2）信息传输介质不同。移动端的信息传播依靠无线网络，运营商的"数据开关"或网络的 Wi-Fi 等信号，受距离、环境等因素的影响较大；PC 端的信息传播主要依靠光纤等介质，速度更快、信号更稳定。

（3）用户对搜索结果的关注度不同。用户对移动端搜索结果的关注度更高，逐页浏览搜索结果的概率更低，对精准化展现其需要内容的要求更高，而且用户往往会快速阅读；PC 端搜索用户可以更快速地浏览搜索结果，"翻页率"更高，浏览页面信息更方便。

（4）应用场景不同。只要移动设备正常运行，网络信号良好，移动端用户可以随时随地根据需要搜索信息；PC 端用户搜索多用在公司办公、家庭办公、娱乐等场景。应用场景的区别，导致在不同终端搜索的内容差异较大，如移动端搜索更容易搜出本地的搜索结果。

2. 移动端搜索的特点

用户使用移动端设备搜索信息，受设备性能、网速、场景等因素的影响，具有与 PC 端不同的特点,主要表现在如图 8-2 所示的 6 个方面。

图 8-2 移动端搜索的特点

（1）碎片化。移动端搜索不受地点、时间的限制,可以利用无线网络,让移动用户在任何时间、任何地点查询信息,充分利用了用户的碎片化时间,满足用户获取信息的需要。

（2）多样化。PC 端搜索主要以输入"关键字"为主。相比 PC 端搜索,移动端搜索输入内容比较麻烦,为了给用户提供方便,移动端搜索可以使用语音和图片等方式搜索信息,可选择的方式更多。

（3）个性化。移动端搜索引擎会根据个体需求,为不同的手机用户提供有针对性的产品和服务,展现不同的搜索结果。例如,同样是搜索"酒店",有的用户喜欢经济型,有的用户喜欢商务型,搜索引擎会根据用户的喜好及以往的搜索记录,推荐给用户满足其需求的酒店类型,为用户节省筛选时间。

（4）精准化。PC 设备的屏幕大,搜索结果能显示的信息量多,移动设备的屏幕通常比较小,屏幕能显示的信息少。用户不可能在搜索结果中一页一页地寻找自己需要的信息,因此用户搜索的目的性很强,也就要求移动端搜索结果必须更加精准、有效,这样才能留住用户。

（5）社交化。在移动设备上,为方便用户分享搜索结果,如将信息分享到微信朋友圈、人人网社区等,移动页面提供了便利的分享按钮。另外,为了提高用户对搜索结果的参与程度,在搜索结果中,用户可以进行点赞、评论等操作。如在百度移动端搜索中搜索关键字"移动 seo 优化",就可以将搜索结果"分享",如图 8-3(a)所示。

(a)

(b)

图 8-3 移动端搜索结果

（6）本地化。移动端搜索具有更强的精确定位功能,用户使用移动端搜索时,移动端搜索引擎可以精确定位用户所在位置,为用户提供本地化的服务需求。如在百度移动端搜索中搜索关键字"北京美食",搜索结果中就会优先显示搜索者附近的美食场所,如图 8-3(b)所示。

8.1.2　移动端搜索的途径

通常,用户在移动端可以通过以下 3 种途径查找信息。

（1）通过手机中的浏览器输入搜索信息或输入搜索引擎的网址,进入搜索引擎的主页面,输入搜索信息,如图 8-4 所示。不同品牌的手机可能自带不同的浏览器。

（2）通过手机中已下载的搜索引擎移动应用直接打开应用,输入搜索信息,如图 8-5 所示。有些搜索引擎的移动应用是手机自带的,用户也可以选择自己下载,常用的是百度手机 App。

图 8-4　通过手机自带浏览器搜索

图 8-5　通过搜索引擎移动应用搜索

（3）通过手机中的某个应用提供的搜索功能搜索信息,这种方式可能只搜索本应用内的数据信息,如在微信中搜索信息,或在高德地图中搜索相关信息,如搜索"天安门"附近的美食、酒店、景点等相关信息,这是典型的本地化应用,如图 8-6 所示。

以百度为例,其在移动端搜索领域展开了多端布局,如推出了网页版移动端搜索、百度移动端搜索 App,以及内嵌于手机浏览器等各处的移动端搜索框,方便用户从多个渠道获得快速、全面、精准的移动端搜索服务。

8.1.3 移动端搜索的方式

用户在 PC 端搜索信息,主要是通过鼠标、键盘在搜索框内输入关键字的方式实现。受设备、网速、场景等因素的影响,移动端搜索方式也有所不同,主要分为以下几种。

(1)通过"软键盘"输入关键字。用户在搜索引擎搜索框内,使用手机中的输入法软件输入关键字,然后进行搜索。这种方式相对于 PC 端的"硬键盘"输入方式要慢一些,在选择文字方面也不如 PC 端方便。有些手机用户还有单手点击"软键盘"的习惯,这样在输入关键字方面的速度更慢。在百度手机 App 中,使用"软键盘"输入关键字"2018 春节旅游",如图 8-7 所示。

(2)通过语音输入关键字。很多搜索引擎都提供了语音输入关键字的功能。以百度手机 App 为例,用户点击麦克风图标,说出所要搜索的关键字,再点击"按一下停止听音"(也可不点击),搜索引擎就可以在搜索框内自动显示其识别的关键字,并展现搜索结果,如图 8-8 所示。

不同搜索引擎可能在语音识别方面的技术水平不同,手机百度搜索引擎的语音识别能力比较强,除了能准确、即时地将用户的"普通话"语音转换为汉字外,还能识别一些本地口音。

图 8-6   移动端搜索

图 8-7   百度手机 App 软键盘搜索界面

图 8-8   百度手机 App 语音搜索界面

(3) 图片搜索。有些搜索引擎还提供了图片搜索功能。搜索引擎可以搜索互联网中与用户手机中保存图片的相关信息,用户也可以随时随地拍照,直接搜索这些照片的相关信息。以使用百度手机 App 的图片搜索功能为例,用户点击搜索框右侧的"照相机"图标,就可以启动图片搜索功能。

从图 8-9(a)中可以看出,百度图片搜索还提供了 AR、扫一扫、通用、题目、翻译等功能,方便用户的不同需求。这些功能具有移动端的显著特点,很好地提升了用户的搜索体验。

 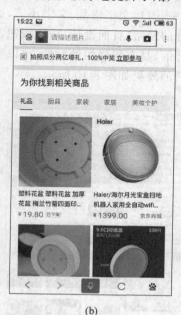

(a)   (b)

图 8-9 图片搜索案例

在图 8-9 中选择"通用"功能,点击中间的"拍照"按钮后,搜索引擎就会自动搜索数据库中的类似图片,搜索结果如图 8-9(b)所示。图 8-9(a)中拍照的实物是华为公司的一款蓝牙免提音箱,而搜索结果与拍照实物的差距很大。可见,目前搜索引擎的图片搜索功能还有待提高。此外,对所搜索的实物拍照时,距离实物的距离不同,搜索引擎搜索的结果差距也较大。这也更进一步说明了当前图片搜索的准确度。

8.1.4 移动端 SEO 的必要性

在短短几年的时间里,互联网的发展从 PC 端延伸至移动端,速度之快让很多企业措手不及。当前很多网站还没有建成可以优化的移动网站,如果企业把握机会,将移动网站作为优化重点,就相当于赢在起跑线上。

1. 移动用户占主流

来自中国互联网络信息中心(CNNIC)的数据显示,截至 2018 年 6 月 30 日,我国网民达 8.02 亿人,普及率为 57.7%;手机网民达 7.88 亿人,网民中使用手机上网人群的占比达 98.3%。

根据百度有关数据,到 2014 年年末,用户通过移动端搜索的次数超过了 PC 端的搜索次数,到 2017 年,移动端搜索量已经远远超过 PC 端搜索量。企业的网站流量想要有所突破,移动端不容忽视,想要获取更多的客户,建设一个移动端网站或者将现有 PC 端网站移动化是一项比较紧迫的任务。

2. 提高用户体验

如果网站只有 PC 端而没有移动端,当用户通过移动端访问网站时,看到的页面会很混乱,如格式不统一、图片文字错乱、文字小等,这些都会影响用户体验。而移动网站是针对移动端的特点设计的网站,页面设计、功能按钮、图片文字、点击方式、信息展示等方面都是经过特定格式设计的,具有很强的针对性,可以很好地提高用户体验。如某新闻网站和新浪网在手机端打开后的效果如图 8-10 所示。

(a)   (b)

图 8-10　某新闻网站与新浪网在手机端打开后的效果

从图 8-10 中可以看出,某新闻网站在手机端打开的页面实际是 PC 端网站页面照搬过来在手机端的显示,如果用户要浏览信息,则需要将文字放大,很不方便。而新浪网的设置则完全符合用户在手机端浏览信息的习惯,方便阅读、选择信息。

3. 实现移动端社交化营销

社交化营销是未来营销的新形式,也可能是主流形式。企业要通过社交化平台与用户保持紧密的沟通与联系。目前,在社交化平台中,微信的用户群体最多,通过微信和粉丝进行互动沟通、信息推送等工作要达到良好的营销效果,都离不开移动网站与微信的结合。

8.2　移动域名与移动化网站

在对移动端网站进行 SEO 之前,要先申请移动域名,再把网站设计成移动网站。这两项工作是进行移动端 SEO 的前提。

8.2.1　申请移动域名

与 PC 端网站一样,移动端网站的域名是用户对网站的第一印象。好的移动域名,不仅容易记忆、易于输入,还能方便用户向其他人推荐。申请注册移动域名时要注意域名的长度、相关性等问题,域名应尽量简短易懂,越短的域名越容易记忆,越容易理解的域名越能让用户更直观地了解网站的主题。在这些方面,PC 端网站与移动端网站域名的要求基本一致。

申请移动域名时要注意移动域名有独立移动域名和二级移动域名两种形式。

1. 独立移动域名

独立移动域名一般采用".mobi"为域名后缀。该后缀是被全球互联网名称与数字地址分配机构(the Internet Corporation for Assigned Names and Numbers,ICANN)批准的、专门为移动互联网推出的全球顶级域名,也是企业面向手机上网用户的商业标识,类似于 PC 端的".com"域名。

注册独立移动域名的方法与注册 PC 端域名的方法相同,注册前先要查询是否被注册,如果没有被注册,才有可能注册成功。

2. 二级移动域名

以".mobi"为后缀的域名起步较晚,在互联网用户中的认知度和知名度远不如以".com"等为后缀的域名。另外,由于大部分企业的 PC 端网站已经申请过域名,并且用户对 PC 网站的域名有一定认知度,所以很多企业移动域名采用 PC 域名的二级域名。

二级移动域名又称子域名,通常做法是在主域名前加前缀"wap"或"m"。如某网站的 PC 端域名为"yd123.com",那么其二级移动域名一般为"wap.yd123.com"或"m.yd123.com"。这样的域名既简单易懂,又方便用户记忆。

通常,域名所有者在域名管理后台自行设置即可申请二级移动域名,不存在抢注情况。域名所有者进入域名管理后台,进行域名解析,并添加一个记录值,即可申请二级移动域名,如图 8-11 所示。

8.2.2　移动化网站

随着移动端用户数量的飞速上涨,在移动端进行搜索的用户也在不断增加,传统的 PC 端网站不得不考虑移动用户的访问效果问题,为移动用户提供良好的访问体验。因此,将 PC 端网站移动化是网站管理者的重要工作。将网站移动化通常采用以下 3 种形式:自适应移动网站、独立移动网站、适配性移动网站。

图 8-11　二级移动域名申请示意图

1. 自适应移动网站

自适应移动网站是根据用户打开网站时使用的设备不同,网站系统自动调整显示内容和尺寸。用户使用手机打开网站,即出现适合手机端显示的内容和尺寸,使用计算机打开网站,即出现适合计算机端显示的内容和尺寸。对用户来说,不需要其他操作就能获得良好的体验。

例如,大部分门户网站,用户在移动设备的浏览器中输入 PC 端的网址,移动设备上显示的内容和尺寸会自动调整到与移动设备屏幕的尺寸相适应。

自适应移动网站不需要重新申请域名,同样的网页内容只需要一个网页地址就可以实现,是比较好的移动端网站优化方式。对用户来说,无论使用何种设备,不需要记忆移动端网址,都可以得到相同的体验;对搜索引擎来说,因为网页地址和网站代码没有发生变化,使用移动端和 PC 端设备访问的是同一地址,便于网站权重的集中,更有利于网站的搜索排名。

自适应移动网站也存在一些缺点,如加载网页速度慢,网页信息和网页结构要适应多种规格的屏幕,内容展现形式不够完美等。

2. 独立移动网站

独立移动网站是指某网站既有 PC 网站,也有移动网站,不同终端网站的内容和网页地址都不相同,相当于一个独立站点。独立移动网站的优点是加载速度快,导航结构和内容可以针对移动端设备的用户进行设计。这种网站的缺点是无法做到移动端网站和 PC 端网站相匹配,也就是说 PC 网站和移动网站之间的搜索权重不能相互传递。

独立移动网站一般需要重新申请域名或设置二级移动域名,同样的网页内容既有移动端的网页地址也有 PC 端的网页地址,两者不同。

3. 适配性移动网站

适配性移动网站是指使用专用的工具软件,将 PC 端的网站生成移动端的网站。这类工具软件较多,如搜狐快站、云适配等,各工具软件的使用方法可参照对应的使用说明。

建立独立移动网站或适配性移动网站后,如果 PC 端网站与移动端网站的主体内容相同,可以通过移动适配工具提交它们的对应关系,这样有助于移动端权重与 PC 端权重的相互传递,获得更多流量,同时以更佳的浏览效果赢取用户口碑。以百度搜索资源平台为例,添加适配关系的方法如图 8-12 所示。

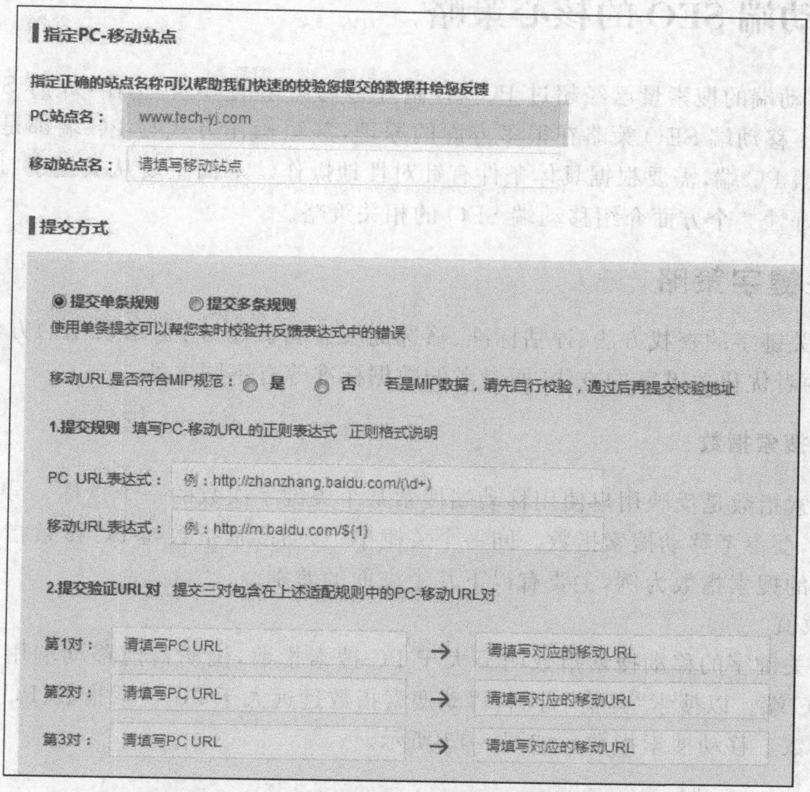

图 8-12 百度搜索资源平台添加适配关系的方法

下面将网站移动化的 3 种形式进行对比,如表 8-1 所示。

表 8-1 网站移动化 3 种形式对比

项 目	自适应移动网站	独立移动网站	适配性移动网站
开发难易程度	有难度	根据网站复杂程序决定	简单
更新维护情况	只更新 PC 端的内容	只更新移动端的内容	同时更新 PC 端和移动端的内容
用户体验度	良好	良好	一般
搜索引擎友好性	非常友好	好	一般
PC 与移动 URL	一致	不一致	不一致
PC 与移动源代码	一致	不一致	一致

成功申请移动域名,并将网站移动化等准备工作完成之后,需要选择一个合适的网站空间,为运行移动网站提供保障。选择移动端网站空间的注意事项与 PC 端网站基本相同,如要选择正规空间服务商,避免与大量垃圾网站共用 IP,保证网站访问速度和稳定性等。

8.3　移动端 SEO 的核心策略

目前,移动端的搜索量已经超过 PC 端,做好移动网站的 SEO 工作,成为 SEO 工程师的重要任务。移动端 SEO 策略在很多方面的原理,甚至操作方式与 PC 端都是类似的,但不能完全照搬 PC 端,需要根据具体条件有针对性地操作。下面主要从关键字、用户体验和搜索引擎友好性 3 个方面介绍移动端 SEO 的相关策略。

8.3.1　关键字策略

移动端关键字的查找方法、评估标准、筛选优质关键字等与 PC 端所用的方法和思路基本一致,但两者优化关键字的方法、所参考的数据标准等有不同之处。

1. 移动搜索指数

移动搜索指数是反映用户使用移动端搜索某个关键字次数的一个指标。分析移动端搜索关键字时,要参考移动搜索指数。同一个关键字,移动搜索指数与 PC 搜索指数有很大差别。以百度的搜索指数为例,主要有以下几个方面的差别。

1) 指数值

同一个关键字的移动搜索指数明显大于 PC 搜索指数,说明目前移动端用户的搜索量已经超过 PC 端。以搜索"美食"为例,移动搜索指数远远大于 PC 搜索指数(PC 搜索指数=整体搜索指数-移动搜索指数),如图 8-13 所示。

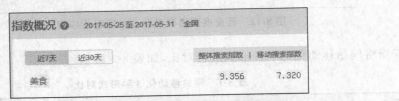

图 8-13　"美食"的整体搜索指数与移动搜索指数

2) 关键字

用户搜索信息时,在移动端使用的关键字和 PC 端使用的关键字有很大差别。有的关键字在移动端搜索量很大,但在 PC 端搜索量可能很小。SEO 工程师在选择移动端优化的关键字时,要通过查询百度指数,为移动端选择搜索指数大的关键字。

3) 波动曲线

在一定周期内,很多关键字的移动搜索指数波动曲线与 PC 端差别较大,以关键字"美食"为例,PC 搜索指数波动曲线如图 8-14 所示,移动搜索指数波动曲线如图 8-15 所示。

由图 8-14 和图 8-15 可以看出,同一个关键字,PC 搜索指数和移动搜索指数波动曲线完全不同。在周六、周日时,移动搜索指数接近最高峰,而 PC 搜索指数却接近最低谷。出现这种波动的原因可能是周末的时候,很多用户都在休息,一般更倾向于使用手机搜索信息。

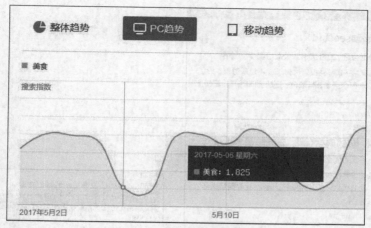

图 8-14　PC 搜索指数波动曲钱

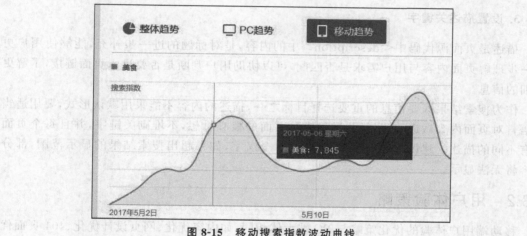

图 8-15　移动搜索指数波动曲钱

2. 设置标题关键字

标题即页面源代码＜title＞中的内容，是对页面主题内容的概括。

用户在百度移动端搜索对话框中输入关键字搜索时，搜索引擎会返回搜索结果。在搜索结果中，标题是重要的展现内容。主题明确、突出的页面能够吸引用户注意，如果标题符合用户的搜索需求，用户就会从众多搜索结果中单击主题鲜明、符合需求的标题，进入页面了解详细信息。

移动端页面的标题要注意简洁扼要，概括页面主题，不罗列关键字等。这些都与 PC 端的要求一致。但移动端屏幕显示的页面信息少，所以建议标题字数不要超过 17 个中文汉字，如果超过字数限制，很有可能被搜索引擎自动抓取、显示部分内容，对页面的主题表达不够清晰。在移动端搜索结果中，标题显示不全的情况及页面源代码内容如图 8-16 所示。

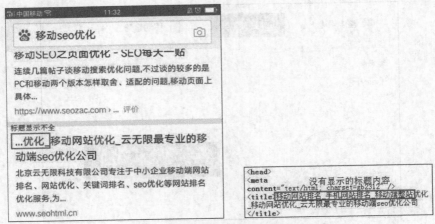

图 8-16   标题显示不全及页面源代码内容

3. 设置描述关键字

描述是页面源代码中<description>中的内容,是对标题的进一步补充,能够使用户更进一步理解页面内容与用户需求是否匹配,可以协助用户判断是否要进入页面链接,了解更详细的信息。

作为搜索结果摘要信息的重要选择目标之一,描述的内容不能采用默认形式,要用适当的语言对页面内容做进一步说明,准确表达页面的核心思想,不堆砌关键字,并且每个页面要有不同的描述。建议描述内容控制在约 50 个汉字,如果超出搜索结果的显示范围,部分内容将无法显示。

8.3.2   用户体验策略

移动端用户体验的优化策略与 PC 端大体相同,如内容优化、网页设计优化、404 页面优化等,本节不再重复。移动端搜索在网页加载速度、网站结构、导航设计、网页内容等方面对用户体验的影响程度比较突出,本节分别介绍相关内容。

1. 网页加载速度

移动互联网上,网页的加载速度对用户体验的影响很明显,用户没有耐心等待浏览加载时间过长的网页。百度用户体验部门研究表明,用户期望且能够接受的页面加载时间在 3 秒以内。若页面的加载时间超过 5 秒,78% 的用户会失去耐心而选择离开。因此,网页加载速度是移动端搜索中一个重要的排序因素,站长应在保证网页显示效果的前提下,对网页加载速度进行专项优化。

网页加载速度一般由网站空间质量(也称服务器)和网页容量大小两个方面的因素决定。在选择网站空间时,要考虑运行稳定、速度快、性价比高的网站空间;在进行网页设计时,要考虑网页容量的大小。网页容量过大,内容加载速度会变慢,用户打开网页的等待时间就会变长,难免有用户失去耐心。

从另一个角度看,很多用户使用移动端搜索的流量是数据流量,如果网页容量过大,即使用户有耐心等待网页打开,也会耗费用户更多的数据流量,相当于让用户付出更多的流量费用。

此外,用户所使用的手机配置情况差异较大。如果用户手机的配置比较差,即使在网站、网速都良好的情况下,用户加载网站页面的速度也会比较慢。SEO 开发者无法左右用户手机的性能,因此,要尽可能地从自身优化的角度考虑,确保大多数用户打开网站页面时的速度良好。

下面通过两个例子来说明网页加载速度对用户体验的影响。笔者选择两个方面的操作:一是在百度搜索框内输入关键字"新西兰旅游",在搜索结果中打开某网站的页面,如图 8-17(a)所示;二是在"百度图片"中搜索大连市某网站,如图 8-17(b)所示。

图 8-17　图片对加载速度的影响

在搜索时,笔者使用的是千元左右的智能机,可能跟很多人手机的配置差不多。图 8-17(a)中显示"正在加载"字样的图片是某旅游网站的官网,网站加载完成后才能正常浏览。网站的图片较多,影响加载速度。图 8-17(b)中空白占大部分页面的是正在加载大连市某网站相关的图片信息,加载速度较慢。

因此,移动网站在设计网页时,如果为了追求美观效果,在网页中插入一些 Flash 动画及图片,它们会占用比较大的空间,而且受网速的限制,在移动端打开特别慢,对于移动用户而言,不但消耗大量流量,用户体验也不好。

2. 网站结构

在链接层次方面,移动网站的结构应该具有更浅的链接层次,这样能方便用户快速地获取有用信息。从首页到内容页的层次尽量少,建议最多采用 3 层链接。网站结构通常为以下 3 个层次:首页→栏目页→内容页。有的移动网站为了方便用户顺利返回首页,甚至只有两个层次：首页→内容页。

在链接结构方面，网站内的链接应该采用网状结构，网站上的每个网页都要有指向上、下级网页及相关内容的链接，避免出现死链接。

在页面内容方面，不同的内容要放在不同的目录或子域名下，重要的内容尽量不要放在深层次的目录中。处于深层次目录的内容，如果没有大量的内部链接指向，搜索引擎很难判断其重要程度。

下面以用户欲购买"大众迈腾"车，搜索相关信息为例，看一下网站结构对用户体验的影响。用户可以选择在搜索引擎中直接搜索关键字"大众迈腾"；也可以搜索汽车类综合网站，如汽车之家，然后在汽车之家网站中搜索关键字"大众迈腾"；还可以直接在搜索引擎中搜索关键字"汽车之家大众迈腾"。此处采用前两种搜索方式，搜索结果如图 8-18 所示。

(a)

(b)

图 8-18　网站结构对用户体验的影响

图 8-18(a)是在百度搜索引擎中直接搜索关键字"大众迈腾"，打开在搜索结果中排名靠前的某网站链接后的页面。图中把"咨询底价"作为重要信息显示，用户填写相关信息后才能得到"底价"。如果要查询相关配置，需要单击"配置"按钮，在打开的链接页面中查看相关信息。图 8-18(b)是在汽车之家网站的搜索框内输入"大众迈腾"得到的结果页面。用户可以单击"参数配置""车型""口碑"等按钮，在本页面中直接查看相关信息。从网站结构的角度看，汽车之家的结构更有利于用户查询相关信息。

3. 网页布局

影响网页布局的因素较多，下面分别从网页版式、字体字号、内容展现位置 3 个方面介绍相关内容。

（1）网页版式。用户通过网页布局结构，能够快速了解网页各模块的主要内容。一个结构优质的移动页面，要让用户第一眼看到网页的主要内容，在获取网页主体信息时没有多余的干扰，如不能出现弹窗情况等。另外，结构优质的移动页面能适配主流操作系统、厂商机型、主流浏览器，能根据屏幕分辨率自动调整内容，包括布局、字号等，用户不需要左右滚动，也不需要进行缩放操作就能清晰辨识网页的内容。

（2）字体字号。页面字体要适合用户阅读，符合多数用户的阅读习惯；页面字号大小适中，清晰易读；标题、正文、链接等在字体、字号、颜色方面要易于分辨，并且行与行之间要保持适当的距离，不同板块之间要易于区分等。百度官方对移动浏览体验提出了以下数据，供读者参考。

① 主体内容含文本段落时，正文字号推荐 14px，行间距推荐（0.42～0.6）×字号，正文字号不小于 10px，行间距不小于 0.2×字号；

② 主体内容含多图时，除图片质量外，应设置图片宽度一致，位置统一；

③ 主体内容含多个文字链时，文字链字号推荐 14px 或 16px：字号为 14px 时，纵向间距推荐 13px；字号为 16px 时，纵向间距推荐 14px；文字链整体可单击区域不小于 40px；

④ 主体内容中的其他可单击区域，宽度和高度应大于 40px；

⑤ 需注意交互一致性，同一页面不应使用相同手势完成不同功能。

（3）内容展现位置。把握主要内容占据主要位置的原则。移动端用户对阅读质量的要求比较高，页面的重要内容要展现在首屏（用户打开移动网页，不滑动屏幕可看到的所有内容），首屏中的核心内容要优先显示在页面上部。如果页面内容较多，无法完全在首屏展现，要方便用户向下滑屏翻页。可采用自动快速加载下一页的设计，或者在页面底部有明显的"下一页"标识，方便用户单击。

下面以通过百度手机 App 搜索某市新闻网和新浪网为例，进一步介绍影响网页布局的 3 个因素。两个网站的首页截图分别如图 8-19（a）和图 8-19（b）所示。

通过两张图的对比可以看出，新浪网无论是在网页版式、字体字号，还是在内容展示方面，都能带给用户良好的阅读体验。

4. 网页的导航

清晰的导航是每个网站都需要配备的，移动网站更是如此。导航栏不要堆砌关键字，不要使用图片导航方式，最好采用面包屑导航方式，能够帮助用户和搜索引擎了解当前网页在网站中的位置。假设用户想通过新浪网查看 NBA 火箭队的相关赛事，可以选择在百度搜索框中输入"新浪网首页"（见图 8-20（a））或"新浪"。

图 8-20（a）中，在百度搜索"新浪网首页"结果中，除了出现"新浪首页"的官网链接，还出现了网站各主要频道的导航信息。用户可以在百度搜索结果中单击 NBA 进入 NBA 赛事的主页面，选择"火箭"队（见图 8-20（b））；用户也可以单击"新浪首页"，在主页面中依次单击导航信息"体育"→NBA→"火箭"。在图片下方，百度还提供了"＞""＜"（分别表示"前进""后退"一步的意思）等导航按钮，方便用户浏览信息。这样的导航信息清晰、明确，方便用户浏览信息，体验良好。

(a)　　　　　　　　　　　(b)

图 8-19　网站的网页截图

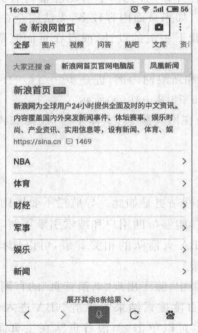

(a)　　　　　　　　　　　(b)

图 8-20　网页相关内容

5. MIP 导入

MIP(Mobile Instant Page)是移动网页加速器的英文简称,是一套应用于移动网页的开放性技术标准。通过提供 MIP-HTML 规范、MIP-JS 运行环境及 MIP-Cache 页面缓存系统,实现移动网页加速。

MIP 主要由 3 部分组成:MIP-HTML、MIP-JS、MIP-Cache。MIP-HTML 基于 HTML 中的基础标签制定了全新的规范,通过对一部分基础标签的使用限制或功能扩展,使 HTML 能够展现更加丰富的内容;MIP-JS 可以保证 MIP-HTML 页面的快速渲染;MIP-Cache 用于实现 MIP 页面的高速缓存,从而进一步提高页面性能。

创建 MIP 页面有一定的技术规范,一般分为创建基础 MIP-HTML 页面、引入图片、调整样式和布局、预览和验证等步骤,需要具备专业的程序开发基础,不作为本书讲述的重点。

创建 MIP 链接成功后,需要通过站长平台提交,让搜索引擎发现该手机站点。以百度搜索引擎为例,提交 MIP 链接的界面如图 8-21 所示。

图 8-21 提交 MIP 链接的界面

6. 网页内容

优质的页面内容是提升用户体验的关键策略。移动端页面优质内容的标准可参考以下几个方面。

(1)内容简洁。由于移动端用户浏览网页的时间是零碎的,不可能耐心阅读很多页面内容,因此,移动端页面的内容设计要尽可能精简,操作流程尽可能简单。但简洁并不代表削减功能或者减少元素,简洁的内容设计应让用户有良好的应用体验。

(2)编辑精美。页面内容的展现形式要经过精心编辑,主次分明,条理清晰,符合大众的逻辑判断,内容丰富翔实,不啰唆。页面要让用户阅读舒适,没有广告信息干扰用户阅读。

(3)内容真实原创。页面内容来源清晰,有理有据,真实可靠,不存在误导,或非善意的引导性内容。页面内容来自本网站或其他正规网站的优质原创资源,或者内容作者对一些正规内容进行有价值的整理加工等。

（4）页面不含非法信息。页面不含国家法律规定的非法信息,不含病毒、木马等对用户信息安全具有潜在威胁的内容。页面也不能存在相关链接、跳转到达包含上述信息的页面,否则会被搜索引擎惩罚。

（5）尽量减少特效。页面的特效往往会延长页面的打开时间,有些可能还会给用户的操作带来不便,因此,手机网站要尽量避免一些影响用户体验的特效。例如,用户在手机上进行多个选项卡和浏览窗口之间的跳转操作比在传统网站上困难得多,还会延长下载时间,此时弹窗特效就给用户带来不便。

下面以通过百度手机 App 搜索关键字"新西兰旅游攻略"为例进行说明。

图 8-22 是搜索结果排名靠前的两个国内知名网站,打开链接后展示的页面。可以看出两个页面展示的内容各有特点,给用户的体验都比较好。图 8-22(a)内容简单、分类清晰,用户可以根据需要单击相关链接继续浏览;图 8-22(b)的信息感觉广告味浓了些,下方也按类别以"内容速览"的形式提供了不同方面的攻略内容供用户选择。

(a)   (b)

图 8-22   网站页面

7. 网页浏览的连续性

在移动端,用户的关注点聚焦于获取信息的直接性和主动性,有些页面可能会要求用户单击某链接,或要求获取用户某些信息的权限,或自动强制跳转下载等,这些行为都容易引起用户的反感或警觉,使用户浏览信息缺乏连续性。例如,用户打开某个页面,页面提示先登录或者需要先下载某插件才能浏览信息;再如,移动页面上提供的音频、视频资源,如果播放的音质差、不流畅,或者要求用户下载播放器等行为,此时很多用户会选择退出,重新选择其他页面。

假设用户想在优酷网上看影片《英伦对决》,但他的手机中没有安装优酷视频的 App。此时,他可以通过搜索引擎搜索到优酷的官网,然后在优酷的官网上找到该电影观看,如图 8-23 所示。

图 8-23　相关网站页面(1)

用户打开影片时,优酷网站显示这是"VIP 会员专享片库,开通会员免费看"等提示(见图 8-23(a))。此时,用户可以选择"免费试看"体验一下是否有必要开通会员,或直接单击"立即开通"按钮。在试看环节,影片很流畅,并未感到没有打开优酷 App 带来的卡、顿感觉(见图 8-23(b))。这就属于比较好的浏览连续性的体验,充分从用户的角度考虑,给其自由选择的权利。

但是,有些网站做得很一般。例如,使用百度手机 App 搜索关键字"新西兰旅游攻略"的例子。在搜索结果中,新西兰旅游局的官方网站排名也比较靠前(见图 8-24(a)),用户打开该链接浏览信息想查找比较权威的信息。可是页面在打开过程中出现一些不友好的提示(见图 8-24(b)),很多用户可能就选择"后退",不再浏览该网站的信息。

图 8-24(b)中的"安全警告"影响了用户浏览的连续性。用户如果想继续浏览信息,需要单击"继续浏览"或者"查看证书"。出于安全考虑,很多用户甚至不会单击"停止浏览",直接按手机的返回键退出该页面,即使页面上很明显地写明"你好! 欢迎到访新西兰旅游局官方网站"。

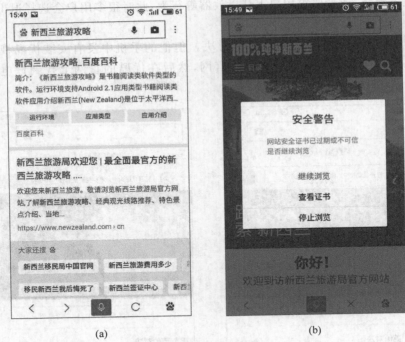

(a)   (b)

图 8-24   相关网站页面（2）

8. 网页体验的增益性

用户体验的增益性是指移动页面的结构、内容、展现形式、浏览效果等方面表现得都比较好，在此基础上还能获得一些额外的体验。例如，页面提供了面包屑导航，方便用户到达上一级或下一级页面；某些生活类网站提供在线单击即可拨打电话的功能，或者提供精确的地址定位等；某些 App 提供夜间模式等。如某浏览器提供夜间模式，对用户的眼睛不会造成过于强烈的光线刺激。夜间模式打开前后的对比如图 8-25 所示。

补充知识点：如何看待移动页面的广告

不管是在移动端还是 PC 端，广告都是不可避免的信息，搜索引擎也容忍适度的广告行为。可以说在互联网的信息中，广告是不可或缺的一部分，使用得当，是对用户所需要主体内容的扩展和补充；使用不当，会引起用户的反感，也必然会被搜索引擎摒弃。

显然，低俗、违禁、虚假、欺诈的广告信息是搜索引擎重点打击的对象，那么，在移动端如何展示广告信息，才能赢得搜索引擎的理解呢？

移动端设备的尺寸有限，广告信息不应占过多的面积，越小越好，越靠近页面的底部越好，这样不会影响用户的阅读体验。

移动端页面的首屏建议不要放置广告；在页面的主体内容没有展示完之前建议不要出现广告。很多移动页面在正文前面、正文中间都会嵌入或大或小的广告信息，甚至有些广告页面覆盖整个移动屏，或者悬浮广告随用户移动屏幕而移动，有种强迫用户阅读广告信息的感觉，对搜索引擎来讲都不友好，会面临搜索引擎的处罚。越影响用户体验的广告行为，搜

(a)　　　　　　　　　　　　　　　(b)

图 8-25　夜间模式打开前后对比

索引擎对其的处罚越重。

举例来看,打开百度手机 App,在搜索框内输入关键字"选择登山鞋",打开排名靠前的两个链接,如图 8-26 所示。

图 8-26(a)的页面上部出现广告信息,中间出现大面积广告图片;图 8-26(b)的页面上部出现广告信息。图 8-26(a)中的文字内容与"选择登山鞋"相关性比较强,图 8-26(b)的文字内容则价值一般。即使这样的页面在搜索结果的排名中都是比较靠前的,可见,移动端 SEO 的工作未来可操作的空间巨大。

8.3.3　搜索引擎友好性策略

目前,国内的各大主流搜索引擎在网站移动端的友好性方面仍处于不断发展和摸索的阶段。很多 PC 端的搜索引擎友好性策略在移动端也适用,在此,主要从 URL 优化、移动适配、链接策略、抓取策略 4 个方面介绍移动端搜索引擎友好性策略的相关内容。

1. URL 优化

网站管理者开始设计移动网站时,就应该规划合理的 URL。具有良好描述性、规范、简单的 URL,有利于用户更方便地记忆和直观判断网页内容,也有利于搜索引擎更有效地抓取和理解网页内容。

详情页的 URL 应尽量短,减少无效参数。对于搜索引擎来说,不同的 URL 相当于不

(a)   (b)

图 8-26   搜索关键字"选择登山鞋"打开相关页面

同的页面,网站的一个页面如果对应多个 URL,会造成 URL 不统一。这种情况不仅会分散页面权重,而且相同页面的内容在同一网站会形成竞争,影响网站关键字的排名;统一的 URL,有利于集中页面权重,有利于关键字排名和网页收录效果。

2. 移动适配

以百度搜索引擎为例,移动适配是网站向百度提交主体内容相同的 PC 页面与移动页面的对应关系。如果网站同时拥有 PC 站和手机站,且二者能够在内容上对应,即主体内容相同,就可以通过移动适配工具提交对应关系。

移动适配工具是百度搜索资源平台提供的一个功能,SEO 用户登录平台后,可以根据移动适配的要求,添加 PC 页面与移动页面的对应关系。

通过移动适配工具提交 PC 页面与手机页面的对应关系,若成功通过校验,有助于百度移动端搜索给手机页面提供优先展现的机会。积极参与移动适配,将有助于手机站在百度移动端搜索获得更多流量,同时以更佳的浏览效果赢得用户口碑。

3. 链接策略

以百度搜索引擎为例,链接提交工具是网站主动向百度搜索推送数据的工具,网站使用链接提交工具可以缩短爬虫发现网站链接的时间。目前,链接提交工具支持 4 种提交方式。

(1)主动推送:是最为快速的提交方式,建议将站点当天新产出的链接立即通过此方式推送给百度,以保证新链接可以被百度及时抓取。

（2）通过 Sitemap 提交：网站可定期将网站链接到 Sitemap 中,然后将 Sitemap 提交给百度。百度会周期性地检查提交的 Sitemap,处理其中的链接,但抓取速度慢于主动推送。

（3）手工提交：SEO 用户使用链接提交工具,采用手动的方式将链接提交给百度。

（4）自动推送：是轻量级链接提交组件,将自动推送的 JS 代码放置在站点每一个页面源代码中,当页面被访问时,页面链接会自动推送给百度,有利于新页面更快地被百度发现。

简单来说,建议有新闻属性的站点,使用主动推送方式提交数据;新验证平台站点,或内容无时效性要求的站点,可以使用 Sitemap 将网站全部内容提交;技术能力弱,或网站内容较少的站点,可以使用手工方式提交数据;最后,还可以使用自动推送方式向百度提交数据。

此外,移动端链接优化的其他方法与 PC 端相似,主要工作内容围绕增加移动端外部链接数量来开展,增加链接的权重。在增加外部链接的同时,移动端也要经常对网站进行死链接检测,避免死链接降低网站的权重。如果发现死链接,可以采用 404 页面设置,或者重定向到首页的方式处理。移动端一般采用 301 永久重定向的方法,将死链接指向网站的首页,减小死链接对网站的负面影响。

4. 抓取策略

移动端网站能够被搜索引擎顺畅稳定地抓取是获得用户和流量的重要前提,在此基础上再迎合搜索引擎的喜好,使本网站得到更多的收录。移动端搜索引擎通常优先抓取具备以下几个方面特点的网站。

（1）网站内容更新频率高,更新的规律性强,所更新的内容价值比较高。

（2）行业内知名度比较高的网站,在用户中有一定的口碑,用户体验好。

（3）网站选择的服务器稳定,服务器提供商优质。

（4）网站遵纪守法,无不良记录,安全可靠,搜索引擎在该网站的历史抓取效果一贯良好。

练习

1. 请读者使用移动端分别通过不同的途径查询"如何进行移动端 SEO"。
2. 请读者使用移动端分别通过不同的方式搜索某件物品。
3. 请读者指定某关键字,查询该关键字的移动搜索指数。
4. 请读者查询 3 个品牌汽车的移动网站,对比网站结构的不同。

第 3 篇 淘宝 SEO 实战

——销售产品

第 3 篇　淘宝 SEO 实战

——销售书产品

第 9 章
淘宝关键字策略

📖 本章目标

- 理解宝贝关键字搜索人气。
- 掌握宝贝关键字的分类。
- 掌握宝贝关键字的分布。
- 掌握生意参谋工具的使用方法。
- 理解通过搜索下拉框查找关键字的方法。
- 掌握使用相关推荐查找关键字的方法。
- 掌握影响筛选关键字的 3 个要素。
- 掌握标题关键字的优化原则、优化方法及注意事项。

9.1 关键字基础知识

　　买家在淘宝网购物时,一般在网站页面提供的搜索框内输入信息搜索相关宝贝(淘宝网上的产品俗称为"宝贝",本书统一使用此称呼)。淘宝买家搜索产品时所使用的信息即为淘宝关键字。如在淘宝网搜索新西兰旅游方面的内容,在搜索框内输入关键字"新西兰旅游"(见图 9-1),单击"搜索"按钮,就可以得到相关产品信息。

图 9-1　淘宝网关键字搜索

本节主要从关键字搜索人气、关键字的分类和关键字的分布 3 个方面,介绍淘宝关键字的相关知识。

9.1.1　宝贝关键字搜索人气

关键字搜索人气是反映买家关键字搜索次数的数据。某关键字被搜索的次数越多,说明该关键字的搜索人气越高。关键字搜索人气越高,说明对应宝贝的需求量越多;反之,关键字搜索人气越低,说明对应宝贝的需求量越少。也就是说,关键字搜索人气相当于关键字对应产品的买家需求程度。

另外,还有一个指标称为关键字搜索热度。关键字搜索热度与搜索人气代表的意义相同,虽然查出的数值不同,但二者成正比关系。关键字搜索热度也能反映产品的需求情况,可以通过淘宝官方提供的"生意参谋"软件进行查询。

以查询"零食"为例,其搜索热度与搜索人气如图 9-2 所示。

搜索词	全网搜索热度 ⇕	全网搜索人气 ⇕	全网点击率 ⇕
零食	678,553	167,046	144.84%

图 9-2　"零食"的搜索热度与搜索人气

9.1.2　关键字分类

掌握关键字分类的知识,可以从系统的角度提示卖家是否遗漏某些类型的关键字。根据用户搜索的输入习惯,淘宝关键字一般分为以下几类。

1. 主关键字

主关键字是对宝贝常用的称呼。如"衬衣"和"衬衫"都代表同一种商品,但用户对其称呼不同,因此这两个关键字在淘宝网上都有一定的搜索量。分别输入这两个关键字会得到不同的搜索结果。

图 9-3 分别是搜索"衬衣"和"衬衫",搜索结果中排名前两位的商品,差距较大。每一个主关键字都有一定的搜索人群,所以在设置宝贝标题时,要注意选择最合适的关键字,并且主关键字必须在标题中出现。一个宝贝最少有一个主关键字,部分宝贝的主关键字可能存在多个。

虽然主关键字的搜索量比较大,但目标客户不够精准,这也需要引起优化人员的注意。

2. 属性关键字

属性关键字是对主关键字的补充和说明,对主关键字的范围起到限制或缩小的作用。例如,主关键字是"衬衣",那么用来描述衬衣的颜色、面料、款式等关键字就是属性关键字。一个宝贝存在多个属性关键字。

相比主关键字,属性关键字搜索量少很多,并且不稳定。但属性关键字的搜索用户目的

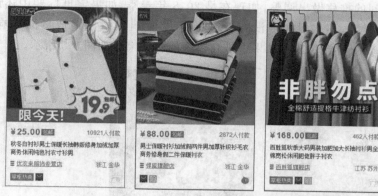

图 9-3　"衬衣"和"衬衫"搜索结果

性强,带来的客户精准,转化率高。例如,买家搜索关键字"纯棉格子衬衣",基本能够说明买家想要的就是包含这几个特性的衬衣。

3. 错拼关键字

很多用户输入关键字时会选择拼音输入法,由于汉字的特殊性,输入时会出现同音不同字的情况。这些同音不同字的关键字就是错拼关键字,例如"礼品订制"与"礼品定制"。虽然用户输入错误,但搜索引擎也能正确理解其真实意图,并返回给用户想要的搜索结果。

卖家如果在宝贝标题中设置了错拼关键字,并且用户搜索使用了该错拼字,那么卖家的宝贝会比没有设置错拼字的宝贝具有优先展示的机会。如在淘宝网搜索框内分别输入关键字"礼品定制"和"礼品订制",搜索结果中分别出现在前两位的宝贝如图 9-4 所示。

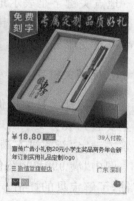

图 9-4　"礼品定制"和"礼品订制"的搜索结果

从图中可以看出,4 家店铺的宣传图片上都是"定制",在主题描述中出现了"定制"和"订制"。目前很多大卖家为了企业形象,很少在宝贝中设置错拼关键字,对于中小卖家来说,正确设置错拼关键字,有时会带来更多流量。

4. 时间关键字

时间关键字是代表时间属性的关键字,如"元旦爆款""六一儿童节礼物"等。宝贝中设置的时间关键字要随着时间的推移做出调整,如现在是 2018 年春季,如果宝贝标题中还设置"2017 年新款"这样的关键字,不但对用户没有任何吸引力,而且很可能造成负面影响。例如,输入关键字"2017 年新款衬衣",搜索结果中排在前列的两款宝贝如图 9-5 所示。

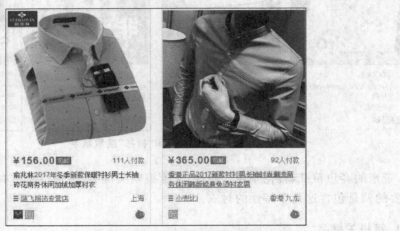

图 9-5　"2017 年新款衬衣"搜索结果(前两位)

图中第二款宝贝虽然搜索排名靠前,但宝贝的价格较高,而且有"时尚潮流"字样的描述,对于 2018 年春季要购买衬衣的买家来讲,可能"2017 新款"字样会带给他们不好的印象。

5. 地点关键字

地点关键字是表示地点属性的关键字,如"同城自提""阳澄湖大闸蟹"等。地点关键字适合线上线下结合的营销方式,本地有实体经营的店铺,通过线上交易后,到实体店铺提取商品或享受服务。

6. 促销关键字

促销关键字是宝贝促销时使用的关键字,如"特价""秒杀""包邮""满减"等。促销关键字主要起到吸引买家眼球的作用。在宝贝中设置促销关键字会提高转化率,增加销量。如搜索关键字"新款衬衣满减",搜索结果排名靠前的两款宝贝如图 9-6 所示。

图中"满 999-200""包邮""满减"等字样都会引起买家的注意,吸引买家单击链接进入店铺,了解宝贝的详情。

7. 事件关键字

事件关键字是与热门新闻事件或热播节目等相关联的关键字,如"奔跑吧同款"等。事件关键字主要是借势营销,通过把用户关注的某些热点话题或事件与自己的宝贝结合起来,达到事半功倍的营销效果。

通过了解关键字分类方面的内容,优化人员可以在选择关键字时,根据宝贝的特点,从不同的分类角度,为宝贝选择最合适的关键字。

图 9-6　"新款衬衣满减"的搜索结果（前两位）

9.1.3　关键字的分布

对全文搜索引擎来说，关键字分布在网页的任何位置都会对网页权重起一定作用。但是，淘宝搜索引擎作为内置搜索引擎的一种，关键字只有分布在特定的位置才能被搜索引擎抓取，参与到宝贝的排名中。这些位置主要是指以下 4 个方面：宝贝标题、宝贝卖点、宝贝属性和店铺简介。

1. 宝贝标题

宝贝标题也称为宝贝名称，是通过对关键字的排列组合对宝贝进行真实恰当的描述。卖家在发布宝贝时，宝贝标题是必填项。

宝贝标题是关键字的重要分布位置。搜索引擎主要通过标题来判断宝贝与买家搜索内容是否具有相关性。在搜索显示结果中，如果宝贝标题与买家搜索的关键字具有一定相关性，则宝贝显示在搜索结果中，如果没有相关性，则该宝贝无法在搜索结果中显示。

宝贝标题相当于网页中＜title＞标签的内容，在淘宝关键字优化中占主导作用。以搜索"男鞋"为例，宝贝标题在搜索结果中的显示如图 9-7 所示。

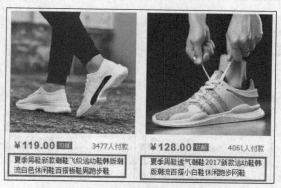

图 9-7　宝贝标题搜索显示结果（部分）

2. 宝贝卖点

宝贝卖点是为了满足卖家自主营销的诉求,对标题进行确定性、补充性、扩展性的说明。宝贝卖点可以是宝贝的属性与特点,也可以是与其他宝贝的不同点,能促使买家下单购买。例如,某款连衣裙,其款式、面料、颜色、设计风格等都可以作为卖点来描述。

在淘宝网中,宝贝卖点是选填项,相当于网页中＜description＞标签的内容,虽然作用不如宝贝标题明显,但也是关键字分布的重要位置,有一定的搜索权重。宝贝卖点的显示结果如图 9-8 所示。

图 9-8   宝贝卖点显示的结果

3. 宝贝属性

宝贝属性是指商品的类型、适合的人群、颜色、款式、价格区间等信息,不同类目宝贝的属性不同。如服装类目的宝贝属性有颜色、面料、风格等信息,而食品类目的宝贝属性一般是生产日期、保质期等信息。

宝贝属性所包含的项目,有些是必填项,有些是选填项,但都必须如实填写,不能错填和漏填。

宝贝属性包含的关键字占有一定的搜索权重。如果标题中不含买家搜索的关键字,而属性里有,同样也可以显示在搜索结果中。例如,买家搜索"透气运动鞋",宝贝标题中没有"透气",但属性里有,那这个宝贝同样也可以被找到。运动鞋类目的宝贝属性如图 9-9所示。

图 9-9   运动鞋类目的宝贝属性

4. 店铺简介

店铺简介是对本店铺的介绍，一般包括店铺主营项目、商品概况、优惠活动、服务承诺等内容。买家通过查看店铺简介，能大体了解店铺的基本情况，为最终做出下单决策提供依据。

为了增加店铺的被搜索次数，要为店铺简介设置恰当的关键字。除了介绍店铺情况的常规内容以外，还需要在店铺简介中添加买家搜索的关键字。

卖家在店铺基本设置里填写店铺简介的内容，该内容会加进店铺的索引中。以某化妆品店铺为例，其店铺简介内容如图 9-10 所示。

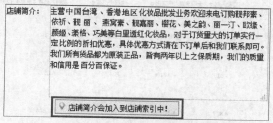

图 9-10　店铺简介内容示例

需要注意：宝贝标题、宝贝卖点、宝贝属性 3 个选项是卖家在发布宝贝时需要填写的项目。以女装类目为例，需要填写的内容如图 9-11 所示。

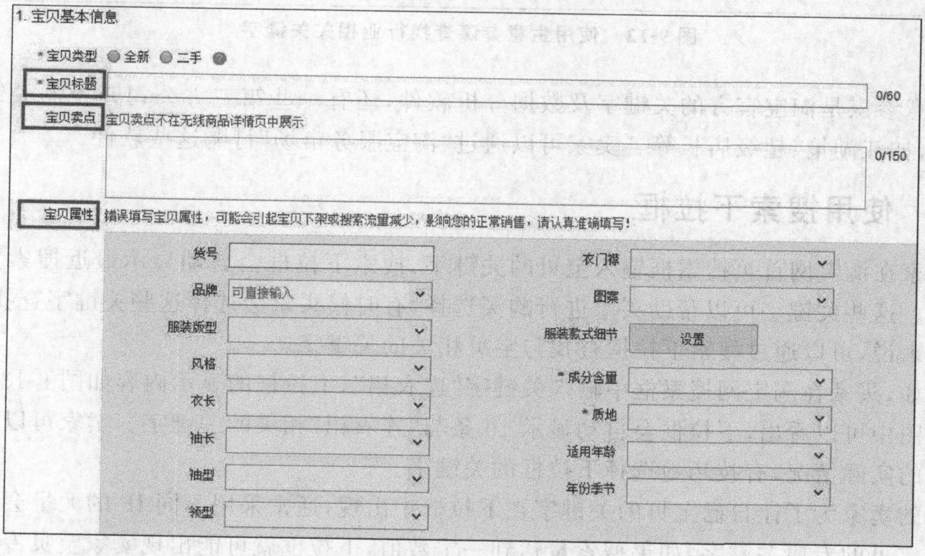

图 9-11　发布宝贝需要填写的部分内容示例

9.2　关键字查找

不同买家搜索同一款宝贝可能使用的关键字不同，有些关键字使用的次数多，有些关键字使用的次数少，甚至有的关键字没有使用。要为宝贝选择合适的关键字，首先要查找与宝贝相关的关键字,查找关键字的方法主要有以下几种。

9.2.1 使用生意参谋

生意参谋是经营淘宝店铺常用的数据分析工具,也是查找关键字常用的工具。它为淘宝店铺提供关键字分析、诊断、建议、优化、预测等一站式服务。通过生意参谋,卖家可以查找行业相关的关键字,能一目了然地分析出关键字的优劣。

以关键字"手机"为例,通过生意参谋查找行业相关关键字的方法如图 9-12 所示。

行业相关搜索词				日期 ∨	2017-06-09~2017-06-15	指标 ∨	⬇ 下载
搜索词	全网搜索人气	全网搜索人气变化 ⬍	全网点击率 ⬍	全网商品数 ⬍	直通车平均点击单价 ⬍		操作
手机	315,852	↑118.51%	64.06%	26,101,149	0.38		☆ 收藏
二手手机	29,012	↓0.71%	204.61%	41,527	0.28		☆ 收藏
vivox9手机	4,837	↓0.06%	56.11%	722,844	0.53		☆ 收藏
vivox7手机	951	↑17.55%	70.41%	629,993	0.07		☆ 收藏
opopr9s手机	624	↑28.93%	6.70%	26,738	0.43		☆ 收藏

图 9-12 使用生意参谋查找行业相关关键字

生意参谋是淘宝官方的关键字及数据分析软件,还有一些第三方公司开发的关键字查找软件,如江湖策、超级店长等。卖家可以通过"淘宝服务市场"订购这些软件。

9.2.2 使用搜索下拉框

买家在淘宝网首页搜索框输入宝贝的关键字,搜索下拉框会自动显示最近搜索量大的关键字。这些关键字可以帮助买家进行购买选择,有时候买家会选择这些关键字查找宝贝。对卖家来说,可以通过搜索下拉框查找与宝贝相关的关键字。

例如,买家在淘宝网搜索框中输入关键字"连衣裙",下拉框的显示内容如图 9-13 所示。

从图中可以看出,下拉框会自动显示 10 条与"连衣裙"相关的关键字。卖家可以根据自己宝贝的实际情况,有技巧地选择下拉框的关键字。

有的卖家为了让自己宝贝的关键字在下拉框中出现,通常采用不同 IP 的大量会员去搜索自己宝贝的专属关键字,如果搜索量达到一定数值,下拉框就可能出现卖家宝贝专属的关键字。买家选择该关键字,搜索结果显示的宝贝即该卖家的宝贝,从而达到营销的目的,这也可以称为下拉框营销。

9.2.3 使用相关推荐

买家在淘宝网输入关键字搜索时,在宝贝列表页的上面,每一个关键字都会有一些相关推荐,推荐的关键字与买家输入的关键字有一定相关性。例如,买家在搜索"运动鞋"时,网

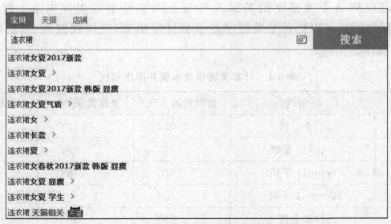

图 9-13 关键字"连衣裙"淘宝下拉框的显示内容

站会推荐"跑步鞋"等相关关键字,如图 9-14 所示。

图 9-14 相关推荐的关键字

相关推荐的关键字与下拉框关键字具有一致性,是买家近期搜索量比较多的关键字。不同之处是相关推荐的关键字比下拉框的关键字的相关性更强一些。

查找关键字除了以上 3 种方法,卖家也可以搜索主关键字,选择人气排名和销量排名较高的宝贝,查看宝贝标题中的关键字,从中找出与自己宝贝相关的关键字。

9.3 关键字筛选

通过不同的方法,卖家会找到与宝贝相关的一些关键字,但这些关键字不一定都适合设置在宝贝信息中。所以要筛选出优质的关键字,并把这些关键字合理分布在宝贝信息中,达到最佳搭配。筛选关键字主要考虑以下 3 个因素:关键字竞争值、相关性和搜索人气变化。

9.3.1 关键字竞争值

淘宝关键字竞争值是判断关键字是否容易优化的一个重要指标。与百度关键字竞争值相似,淘宝关键字竞争值主要由关键字搜索人气与全网宝贝个数决定,三者之间的关系为:

$$关键字竞争值 = \frac{搜索人气}{宝贝个数}$$

关键字搜索人气值越高,说明搜索该关键字的人数越多;宝贝个数越多,说明同行竞争者越多;搜索指数为 0 时,说明关键字没人搜索,没有优化价值。当关键字搜索人气越高,宝贝个数越少时(可以理解为买得多、卖得少),关键字竞争值越大。关键字竞争值越大,关键字越容易优化,所以比较两个关键字哪个更容易优化,只要比较关键字竞争值即可。

查找完关键字后,把与宝贝相关的关键字统计出来,再使用生意参谋工具中的行业相关关键字搜索,可以将每个关键字的搜索人气与全网宝贝个数查询出来。将查询结果用 Excel 导出,通过计算,可以把每个关键字竞争值计算出来,并按数值大小,由高到低排序,示例如表 9-1 所示。

表 9-1　计算关键字竞争值并排序示例

序　号	关　键　字	全网搜索人气	全网宝贝个数	关键字竞争值
1	二手手机	29 012	41 529	0.698 60
2	oopor11 手机	316	493	0.640 97
3	opopr11 手机	623	2488	0.250 40
4	Poopr11 手机	108	1681	0.064 25
5	秒杀手机	236	4834	0.048 82
6	360n5s 手机	577	14 692	0.039 27
7	128g 手机	268	10 123	0.026 47
8	opopr9s 手机	624	26 738	0.023 34
9	iPone7plus 手机	375	18 286	0.020 51
10	Oppor11 手机	73	4133	0.017 66
11	品牌手机	66	3911	0.016 88
12	手机代购	54	3386	0.01595
13	vivox9i 手机	205	14 194	0.014 44
14	手机	315 852	23 519 416	0.013 43
15	vivoxpaly5 手机	252	19 075	0.013 21

由表 9-1 可知,如果卖家卖手机产品,并不是搜索人气高,关键字就容易优化,而是要看关键字竞争值的大小。如"二手手机"关键字竞争值最高,相比其他关键字容易优化。"oopor11 手机"虽然拼写错误,用户的搜索人气很低,但宝贝数量少,关键字竞争值大,也是比较容易优化的关键字。由此可见,如果运用好错拼关键字,也会给店铺带来稳定的流量。

卖家在筛选关键字时,关键字竞争值是一个非常重要且能量化的指标。卖家找到与产品相关的关键字,如果关键字个数超过标题中能放置的数量,可以通过计算关键字竞争值的办法来判断其优劣,筛选优质的关键字。

9.3.2　相关性

相关性是指买家输入的关键字和卖家宝贝的匹配程度,包括类目相关、属性相关、标题相关、店铺相关 4 个方面。相关性也是宝贝排名靠前的基础,宝贝信息和买家输入的关键字相关性好,排名才有可能靠前;相关性不好,排名靠后;无相关性则无排名。

例如,当买家输入关键字"运动鞋"时,返回搜索结果的宝贝中会包含"运动鞋"这个关键字,如果卖家宝贝没有设置该关键字,则宝贝无法显示。

相关性是筛选关键字的重要因素。卖家在为宝贝选择关键字时,要选择与宝贝属性相关的关键字。设置与宝贝属性不相关的关键字,靠欺骗手段得到的流量,不仅转化率低,而且也容易遭到处罚。

9.3.3　搜索人气变化

在筛选关键字时,要注意搜索人气的变化。通过生意参谋等工具可以查看关键字被搜索情况的走势图。如果发现搜索人气近期上升很快,要注意分析这类关键字是否能给店铺带来更多流量。

例如,2017 年《战狼 2》热映期间,很多影迷在观看电影后会在淘宝网搜索电影周边配套产品。在电影热映之前,尽管这些关键字搜索人气不高,但是通过生意参谋发现这些关键字增长速度很快,如图 9-15 所示。如果卖家卖这类产品,应该及时将这些关键字选入标题中。

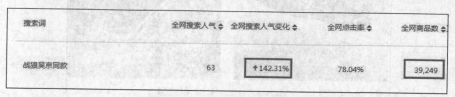

搜索词	全网搜索人气 ⇕	全网搜索人气变化 ⇕	全网点击率 ⇕	全网商品数 ⇕
战狼吴京同款	63	↑142.31%	78.04%	39,249

图 9-15　人气增长快的关键字示例

9.4　标题关键字优化

宝贝标题由关键字组成,每一个关键字背后代表着一批想买商品的买家,因此宝贝标题含有关键字的数量与质量,直接决定了能吸引多少买家。标题关键字优化在淘宝 SEO 中占有重要的地位。优化宝贝标题关键字主要注意标题关键字的写法、优化原则、优化方法及注意事项。

9.4.1　标题关键字的写法

1. 正确写法

正确书写宝贝标题关键字主要注意以下 3 个方面。

1) 语句通顺

标题由关键字组成,找到宝贝相关的关键字后,要通过排列组合将这些关键字组成一个标题。组合后的标题要保证语句通顺,表达清晰,让买家通过标题就知道宝贝是什么。

为了保证标题语句通顺,可以套用书写标题的公式,最常用的公式为:

　　　　宝贝标题＝品牌关键字(促销关键字)＋属性关键字＋主关键字

2) 标题字数

淘宝店铺的宝贝标题最多可以添加 60 个字符,相当于 30 个汉字。超过 60 个字符的内容无法显示,也无法被搜索到。标题的关键字不足 30 个汉字,虽然也能发布宝贝,但因为关键字数量少,会损失一部分买家。

3）标点符号

宝贝标题中的标点符号主要起断句的作用，以避免产生歧义。对搜索引擎来说，能够识别的标点符号是"空格"与英文状态的"/"，无法识别其他符号。有些宝贝标题前添加"【】"符号，主要目的是突出重要关键字，吸引买家的眼球。

例如，在淘宝网搜索关键字"运动鞋"，搜索结果中排名靠前宝贝的标题写法，如图 9-16 所示。

图 9-16　排名靠前的宝贝

2. 错误写法

不合适的宝贝标题有多种表现形式，需要注意的因素较多，此处主要介绍以下 4 个注意事项。

1）禁止堆砌关键字

关键字堆砌是指标题中含有多个相同或相近的关键字。例如，某宝贝的标题为"品牌运动鞋 男女透气休闲网面运动鞋 轻便耐磨缓震运动鞋"。在该标题中，关键字"运动鞋"出现 3 次，很容易被判定为关键字堆砌。

一般情况下，在一个宝贝标题中，相同的词组出现一两次即可，相同汉字出现的次数不要超过 5 次。

2）禁止滥用品牌词

品牌词只有品牌的拥有者或品牌授权代理商才可以使用。有些没有品牌授权的商家为了吸引某些品牌的买家到自己店铺，在标题中加入类似"非某品牌、胜似某品牌"等关键字，这样虽然能成功发布宝贝，也可能会吸引买家，但是一旦被搜索引擎发现或买家举报，将会受到惩罚，严重的会导致店铺被关闭。

3）禁用敏感词

在多数网站，敏感词一般是指带有敏感政治倾向、暴力倾向、不健康的词或不文明用语，也有一些网站根据自身实际情况设定一些只适用于本网站的特殊敏感词。如在淘宝网中，一些涉及侵犯知识产权的商品不能销售，类似"高仿""水货""盗版"等词被设置为敏感词。

这些敏感词无法在搜索结果中显示,如图 9-17 所示。

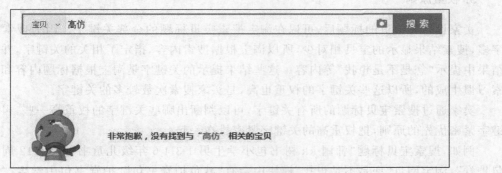

图 9-17 敏感词搜索显示结果

4)禁用最高级

2014 年年底,淘宝网发布了关于商品绝对化、最高级用语违规通知,在标题、详情页等位置禁止使用"最低、最好、最大、最佳"等绝对关键字。

带最高级的关键字也不能应用在宝贝详情页、店铺简介和宝贝属性中。

9.4.2 标题关键字的优化原则

优化标题关键字主要需要掌握以下 4 个原则。

1. 紧密优先

在其他影响宝贝权重因素相同的情况下,关键字越紧密,权重越高。例如,买家搜索"纯银耳钉",优先展示的是如图 9-18(a)所示的宝贝。

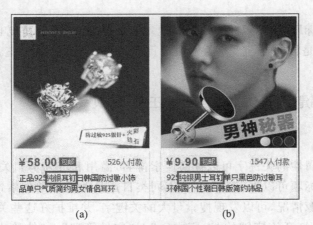

(a)   (b)

图 9-18 宝贝展示结果

2. 顺序原则

关键字在标题中的位置对宝贝的排名没有影响,放在标题前面、中间、尾部达到的效果是相同的。

3. 权重原则

卖家设置好宝贝的标题后,可以在淘宝搜索宝贝标题的全部关键字。因为搜索的关键字多,搜索结果显示的宝贝相对少,所以淘宝根据搜索内容,指定了相关的关键字,并在搜索结果中提示"您是不是想找"等内容。这些结果提示的关键字是淘宝根据标题内容和买家搜索习惯生成的,所以这些关键字的权重也高,是买家搜索次数较多的关键字。

卖家通过搜索宝贝标题的所有关键字,可以判断出哪些关键字的权重高一些,再根据关键字紧密优先的原则,把权重高的关键字紧密排在一起。

例如,搜索宝贝标题"韩国 kk 树书包小学生男 1-3-4-6 年级儿童书包女 6-12 周岁双肩包护脊",淘宝网页"您是不是想找"模块中会有"减负护脊书包""护脊书包中学生""护脊书包超轻""乐同护脊书包"等关键字,如图 9-19 所示。这些关键字与该宝贝相关,所以标题设置时,应该把提示的关键字更紧密地组合在一起。

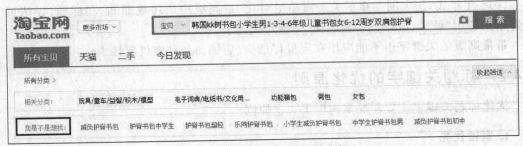

图 9-19　标题关键字权重性分析

4. 重复原则

卖家在写宝贝标题时,不要完全复制其他卖家的标题,更不要重复自己店铺的标题,这样会让淘宝误认为是同一个宝贝,容易判定重复铺货违规,给店铺造成不必要的扣分或降权。

9.4.3　标题关键字的优化方法及注意事项

1. 优化方法

设置符合宝贝属性的关键字可以提高搜索排名,滥用和堆砌不相关的关键字将降低搜索排名。优化宝贝标题可以先查看淘宝网上同类目产品关键字的搜索情况,再比较单个宝贝关键字的搜索来源情况,可以发现搜索量大的关键字,并维护好这些关键字。

以某店铺为例,打开该店铺的"卖家中心"→"宝贝管理"→"体检中心",单击"搜索体检",可以看到店铺最近 7 天热搜的关键字——"沾化冬枣 5 斤包邮""冬枣",也可以查看单个宝贝搜索来源关键字及曝光次数,如图 9-20 所示。

卖家通过"体检中心"给出的搜索来源数据,再对照宝贝标题,如果发现标题中设置的关键字没有搜索来源,如"红枣""大荔"等,应该及时更换其他关键字,以吸引更多买家。

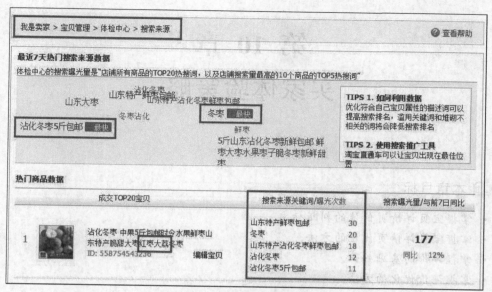

图 9-20 宝贝关键字的搜索来源

2. 优化注意事项

优化宝贝标题主要应注意以下事项。

（1）不要频繁优化标题，否则宝贝容易被搜索降权。因为每修改一次标题，淘宝就要重新收录宝贝，这种做法会增加淘宝服务器的负担。如果卖家修改标题过于频繁，淘宝会误认为宝贝有问题。建议每隔约 7 天优化一次标题。

（2）标题优化过程中避免修改高点击率、高转化率的关键字，并且尽量保持其在原有标题中的位置。

（3）标题中尽量避免使用空格与特殊字符，减少资源浪费，不使用与宝贝属性不相关的关键字。

（4）不要在标题中添加未获得的授权及未加入的服务。

（5）卖家应经常到"卖家中心"→"宝贝管理"→"体检中心"查看宝贝是否有违规现象。如果发现违规提示，要尽快处理。

（6）不要对销量高的宝贝（俗称爆款）进行标题优化 。因为修改标题后，淘宝会重新收录宝贝，盲目地修改可能会使宝贝排名下降。

练习

1. 请读者查询宝贝关键字"旅游"的搜索人气。
2. 请读者自拟关键字，分别使用关键字分类中介绍的关键字类型查询相关宝贝。
3. 请读者使用不同的关键字查找方法查找与"运动鞋"相关的宝贝关键字。
4. 请读者以关键字"自驾游"为例，查询相关关键字并计算它们的竞争值。
5. 请读者根据所学知识优化自己或朋友淘宝店铺的关键字。

第 10 章
买家体验策略

📖 **本章目标**

- 掌握宝贝详情页价值的判断标准。
- 掌握宝贝详情页优化的方法。
- 掌握评价的基础知识。
- 掌握评价优化的方法。
- 理解动态评分的重要性。
- 掌握动态评分优化的方法。
- 掌握设置限时打折的方法。
- 掌握设置优惠券的方法。

10.1 宝贝详情页优化

宝贝详情页主要展示宝贝功能、属性等信息,是买家浏览时间最长的页面。如果把详情页比作店铺的导购员,它不仅能够向买家介绍宝贝的详细情况,还能够激起买家的购物欲望,促使顾客下单购买。宝贝详情页主要影响买家的体验度。优化好宝贝详情页,会提供给买家有价值的信息,提高转化率,增加店铺产品的销量。

例如,在淘宝网搜索关键字"运动鞋",单击搜索结果排名靠前的宝贝链接,其详情页的部分内容如图 10-1 所示。

淘宝商品的详情页通常采用图文并茂的格式,通常淘宝网提供了详情页的模板,卖家可以根据模板填写相关信息。如某宝贝详情页提供了产品信息、颜色展示、产品展示、细节展示等介绍项目。读者可以登录某宝贝的详情页了解相关信息,为学习下面的知识打下基础。

10.1.1 详情页价值的判断标准

买家可以从主观上判断详情页的价值,也可以通过数据来评判某个详情页。下面分别从页面停留时间、浏览轨迹、收藏与分享数量、加购物车数量、跳出率与转化率 6 个方面介绍详情页价值的判断标准。

1. 页面停留时间

买家进入某宝贝详情页后,如果页面内容符合买家的喜好和需求,买家的体验良好,在页面停留的时间就会比较长;如果详情页的内容粗糙,不能满足买家的需求,买家会立即离

图 10-1　某款运动鞋的宝贝详情页部分内容

开。所以，从这个角度可以大体判断出，买家在详情页停留的时间越长，买家的体验越好。卖家可以通过生意参谋查看买家在详情页的停留时间，如图 10-2 所示。

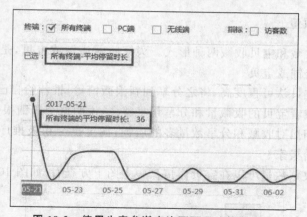

图 10-2　使用生意参谋查询页面平均停留时间

由图 10-2 可知，2017 年 5 月 21 日该宝贝详情页的平均停留时间为 36 秒，是最近一段时间内最高的，大部分的平均停留时间在 20 秒以下。相比较而言，该宝贝的页面平均停留时间较少，卖家可以重点看一下详情页的描述是否到位，调整后再观察页面停留时间是否有所提高。

2. 浏览轨迹

宝贝详情页承载的内容多，如果买家对内容感兴趣，会拖动右侧滚动条将详情页的内容仔细看完。

卖家分析买家的浏览轨迹，可以了解买家浏览详情页的什么内容，以及对什么内容比较关注。买家移动鼠标的每一步操作都会被记录下来，如果买家浏览轨迹到详情页的头部就结束，说明详情页内容还不足够吸引买家继续浏览。还是以前面搜索"运动鞋"打开的宝贝链接为例,如果多数买家的浏览轨迹到"鞋类'三包'规定"(见图 10-3)就结束,说明买家对下面的内容不感兴趣。

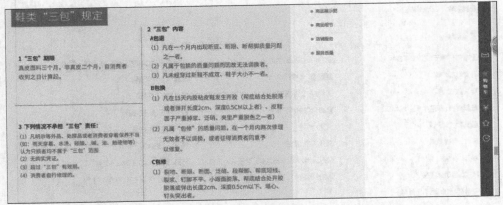

图 10-3　宝贝详情页内容

一个优质的详情页,买家的浏览轨迹不仅是看完详情页的所有内容,很可能会吸引买家浏览店铺的其他宝贝。

3. 收藏与分享数量

收藏包括店铺收藏和宝贝收藏两种形式。买家收藏店铺或宝贝,是为了方便其第二次购买时更容易找到店铺或宝贝。

分享是买家对宝贝认可程度高,将之分享到新浪微博等,推荐给自己的社区好友。

如果一个店铺或者宝贝的收藏量和分享量足够多,说明这个店铺很受欢迎,买家的重视程度高,体验好。同时,对收藏和分享数量多的店铺,淘宝也会积极推广,搜索排名更靠前,有更多的机会展示给买家。

宝贝的分享和收藏数量可以在宝贝详情页中主图下方查看,如图 10-4 所示。

图 10-4　宝贝的分享和收藏数量

4. 加购物车数量

购物车是买家在淘宝网购物时使用的一个便捷功能。买家通过详情页找到一个相当不错的宝贝,有了购买意愿,但是又担心可能会找到更好的,可以先把宝贝放入购物车,继续浏览,下单前再比较。

宝贝被加入买家购物车的数量越多,在一定程度上说明宝贝的详情页描述越符合买家要求。将宝贝加入购物车的部分页面如图 10-5 所示。

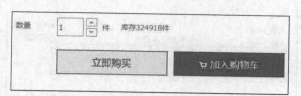

图 10-5　将宝贝加入购物车的部分页面

5. 跳出率

跳出率是指买家只访问了入口页面就离开的访问量与所产生总访问量的百分比，是衡量被访问页面质量的一个重要因素。买家通过某种方式对页面形成事实上的访问，跳出的原因是因为感觉到达的页面与预期不符，如页面内容、服务、宝贝详情介绍等与之前的预期不符。

跳出率可以反映宝贝受欢迎的程度。跳出率越高说明买家浏览的宝贝越少。如图 10-6 所示，某宝贝详情页的跳出率为 66.67％，相比较而言，跳出率过高。

图 10-6　某宝贝详情页的跳出率

一般跳出率高于 50％的宝贝，其详情页内容可能存在较大问题，此时卖家就要查找原因，通过调整页面内容来降低跳出率，提升买家体验。

6. 转化率

通俗地讲，转化率是实际付款人数占浏览宝贝总人数的比例。宝贝详情页的内容跟转化率的关系密切。详情页要包含哪些信息，如何编排这些信息，图片和模块该如何布局等，都影响着页面转化率及买家体验。如果详情页能把宝贝的卖点都表达出来，适当增加促销信息，买家体验好，该宝贝的转化率就会相应提高。

宝贝的转化率可以通过生意参谋查询，如图 10-7 所示。

每个买家的需求和判断依据不同，很难有统一标准去判断详情页的价值。但以上 6 个方面的判断标准，可以给出相应的参考数据。通过这些数据，卖家基本可以判断出详情页的优劣。

卖家可以通过生意参谋查看这些指标，找出详情页存在的问题，通过调整详情页的内容，让买家更全面地了解宝贝的优势。

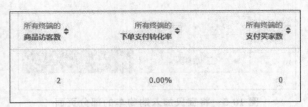

所有终端的 **商品访客数** ⬍	所有终端的 **下单支付转化率** ⬍	所有终端的 **支付买家数** ⬍
2	0.00%	0

图 10-7　查询宝贝转化率

10.1.2　宝贝详情页优化的方法

优化宝贝详情页主要通过优化焦点图、优化关联销售产品、优化详情页内容布局设计的方法实现。

1. 优化焦点图

焦点图也称宝贝主图，是买家在详情页首先看到的内容。通过焦点图，买家可以了解宝贝的概况。一个好的焦点图可以在 3 秒内吸引买家的目光，从而引导买家继续浏览其他内容。

通常宝贝的焦点图有 5 张，图片大小要求 700×700px 以上才具有"放大镜"功能，买家使用放大镜可以更清楚地浏览宝贝的细节内容。另外，为了增加宝贝的买家体验，淘宝网在焦点图前又增加了小视频功能，时长为 9 秒内。小视频可以让买家全方位、多角度地了解宝贝的详细内容，如图 10-8 和图 10-9 所示。

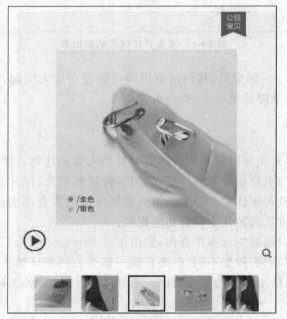

图 10-8　宝贝焦点图及小视频功能

在设计焦点图时，设计人员要注意突出重点，加入一些个性化元素，让其在众多宝贝中

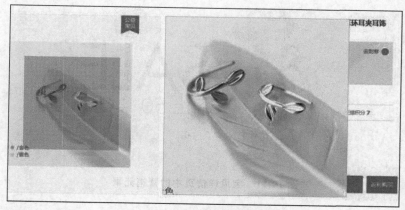

图 10-9　焦点图的放大镜功能

脱颖而出。设计焦点图时要注意以下几个方面。

1）避免"牛皮癣"图

"牛皮癣"图是指宝贝焦点图上的文字直接覆盖了模特或实物图，或焦点图上无用的营销信息占了过多的面积。图 10-10 是典型的"牛皮癣"图，焦点图上的营销信息过多，影响了展示宝贝的主要内容。

图 10-10　"牛皮癣"图示例

2）加入营销元素

一般的营销元素与宝贝的价格有关，如 5 折促销，如图 10-11 所示。但对于有品质的宝贝来说，重点是要突出质量和品位。

3）最多 3 种配色

一个买家体验好的主图配色一般不超过 3 种，包括文字的颜色。配色太多会让详情页显得凌乱，没有主次，降低宝贝的档次，也会在视觉上给买家造成疲劳。

图 10-11　宝贝详情页中的营销元素

2. 优化关联销售产品

买家看到宝贝详情页的时候,会发现在详情页上还有些其他宝贝的链接,或几个宝贝搭配促销的信息,这些宝贝即关联销售的产品。

关联销售方式可以把店铺的流量价值最大化,不仅可以增加买家的访问深度,提高宝贝曝光率和客单价,还可以提升转化率及买家的购物体验。

关联销售的产品一般添加在焦点图下方,如图 10-12 所示。

图 10-12　关联销售产品示例

3. 优化详情页内容布局设计

买家单击宝贝,在决定下单付款前会详细了解宝贝的信息。淘宝网通过分析买家行为得出,买家在付款前对宝贝的某些信息关注程度较高,如图 10-13 所示。

根据买家关注宝贝信息的重要程度,以及买家的浏览习惯,宝贝详情页内容有很多种布局方法,这里主要介绍一种常用的布局设计。按照自上而下的顺序,宝贝详情内容通常由以下几个部分组成。

1)海报图

海报图在详情页的最上面,要具有号召力和感染力,要能第一时间吸引买家的注意,展示内容一般是品牌文化或企业形象,目的是把买家带入一个有意境的消费空间。

2)宝贝特点

宝贝特点部分除了介绍宝贝的基本特征以外,更主要的是挖掘宝贝与其他同类商品的差异性,引起买家共鸣。

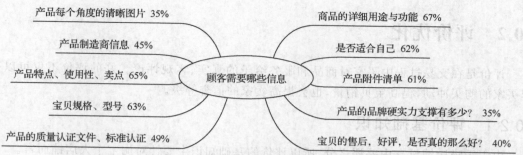

图 10-13　买家购物需要了解的信息

3）规格参数

规格参数是使用宝贝时的一些具体信息,例如,服装类目宝贝的尺码大小、手机类目的基本配置等信息。买家通过了解规格参数,判断宝贝与实际需求是否吻合。

4）同行对比

通过与同行商品的对比,卖家可以进一步强化宝贝的特点,突显自己宝贝的优势,增加买家对宝贝的信心。

5）细节展示

细节展示部分主要包括模特图、产品平铺图、重要部分的特写图等内容。这些图片可以让宝贝得到充分展现,突显宝贝的优点。细节展示也是对宝贝更全面的介绍,可以减少买家的咨询内容。

6）资质证书

资质证书主要是证明卖家实力和产品质量保证,如质量认证、品质认证、环保认证、有机认证等。详情内容中有资质证书可以增加买家对宝贝的认可度,使其放心购买。

7）购物须知

购物须知部分经常放置一些交易常见问题,如退换货服务、售后保障、物流派送服务等,解除买家的后顾之忧。

常用的宝贝详情内容布局设计简图如图 10-14 所示。

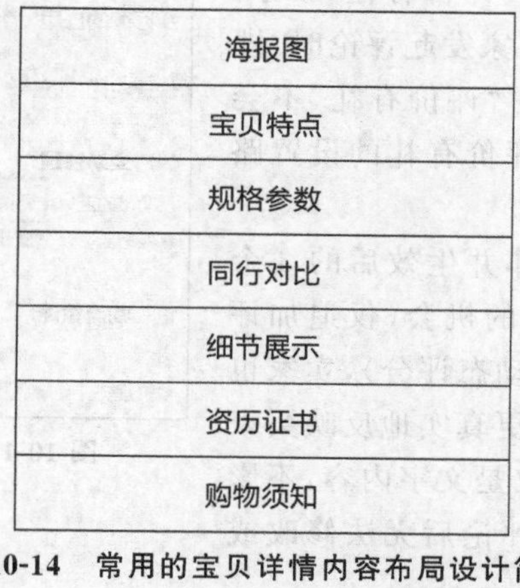

海报图
宝贝特点
规格参数
同行对比
细节展示
资历证书
购物须知

图 10-14　常用的宝贝详情内容布局设计简图

10.2   评价优化

评价是在交易过程中买家对商品和服务给予的真实、客观评论。好的评价不仅可以引起买家的购买冲动,提高宝贝销量,也会提高卖家的信誉等级。

10.2.1   评价基础知识

由于天猫店铺没有中差评之分,所以评价的基础知识主要针对淘宝个人店铺而言。

1. 评价分类

对淘宝个人店铺来说,按照买家对宝贝的喜欢程度,评价可分为好评、中评、差评 3 种类型。买家评价界面如图 10-15 所示。

图 10-15   买家评价界面

淘宝网规定:卖家不能影响买家评价的结果,例如好评返现金、好评送礼物等。如果把评价当作一种交易,那就失去了意义。某些卖家在邮寄包裹中放类似"好评返现金"的卡片,实际是一种违规行为。

卖家可以订购淘宝官方的"评价有礼"服务,鼓励更多买家参与评价。当买家发起评论时,即可以得到卖家的店铺优惠券。"评价有礼"不会对评论内容的好坏有要求。评价有礼的设置路径如图 10-16 所示。

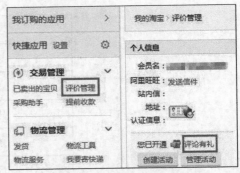

图 10-16   评价有礼的设置路径

买家或卖家完成评价操作并生效后的 3 个月内,买家将有一次追加评论的机会(仅追加评论,不涉及好、中、差评及店铺动态评分),卖家也会随之多一次解释机会,从而更真实地反映买家购买后的情况。追加的评论仅是文字内容,不影响卖家的好评率。买家追加评论后无法修改或删除。

2. 修改评价

修改评价只针对淘宝个人店铺,天猫店铺无法修改评价内容,只能对评价做出解释。

好评不能修改或删除;中评或差评只有一次修改或删除的机会;如果把差评修改为中评或者中评修改为好评,不能进行二次修改或删除。

修改评价只能由低往高修改,不能由高往低修改。例如,好评不可以修改为中评或差评,但差评可以修改为中评或好评。修改评价的期限为评价双方做出评价后的 30 天内,逾期将无法再修改或删除。

修改评价的方法:单击"我的淘宝"→"我的评价"→"给他人的评价",然后找到相应评价进行操作,如图 10-17 所示。修改或删除评价后即时生效,但页面显示会滞后 30 分钟。

图 10-17　"给他人的评价"界面

3. 评价与店铺信誉的关系

买家确认收货后,买卖双方只要有一方参与评价,评价即可生效。每一个好评,会为店铺信誉增加 1 分,中评不计分,差评减 1 分。当评价积分达到一定值时,店铺信誉也会相应增加,评价积分与店铺信誉的关系如图 10-18 所示。

4分-10分	❤	10001分-20000分	
11分-40分	❤❤	20001分-50000分	
41分-90分	❤❤❤	50000分-100000分	
91分-150分	❤❤❤❤	100001分-200000分	
151分-250分	❤❤❤❤❤	200001分-500000分	
251分-500分		500001分-1000000分	
501分-1000分		1000001分-2000000分	
1001分-2000分		2000001分-5000000分	
2001分-5000分		5000001分-10000000分	
5001分-10000分		10000001分以上	

图 10-18　评价积分与店铺信誉的关系

如果买家与卖家对本次交易都不做评价,则该交易不会产生评价积分,不会影响店铺信誉。

10.2.2　评价优化的方法

评价对店铺或宝贝来说非常重要。对卖家而言,买家购买宝贝时会参考这家店铺的信誉和评价,信誉越高,评价越好,就越容易成交。

由于不同买家对宝贝的期望与图片总会存在一定差距,难免产生中评和差评。买家无法修改评价时(特别是天猫店铺的评价),卖家通过一些方法将好的评价内容排在前面,不仅会提高其他买家对宝贝的好感,而且更容易提高卖家的销售量。

卖家要优先显示好的买家评价,就要了解评价内容的排名规则。由多年实战经验可知,淘宝评价内容的排名规则如下(仅供参考)。

(1)买家评价的字数越多,越容易靠前。

(2)买家评价中晒图比不晒图的排名靠前。

(3)买家评价越有个性越靠前。例如,同时买了多个宝贝,如果复制同一条评价,则不会靠前。

(4)买家评价含宝贝的关键字比不含关键字的更靠前。

(5)评论者的等级越高越靠前,即经常评价的买家会比不经常评价的买家的评价靠前。

(6)买家评价时间越新鲜的越靠前。

(7)计算机端的评价被买家单击"有用"的个数(见图 10-19)越多越靠前。

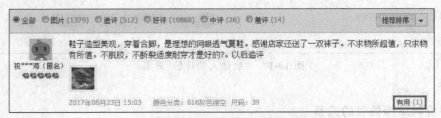

图 10-19   买家单击"有用"评价的个数

每一条新产生的评价会直接插入宝贝评价中,已经产生的评价,每周会调整一次排序。

掌握评价内容的排序规则后,可以通过一些方法把有些不好的评论"挤"下去,不容易让买家看到。例如,出现差评后,可以重点服务后续的高等级买家,提高其满意度,引导其评论、晒图等。

通过一定的优化方法,如果还是有不良的宝贝评价排名靠前,卖家不做任何解释的话,买家很可能认为事实正如评价所说,从而放弃购买这个宝贝。如果卖家做了合情合理的解释,并且表现得有诚意,那么买家就不容易被不良评价左右。淘宝网给了卖家解释差评的机会,但只能解释一次,所以卖家要珍惜解释不良评价的机会。

10.3   动态评分优化

店铺动态评分也称为 DSR(Detailed Seller Ratings)动态评分,是指买家在淘宝网交易成功后,可以对本次交易的卖家店铺进行 3 项评分——宝贝与描述相符、卖家服务的态度、物流服务的质量,如图 10-20 所示。

图 10-20   动态评分的 3 项指标

计算动态评分的方法:每项店铺评分取连续 6 个月内买家给予该项评分的总和÷连续 6 个月内买家给予该项评分的次数。

例如，一共有 20 个买家参与评分，每个买家只参与一次(19 人给 5 分,1 人给 1 分),动态平均分＝(19×5＋1×1)÷20＝ 4.8(分)。

每个自然月,相同买家、卖家之间的交易,卖家店铺动态评分仅计取前 3 次(计取时间以交易成功时间为准)。店铺评分一旦做出则无法修改。某淘宝店铺和某天猫店铺的动态评分情况,如图 10-21 所示。

图 10-21　店铺动态评分情况

10.3.1　动态评分的重要性

动态评分是淘宝网考核卖家的一项硬性指标,会影响买家体验、店铺权重和活动通过率 3 个方面的因素。

1. 影响买家体验

动态评分中的"宝贝与描述相符"直接说明了宝贝的质量情况,"卖家的服务态度"是店家服务水平的参考标准,"物流服务的质量"是对卖家所选择快递派送速度的参考标准。动态评分的 3 项指标如图 10-22 所示。

图 10-22　动态评分的 3 项指标

如果动态评分值低于行业平均水平,通常以绿色呈现(俗称"飘绿"),买家会认为卖家的宝贝不够好,很可能不会考虑购买。

买家决定购买某个宝贝前,通常会去查看该店铺的动态评分。评分高,说明宝贝受欢迎度高,会激发买家的购买欲望。如果评分低,即使详情描述好,宝贝卖点突出,买家也不一定购买。

2. 影响店铺权重

动态评分是淘宝网商品搜索排名的重要参考因素之一。若动态评分太低,在搜索结果中会被排到相对靠后的位置。如果店铺的动态评分小于 4.4 分,店铺内的所有宝贝都可能被搜索降权。店铺被降权后,宝贝在与其他相同关键字的商品一起被搜索时,会排在后方,买家基本上看不到。

3. 影响活动通过率

如果卖家想参加淘宝网的官方促销活动,通过动态评分审核很重要。很多促销活动都要求卖家的动态评分连续半年必须达到 4.6 分以上,低于 4.6 分则被拒绝报名。另一方面,动态评分越高,促销活动审核通过的机会就越大;反之,动态评分越低,审核通过的机会就越小。如果因为动态评分过低而不能参加促销活动,卖家很可能就失去了一次展现店铺的机会。

10.3.2　动态评分优化的方法

优化动态评分有多种方法,不同卖家可能使用的方法不同。此处主要介绍 5 种优化店铺动态评分的方法。

1. 真实描述宝贝

很多店铺的宝贝详情内容过度使用 Photoshop 软件等,造成宝贝失真。还有很多卖家为了促进销售,在宝贝描述中夸大其词,导致买家收货后发现实物与描述不符。买家虽然勉强接受宝贝,但在给店铺评分时肯定不会给高分,使宝贝描述项的动态评分下降。如果买家收到宝贝后与心理预期一致,甚至是惊喜,就会给宝贝高分。

2. 提高服务质量

在买家决定是否购买前,会询问卖家关于宝贝的信息,卖家要以良好的服务态度对待买家。卖家良好的服务态度有助于赢得买家的信任,哪怕宝贝有些瑕疵,如果卖家服务好,买家也会理解。

例如,有的宝贝质量很好,描述得体到位,可是当买家询问卖家一些产品信息时,卖家的回答不够专业或者敷衍了事,即便买家下单购买了,在对店铺打分时,也不会给高分。

3. 优化物流配送

宝贝的配送速度也是决定动态评分值的重要因素。买家付款后希望尽快收到货物,如果物流时间超出了买家的期望时间,极可能造成动态评分下降。一般情况下,物流配送时间短,买家的体验好,但价格相对高,所以卖家在选择物流时也要综合考虑性价比。

在物流配送方面,有些卖家采用跟踪提醒服务的方式,赢得买家的好感。如卖家发货时给买家发一条短信提醒,到货时提醒买家记得查收,可让买家及时了解货物的动态。

4. 准备合理库存

库存问题是影响宝贝配送速度的另一个重要原因。很多卖家的宝贝库存不足,但仍然在网上出售。买家下单后,卖家无法在第一时间发货,只能匆忙从上游订货,这样做会耽误很长时间。因此卖家必须做好宝贝的库存管理,以免影响发货速度。如果真的因为繁忙或者是库存问题而延缓发货,也必须告知买家,可以让其继续等待或者选择退款,避免影响店铺的动态评分。

5. 引导买家好评

为了提高店铺的动态评分,卖家可以发信息提醒买家给订单评分。及时解决买家的问题,做好后续服务。

10.4　促销优化

价格是买家对促销活动做出反应的重要动因。打折、优惠券、返还现金等价格促销活动可以为买家省钱;买家购物时,卖家赠送礼品、积分、购物券等促销活动也可以让买家得到实惠。卖家开展促销活动,并不是价格越低、力度越大越好,而是让买家感到前所未有的实惠,提高买家的购物体验。

卖家店铺的促销活动,以设置限时打折、设置优惠券两种方式最为常见。

10.4.1　设置限时打折

限时打折是淘宝网提供给卖家的一种店铺促销工具,订购了此工具的卖家可以在店铺中选择一定数量的商品,在一定时间内以低于市场价进行促销。促销期间,买家可以在购买宝贝的页面查看打折后的价格,如图 10-23 所示。

图 10-23　限时打折后显示的原价与折后价

卖家实施限时打折的促销方式需要订购相关工具,可以到卖家“服务市场”搜索与“打折”相关的工具,根据提示选择一款合适的工具,如“美折”“超级店长”等。订购服务的路径为“卖家中心”→“服务市场”→“我要订购”。

卖家设置限时打折工具要完成 5 个要素,即折扣名称、打折时间、打折对象、打折力度和促销标签。打折名称指卖家在一个店铺设置多个打折时,可以用打折名称区别,方便卖家管理;打折时间即该宝贝打折活动开始到结束的时间;打折对象是指对所有买家或是指定买家进行打折促销;打折力度是折后价与原价的比值,值越大,打折力度越小;促销标签指可以在宝贝详情页展示,让买家了解打折的原因。卖家将打折的要素设置完成后,即可完成某个宝贝的打折促销。以“会员运营平台”提供的免费打折工具为例,需要设置的内容如图 10-24 所示。

卖家设置限时打折成功后,如果想要调整折后价,调整后的价格应该比以前的价格高一些。因为买家都有“买涨不买跌”的心理,买过的老用户会认为早买占了便宜,新用户会认为现在不买,以后还要涨,能促进买家尽早下单。

10.4.2　设置优惠券

优惠券是虚拟电子券,由买家主动领取,卖家也可通过“满就送”等方式来发放,买家领

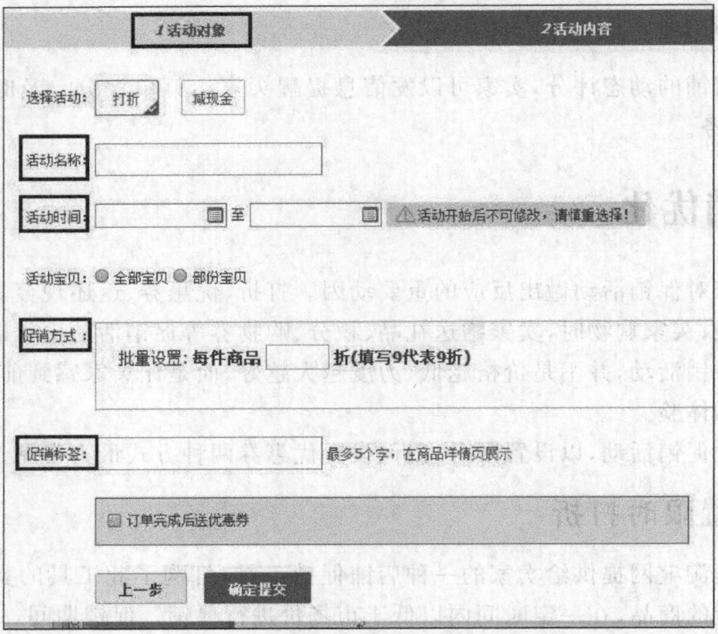

图 10-24　限时打折需要设置的内容

取优惠券成交的价格不计入宝贝最低价。卖家可以通过多种渠道推广优惠券,通过设置优惠金额和使用门槛,提升转化率。

　　设置优惠券主要分为两步。第一步是设置优惠券使用人群,可以使用系统推荐人群,也可以自定义人群,如图 10-25 所示。

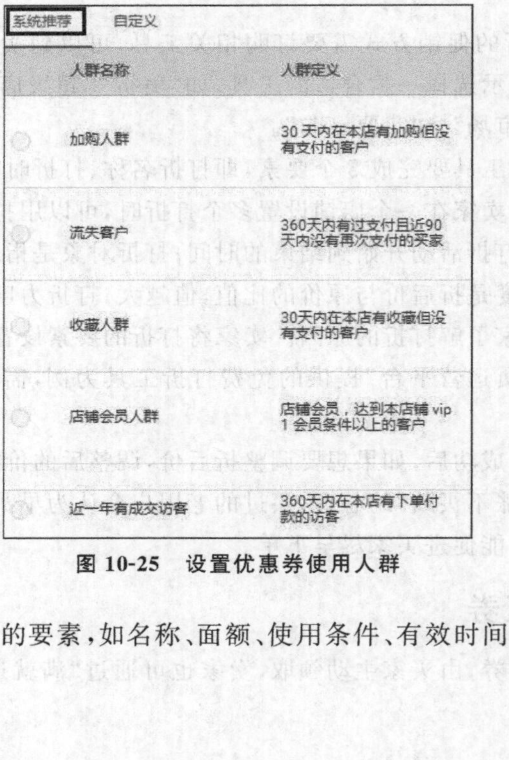

图 10-25　设置优惠券使用人群

　　第二步是设置优惠券的要素,如名称、面额、使用条件、有效时间、发行量等,如图 10-26 所示。

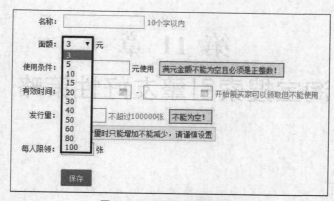

图 10-26　设置优惠券要素

练习

1. 请读者在淘宝网搜索关键字"纯银耳钉",找出排在首位的宝贝详情页的优缺点。

2. 请读者在淘宝网搜索关键字"耳钉",找出排在第 10 页首位的宝贝详情页需要优化的方面,列出较详细的方法。

3. 请读者根据所学知识将自己或朋友店铺的某个差评进行优化。

4. 请读者根据所学知识优化自己或朋友店铺的动态评分。

5. 请读者将自己或朋友店铺的某款产品,分别设置限时打折和优惠券的促销活动。

第 11 章

淘宝搜索引擎友好性策略

📖 **本章目标**

- 掌握店铺友好性优化的方法。
- 掌握宝贝友好性优化的方法。
- 掌握宝贝上下架优化的方法。

11.1　店铺友好性优化

一个店铺对搜索引擎越友好，店铺的权重就越高，店铺搜索的排名就越靠前。做好店铺友好性的优化，同样也会提高单个宝贝的搜索排名。店铺友好性优化主要包括消费者保障服务、店铺类型和版本、旺旺响应时间和店铺主营类目 4 个方面的优化。

11.1.1　消费者保障服务优化

淘宝网推出了消费者保障服务协议，卖家签署了该协议即承诺为消费者提供交易保障服务。买家在淘宝网使用支付宝担保交易服务购买宝贝时，如果遇到货物质量问题、实物与网页详情描述不符、付款后未收到货物等情况，卖家未履行相关承诺，买家可以根据消费者保障服务协议及淘宝网的相关规则发起维权，经淘宝网判定维权成功的交易，淘宝网将扣划卖家的保证金进行违约赔付，以保障买家权益。

店铺开通消费者保障服务后，会增加店铺的权重，提高店铺的排名，主要包括通用服务、放心淘服务、保证金、账期保障 4 个方面的内容。

1. 通用服务

1）基础消费者保障服务

基础消费者保障服务是为了保障消费者利益必须开通的一种服务。卖家在淘宝网开店成功时，店铺会自动开通基础消费者保障服务。所有的淘宝店铺都要履行基础消费者保障服务。

卖家在淘宝网发布商品向买家出售商品时，根据基础消费者保障服务约定的条款、条件及淘宝网其他公示规则的规定，应履行商品如实描述义务、7 天无理由退货义务、其他保障义务等。

2）7 天无理由退货

根据国家法律法规的规定及淘宝网规则，从买家收到商品之日的 7 天之内，卖家保障买家在商品完好前提下的无理由退货权益。

7 天无理由退货服务针对大部分类目商品，如服装、数码、小家电等，对于生鲜类目的商品，由于有保质期限制，可以不开通 7 天无理由退货服务。

基础消费者保障服务、7 天无理由退货服务的查询和开通路径如图 11-1 所示。

图 11-1　查询和开通路径

2. 放心淘服务

放心淘服务是淘宝网设置的专属服务内容，卖家可以根据店铺经营的商品类目，选择性地开通，开通后卖家须遵守服务内容，买家可以享受基础保障以外的服务。

放心淘服务在店铺"卖家中心"→"客户服务"→"淘宝服务"中开通，如图 11-2 所示。

图 11-2　放心淘服务开通路径

卖家加入放心淘服务后，产品会出现放心淘相关服务的标记，店铺的搜索权重也会增加，买家对店铺的商品也会更放心。搜索页显示的放心淘服务如图 11-3 所示。

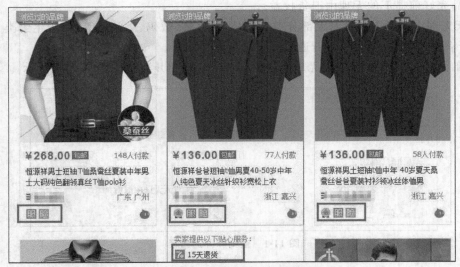

图 11-3　搜索页显示的放心淘服务

卖家订购的放心淘服务越多,越能增加宝贝的可信度,还会提高宝贝的搜索排名。常用的放心淘的服务有定时派送、退货承诺、免费换新、卖家运费险、破损补寄。

1) 定时派送

买家的详细收货地址在北京、上海、广州、深圳、南京指定区域内,需卖家通过指定的快递公司发货,买家方可享受定时派送服务。目前,具备此服务能力的快递公司包括中通快递、天天快递、韵达快递、圆通快递。

如果卖家未履行"定时派送"服务,除每次被淘宝网扣 4 分(扣分是淘宝网设置的一种惩罚制度,卖家扣分达到一定值,会给予降权、关店甚至封店的处罚)外,还须全额退还买家支付的服务费,并赔偿买家 10 元违约金。

2) 退货承诺

退货承诺指淘宝卖家承诺店铺内的商品支持购买后退货的服务。卖家可针对不同商品设置不同的服务条件,如可设置店铺中某一类商品的服务条件为"买家在卖家承诺时间内拆封亦可退货,退货邮费由卖家承担"。

淘宝网如果判定卖家未履行"退货承诺"服务,每次扣 4 分。

3) 免费换新

免费换新指商品在卖家承诺保障时间 30 天内,买家如发现商品出现故障无法正常使用,可向卖家申请免费更换全新同款商品或等值商品;卖家承诺提供 1 次换新服务,商品换货的物流费由约定承担方承担;若换货后的商品仍出现故障,卖家将提供退货退款服务。

淘宝网如果判定卖家未履行"免费换新"服务,每次扣 4 分。

4) 卖家运费险

卖家运费险指买卖双方在交易未完结前,买家发起退货请求时,保险公司对退货产生的单程运费提供保险服务。目前,卖家运费险针对加入消费者保障服务并交保证金的卖家和天猫的卖家,机票、酒店、充值等虚拟类卖家除外。

当发生退货时,卖家同意退货申请,与买家达成退货协议,等待退货;买家填写退货物流信息,等交易结束后 72 小时内,保险公司将按约定对买家的退货运费进行赔付。目前,保险公司只针对交易未完结时发生的退货运费损失给予赔付,交易完结后由于维权造成的退货运费暂时不在理赔范围内。

如果卖家加入了卖家运费险服务,可以增加买家的购买信心,购买后可以加快退货,降低沟通成本和经济成本,提升退货体验。

5）破损补寄

破损补寄是卖家根据自身服务能力自主承诺的一项店铺服务。例如,买家购买的商品在运输途中出现破损时,卖家需在自己承诺的补寄次数内进行补寄;若在承诺的补寄次数内买家依旧无法获得完好的商品,卖家需提供退货退款服务。

淘宝网如果判定卖家未履行"破损补寄"服务,每次扣 4 分。

3. 保证金

保证金是卖家在开通店铺时存入淘宝账户的资金。买卖双方在淘宝交易产生纠纷时,淘宝网用保证金先行赔付买家。卖家在缴纳保证金后,不能挪为他用。当卖家不想运营店铺时,可以向淘宝网提出申请,经审核后,满足保证金退回原则时,卖家才可以解冻保证金。

保证金的最低缴纳额为 1000 元,上不封顶。卖家缴纳保证金后才可以发布新品(不缴纳保证金只能发布二手商品)。淘宝网官方称保证金多交与少交对店铺权重的影响是相同的,但很多卖家对此持怀疑态度。

卖家加入了保证金计划,也可以支付 30 元作为保证金计划年费,支付成功后,1000 元现金保证金会被立即解冻,如图 11-4 所示。

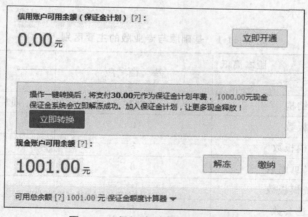

图 11-4　保证金计划开通示意图

卖家需要自行在网上支付保证金,不会有"淘宝小二"主动提示卖家缴纳。很多骗子冒充"淘宝小二",以没交保证金无法交易为由,骗取卖家保证金,需要引起卖家的注意。

卖家缴纳保证金有助于提高店铺的权重,增加买家信任度,提高店铺交易量。

4. 账期保障

卖家开通账期保障服务后,货款将在交易成功后 15 天内保留在卖家的支付宝账号内,且不可用。期间如发生售后行为,淘宝网则根据最终判责结果确定是否作为赔付使用。

如果卖家已交过保证金,就没有必要再开通账期保障服务。有的卖家暂时不想交保证金,则可以开通账期保障服务。

账期保障服务在店铺"卖家中心"→"客户服务"→"淘宝服务"→"订单险 & 账期保障"中开通,如图 11-5 所示。

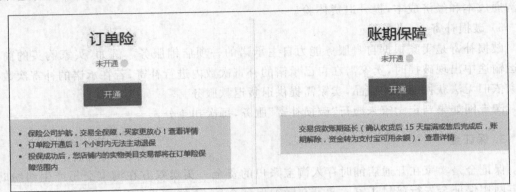

图 11-5 账期保障开通示意图

11.1.2 店铺类型和版本优化

淘宝网有 3 种类型的店铺,分别是天猫店、企业店铺、个人店铺。3 种店铺权重的大小顺序为天猫店＞企业店铺＞个人店铺。

根据个人店铺装修功能模块的多少,可将店铺版本分为基础版和专业版。两个版本的主要区别如表 11-1 所示。

表 11-1 基础版与专业版的主要区别

版本高低 对比内容	基 础 版	专 业 版
首页布局结构	两栏	通栏、两栏、3 栏均可
列表页模板数	0	15
详情页宝贝模板数	3	25
可添加自定义页面数	6	50
免费提供系统模板数	1	3
系统默认配色套数	5	24
二级域名	无	有
店铺公告	无	有
装修分析	无	有
模块管理	无	有
支持 JS 模板	不支持	支持
支持旺铺 CSS	不支持	支持
价格	永久免费	一钻以下免费 一钻以上 50 元/月

淘宝网为了扶持个人店铺,新开的个人店铺信誉在一钻以下可以免费使用专业版,如果达到一钻,必须交费才能使用专业版,不交费则店铺成为基础版。

图 11-6　店铺版本开通示意图

为了提升店铺的装修效率和数据运营能力,淘宝在专业版基础上又开发了一套旺铺智能版。智能版旺铺可以同时实现 PC 端与移动端装修布置,能实现千人千面的展示效果,提供了多种营销新玩法,每月价格 99 元。

专业版和智能版店铺需要交给淘宝一定的费用,优点是专业版和智能版店铺对搜索引擎更友好,权重更高,排名更靠前。

可以在店铺"卖家中心"→"店铺管理"→"装修店铺"开通智能版,如图 11-6 所示。

11.1.3　旺旺响应时间优化

旺旺响应时间指买家通过淘宝旺旺向卖家咨询相关问题,卖家从收到信息到回复信息的时间差。如果卖家的旺旺响应时间较短,会让买家有一种随时都被服务的感觉,从而有较好的购物体验,提高成交转化率。

根据淘宝网官方统计的数据,随着卖家旺旺响应时间的增加,买家的购买力会急剧下降。另外,在每天成交的订单中,有过咨询的成交订单占比高达 34%。

对一个店铺来说,如果买家咨询后,旺旺长时间没有回复,搜索引擎会认为该店铺处于无人打理的状态,不会给店铺高的权重。由此可见,旺旺响应时间越短,不仅越能提高用户的购物体验,也越能增加搜索引擎的友好性。

11.1.4　店铺主营类目优化

店铺主营类目指在卖家店铺里,成交金额与成交数量综合占比最高的类目。主营类目由淘宝系统自动识别。店铺主营类目针对淘宝个人店铺而言,天猫店铺不允许跨类目经营。

为了增加搜索引擎友好性,个人店铺最好经营相同的类目,使店铺主营类目明确,不要跨类目经营多种商品,把店铺变成一个"杂货铺"。淘宝扶持"小而美、少而优"的店铺,主营类目占比高,符合淘宝店铺的扶持条件。

店铺主营类目的商品一般达到店铺总经营商品品种的 90% 以上即可。主营类目可在店铺卖家中心查询,如图 11-7 所示。

图 11-7　店铺主营类目查询

11.2　宝贝友好性优化

店铺流量主要由单个宝贝汇总而成,因此,单个宝贝成为店铺流量的入口。单个宝贝对搜索引擎越友好,排名就越靠前,越可能增加店铺的访问流量。优化单个宝贝主要包含以下几个方面的内容。

11.2.1　公益宝贝

公益宝贝指宝贝成交以后,卖家会捐赠一定的交易金额给指定的慈善基金会,用于相关的公益事业。

公益宝贝可以扩大店铺的知名度,提高店铺形象,增加店铺销量,体现店主具备优良的道德模范和高度的社会责任感。如果公益宝贝的捐款数额大,还可能引起媒体的注意或者报道,从而提升店铺的人气。

卖家设置公益宝贝共分为以下 4 个步骤。

(1) 在"出售中的宝贝"中勾选想加入公益宝贝计划的宝贝,然后单击"设置公益宝贝"按钮,如图 11-8 所示。

图 11-8　公益宝贝设置

(2) 输入支付宝支付密码,签订支付宝代扣协议,选择同意上述承诺书之内容,并愿意参加公益捐赠活动。

(3) 选择相应的公益项目及捐款方式(见图 11-9),并设置捐赠额或比例(捐赠比例需介

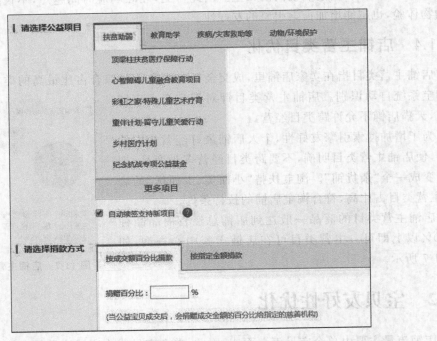

图 11-9　选择公益项目及捐款方式示意图

于 0.1～100，捐款额为 1 元、0.1 元、0.02 元）。在宝贝交易成功时，系统会按照设置条件扣除相应金额到指定的公益捐赠支付宝账户中。如果卖家设置的是按比例捐赠，则最低比例为 1%。

（4）选择是否在公益宝贝的详情页面显示公益宝贝信息栏。选择显示时，系统会在宝贝详情页的最上面显示公益宝贝信息，如图 11-10 所示。

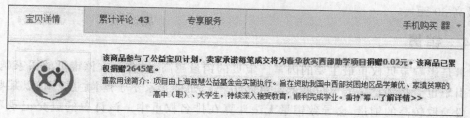

图 11-10　公益宝贝信息的显示

11.2.2　橱窗推荐

淘宝橱窗就像掌柜们实体店中的橱窗。橱窗推荐是帮助卖家成交的重要工具，指卖家将自己的主打产品设置为橱窗产品。橱窗产品将在搜索结果页中获得优先推荐，让宝贝有更多被浏览和单击的机会。

橱窗推荐有如下好处。

（1）被推荐的宝贝享有搜索优先排名机会，更易抢占黄金推广位置。

（2）卖家可以设置店铺首页推广专区，提高主打产品推广力度。

（3）卖家可以随时更换橱窗产品，轻松掌握主打产品推广主动权。

卖家店铺的橱窗数量由卖家信用等级、开店时间、是否缴纳消费者保障金、每周成交额、是否为金牌卖家等因素决定。卖家信用等级越高，橱窗数量就越多；卖家缴纳消费者保证金的店铺，其拥有的橱窗数量比未缴纳的多等。如果卖家违反了淘宝的相关规则，除了有扣分处罚之外，橱窗数量也会相应减少。

橱窗推荐在"出售中宝贝"设置，如图 11-11 所示。

图 11-11　橱窗推荐的设置

11.2.3　发货速度

发货速度指买家付款到收货之间的时间差。时间差越短，宝贝的发货速度越快，对搜索引擎的友好性越好。

发货速度主要由卖家处理订单速度和物流速度两个因素决定。卖家库存充足，处理订单及时,在买家付款后尽快安排配货,则配货速度快。如果卖家选择优质的物流公司,宝贝在途时间短,派送及时,则到货速度快。这些信息都可以被搜索引擎获取,并且会赋予发货速度快的宝贝相对较高的搜索权重。

如果卖家没有在承诺的时间内发货,或者卖家"虚假发货",买家有权向淘宝网提出申诉,要求卖家赔偿由此造成的损失。淘宝网会按该商品实际成交金额的5%赔偿买家(最低5元,最高30元)。

11.2.4　销量

销量是影响宝贝权重最主要的因素。宝贝的销量越高,说明喜欢该宝贝的买家越多,淘宝搜索引擎也会将销量多的宝贝展示给更多买家。如果卖家不了解淘宝规则,以某些低价促销手段换取较高的销量,会导致销量无法计算在排名权重中。该订单的成交记录不在商品详情、搜索等结果中展示或引用。

1. 销量计算规则

淘宝对商品销量(评价)的计算逻辑方案如下。

(1) 以1元以下价格支付的订单:销量正常累计;若买家账号绑定了有效手机,买卖双方评价正常累计,若买家账号未绑定有效手机,该类订单的卖家评价至多累计250笔,买家评价正常累计。

(2) 单件商品的支付价格低于一口价3折且支付金额低于5元的订单:销量、评价均不累计。

(3) 符合以下任一情形的,不累计该商品近30天内全部或部分销量。

① 商品中含有低于1元的单品:修改任一单品价格、删除低于1元单品或新增单品后,任一单品价格为5元及以上,则以1元以下价格支付的订单销量全部删除不累计。

② 商品成交记录中,一旦出现5元及以上价格支付的订单,则以1元以下价格支付的订单销量全部删除不累计。

③ 任何商品调整类目则销量不累计,淘宝官方类目调整或调整至相似类目的情形除外。

④ 修改某单品价格时,修改后的价格若超过近30天该单品最低订单支付价格(该价格≥10元的除外)的10倍,则该单品对应近30天销量全部删除不累计。

⑤ 特定类目下以低于指定价格支付的订单:销量不累计,评价入口不开放。

需要注意:销量计算规则会定期修改,以上规则截止日期为2017年6月,具体可查看淘宝规则。

2. 销量稳定增长

稳定增长的销量会增加宝贝的搜索权重,提高宝贝排名,增加宝贝对搜索引擎的友好性。根据宝贝权重与时间的分布规律,稳定增长销量分为7天稳定增长量与30天稳定增长量。

对淘宝平台来说,宝贝有稳定增长的销量会给淘宝平台带来稳定的流量,增加淘宝平台的收益,给淘宝平台带来更多价值。淘宝搜索引擎会赋予为淘宝平台带来更多价值的宝贝更好的权重和排名。

对买家来说,销量低或没有销量的宝贝会让其产生顾虑,而销量高的宝贝会增加其下单的概率。

11.2.5　新品

淘宝新品是系统自动对一定时期内特定类目卖家新发的商品打上新品标识,目前仅开放女装、女鞋、箱包、男鞋、饰品、配件、童装等类目。淘宝也会根据产品的属性和制度的完善不断开放新的类目。

以在淘宝网搜索"连衣裙"为例,新品标识如图 11-12 所示。

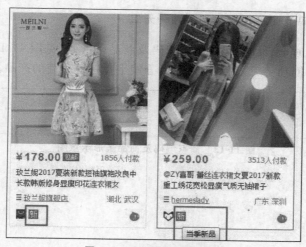

图 11-12　新品标识示意图

宝贝上架后通常 1～4 天会出现新品标识,新品上架后有销量时,新品标识会出现得更早,如果宝贝上架 4 天后没有获得新品标识,则以后也不会有新品标识。新品标识的保持期有一定限制,新品所属的类目不同,时长也不同。一般新品标识的保持期约为 15 天,如果宝贝持续有销量,新品标识的保持期会更长。

淘宝系统会重点扶持拥有新品标识的宝贝,在关键词搜索、类目搜索、频道入口、淘客、新品频道等入口,淘宝网会赋予新品宝贝更高的权重,相比非新品宝贝有优先展现权限,使宝贝获得更多流量。宝贝结束新品期后,淘宝系统会恢复正常的搜索权重。所以卖家要把握好宝贝在新品期的各项指标。

由于淘宝赋予新品很高的排名权重,而且淘宝系统自动识别新品,因此宝贝拥有新品标识,在一定程度上会给店铺带来更高的销量,所以卖家要知道哪类宝贝更容易获得新品标识。宝贝要想获得新品标识,一般应注意以下事项。

1. 必须是新发布的宝贝

每个宝贝都会有一个数字标识,俗称 ID,每天淘宝系统会自动识别新发布宝贝的 ID。淘宝系统会根据宝贝的 ID 来判断宝贝是否是最近发布的。一个宝贝被提前发布,然后被放在仓库中,一个月有库存后卖家将该宝贝上架出售,这样的宝贝不是新发布的宝贝,不会有新品标识。

2. 宝贝标题必须独一无二

卖家要确保新上架宝贝的标题是独一无二的。如果新上架宝贝的标题与其他宝贝的标题相同,淘宝系统会认为是相同的宝贝,不会给新品标识。

3. 主图符合新品要求

淘宝识别图片的技术越来越完善。很多卖家(特别是代销的卖家)因为主图不符合新品要求而得不到新品标识。

4. 货号、商家编码及商品条形码必须独一无二

卖家在发布宝贝时,宝贝的货号、商家编码及商品条形码(见图 11-13)等代表宝贝属性的唯一信息要保证全网独一无二,特别是通过分销平台一键下载的产品。

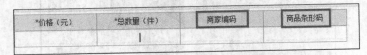

图 11-13　商家编码及商品条形示意图

11.2.6　价格

1. 虚假原价

虚构原价指卖家在促销活动中,标示的原价属于虚假、捏造、不存在或者从未有过交易记录。

卖家在淘宝发布宝贝时填写的价格(即一口价),应当严格遵守法律规定、遵循市场规律,确保可以提供任一价格的合法依据或可供比较的出处。商家不得虚构原价或提高原价进行促销。对不符合市场规律的商品价格,淘宝系统发现后会降低权重,甚至按违规处理。

虚假原价一般对有品牌知名度的产品而言。例如,华为 P10 的顶配手机,首发的市场零售价约为 5588 元,如果卖家设置的原价远远高出首发零售价格,则属于虚假原价。

对品牌知名度差、价格没有统一标准的某些产品来说,很难判断是否属于虚假原价。例如,羽绒服类产品在淘宝网的标价从几十元到几千元都有,面料、款式、做工千差万别,这类产品很难判断是否为虚假原价。

2. 低价销售

低价销售是指在一定范围的市场和一定时期内,以低于成本的价格销售某一商品,以达到排挤竞争对手、独占经营目的的一种不正当竞争行为。

低于成本价格销售的宝贝,虽然可以在淘宝网上进行交易,但淘宝网对低价销售的宝贝进行了搜索降权处理,不参与排名展示。例如,某卖家发布一件连衣裙,价格标注 30 元,买家搜索"连衣裙",价格从低到高排序时,显示的最低价格是 99 元的产品,这说明低价的产品已经被淘宝屏蔽处理,如图 11-14 所示。

图 11-14 价格从低到高排序的搜索结果

随着技术不断进步,不同买家搜索相同关键字,如果按价格从低到高排序,所显示的最低价也是不同的。这说明淘宝会根据每个人的消费习惯,判断买家是喜欢品牌产品还是低价产品。所以,卖家在设置宝贝价格时,不是设置得越低越好,要根据目标客户的消费层次确定合理的价格。

3. 定价方法

卖家在为某件商品定价时,要先查看同行的价格,比较之后,再制定合理的价格。为了激发消费者的购买欲望,可以采用尾数定价法,如某件商品定价为 10 元,不如 9.99 元更容易让消费者接受。

宝贝的价格一旦确定,应该尽量避免频繁地改动价格,以免给店铺带来极大的负面影响。

11.2.7 人气

人气指宝贝的受欢迎程度。宝贝受欢迎的程度可以量化到分值,称为"人气值"。宝贝的人气值越高,对搜索引擎越友好,排名越靠前。很多买家搜索关键字后,在显示结果中会选择按"人气"从高到低排序,如图 11-15 所示。

人气值是一项综合性指标,对关键字的综合排名起重要的作用,受多种因素的影响。影响人气值的因素主要有以下几个。

图 11-15 淘宝宝贝人气从高到低排序

(1)成交量。在某种程度上,成交量直接反映了店铺和宝贝的受欢迎程度。宝贝的成交量越大,则人气值越高。在成交量相同的情况下,交易金额大的宝贝权重高于交易金额小的宝贝。例如,两个卖家每周都成交一次,A 成交价为 1 元,B 成交价为 1000 元,那么 B 宝贝的权重要高于 A。

（2）浏览量。浏览量指买家浏览店铺页面的次数。浏览量越大，说明宝贝越受买家的喜欢，宝贝的人气值越高。

（3）收藏量。收藏量指卖家店铺或宝贝被买家收藏的次数，分为店铺收藏和宝贝收藏，有的买家喜欢收藏店铺，有的则喜欢收藏宝贝。收藏的作用是方便以后购买。店铺或宝贝被收藏的量越大，人气值越高。

（4）回头客。回头客指在店铺重复购买的客户。回头客的数量在浏览客户总数中的占比越高，越能反映宝贝的性价比高，买家越喜欢宝贝。回头客越多，店铺的人气值越高。

11.2.8　类目

卖家发布宝贝时，每一个宝贝只能放在一个类目中。当买家使用关键字搜索所需要的宝贝时，所输入的每一个关键字应该对应一个最优类目。卖家发布宝贝时，输入与宝贝相关的关键字，淘宝系统会自动匹配 10 个默认类目，排名第一的类目即最优类目。淘宝会优先匹配最优类目的产品展现给买家。

以卖家发布"双肩包"宝贝为例，淘宝搜索引擎认为的最优类目如图 11-16 所示。

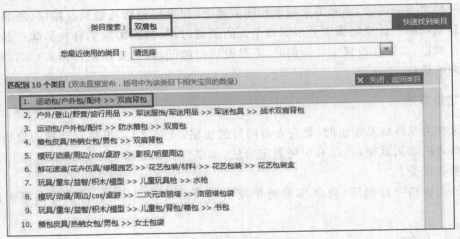

图 11-16　最优类目示例

11.3　宝贝上下架优化

宝贝的上下架操作在淘宝搜索综合排名中是一项至关重要的影响因素，上下架不是真正意义上的宝贝上架或者是下架，而是淘宝宝贝排名的一种算法规则。当多个宝贝的各方面权重大体相当的情况下，卖家可以合理地优化宝贝的上下架时间，避开优势明显的竞争对手，让宝贝排名靠前。

11.3.1　上下架与排名的关系

淘宝默认宝贝的上下架周期为 7 天，每 7 天宝贝就会自动下架，然后再重新自动上架。

宝贝越临近下架时间,权重越高,排名越靠前。例如,某宝贝 A 是 2018 年 1 月 1 日上午 11：00 上架,则 2018 年 1 月 8 日上午 11：00 应该下架,那么在 1 月 8 日 11：00 之前的一段时间,宝贝的权重最高,排名靠前。

有多种方法查询同行宝贝的下架时间,最简单的方法是使用 UC 浏览器。它自带相关插件,可以查看任一宝贝的下架时间,如图 11-17 所示。

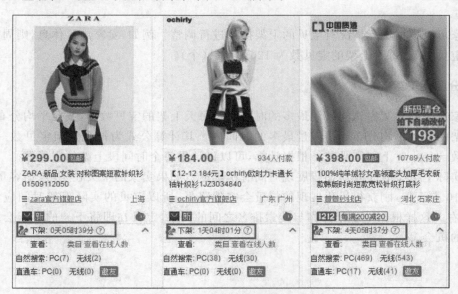

图 11-17　使用 UC 浏览器查看宝贝下架时间

11.3.2　上下架优化的方法

根据淘宝规则,卖家店铺中的宝贝不能同时上架,要把上架时间分配在不同的时间段,避免宝贝内部竞争。宝贝的上下架优化主要遵循以下方法。

1. 确定买家的访问时间

宝贝的权重越高,则排名越靠前,被买家访问的概率越大。如果买家在某段时间的访问量多,卖家就可以通过调整下架时间,让宝贝在买家访问量多的时间段下架,获得更高的权重。

对淘宝网的整体访问量而言,根据官方公布的数据,访问量以 7 天为周期,每周周二、周三、周四最多,周一、周五次之,周六、周日相对较少。每天访问量最多的时间段分别为 10：00—12：00、13：00—17：00、20：00—22：00。当卖家无法确定店铺访问量最多的时间时,可以参考淘宝网的整体访问量趋势。

对一个店铺而言,访问量最多的时间段由产品决定。不同的产品访问量最多的时间段不同。例如,某店铺经营成人用品,其访问量最多的时间段为周六、周日晚上 10 点左右,这跟买家的购买习惯有一定的关系。

2. 确定每天上架宝贝数

根据宝贝上下架周期为 7 天的规则,每天上架的宝贝数量由宝贝总数决定,即每天上架宝贝数＝总宝贝数/7。例如,店铺有 126 个产品,每天上架的宝贝数应为 126/7＝18(个)。这样做还会使店铺每天都有下架的宝贝,使这些宝贝由于面临下架而得到淘宝赋予的较高权重。

卖家可以根据实际情况对宝贝的上架操作进行调整。例如,卖家周日休息,则周日可以不安排宝贝上架,每天上架的宝贝数为 126/6＝21(个)。

3. 分配上下架宝贝

卖家通过确定买家访问店铺最多的时间段及每天上架的宝贝数量,按照平均分布法,将需要上架的宝贝平均分布到访问量最多的时间内。其计算公式为每天上架宝贝数/每天上架宝贝数＝每小时上架产品数。根据计算,可以设计出每个时间段上架的宝贝数。

但实际上下架时间要比期望展现时间有所延迟。如果卖家的宝贝在 10 点访客量最多,设定在 10 点下架,刚获得优化展现的权重会突然降低,所以宝贝的实际下架时间应设定在 11 点左右。这样根据上下架操作与搜索排名之间的关系,宝贝在即将下架的时候会获得优先展现的机会。

练习

1. 请读者根据淘宝店铺经营宝贝的类目,开通相关的消费者保障服务。
2. 请读者查看淘宝店铺的版本。如果是基础版,请根据页面提示,升级成为专业版。
3. 请读者发布 20 款宝贝到店铺中,并设置公益宝贝和橱窗推荐。
4. 请说明销量的计算原则,以及提高销量的方法。
5. 在淘宝网的人气排名中,影响人气排名的因素有哪些?
6. 宝贝上下架与排名的关系是什么? 如何做好宝贝的上下架优化?

第 12 章

手机淘宝SEO策略

📖 **本章目标**

- 了解手机淘宝购物的特点。
- 熟悉手机淘宝的现状与趋势。
- 掌握手机淘宝的关键字策略。
- 了解手机淘宝的用户体验策略。
- 掌握手机淘宝的友好性策略。

随着移动互联网时代来临及无线移动网络的普及，手机在人们的生活中开始占据重要的地位。由于移动端比 PC 端更具有便捷性等优势，目前淘宝店铺的移动端的流量越来越大，已经超过了 PC 端的流量。因此，对淘宝店铺的移动端进行优化，争取好的排名，是每个淘宝店主必须掌握的一项技能。

淘宝店铺的移动端优化与 PC 端的优化有很多相似之处，本章主要通过手机淘宝的优化介绍移动端优化与 PC 端优化的不同之处。

12.1 手机淘宝购物简介

淘宝卖家对店铺进行移动端优化，要了解移动端用户的购物特点和搜索方式，以更好地制定移动端的优化方案。

12.1.1 移动淘宝购物的特点

1. 购物便捷性

传统电子商务已经使人们感受到了网络带来的便捷，但台式计算机不方便携带，移动购物则可以弥补传统网购的不足之处。手机购物具有很好的便捷性，并且体积小，可以随身携带，在公交车上或在旅游途中，只要用手机登录购物网站，就可以实现随时随地无线购物。例如，用户在旅游途中，发现某样东西刚好触动购买意愿，于是就打开手机淘宝挑选购买。

此外，手机购物可以使用文字搜索、语音搜索、图片搜索等方式，比 PC 端更加方便。手机购物的便捷性要求宝贝的手机详情页的设计非常简单，如果宝贝的详情页设计得太复杂，移动购物的体验就不会太好。

2.购物精确性

手机淘宝系统依靠数据挖掘技术,持续对买家的数据进行采集和分析,在最合适的时间和地点将买家的需要,甚至是潜在需要精准地推送给他们,让他们真正感受到购物的简单化、个性化和多样化。例如,有些买家会收藏一些商品或店铺,当他们有购物需求时,手机淘宝系统可以根据买家的喜好,更精准地推荐商品。

3.购物碎片化

随着人们生活节奏的加快,很多人没有整块的时间去逛街购物,实体店对消费者的购物时间和地点存在很大的限制,逐渐满足不了人们的购物需求。而智能手机及移动互联网技术的发展,让人们可以利用上下班、入睡前等碎片时间进行购物,并且可以在很短的时间内浏览大量的商品,最终选择心仪的商品。

4.信用优势

用户的手机号码具有唯一性,经过实名认证的手机号码基本可以确定一个用户的身份。因此,用户使用手机淘宝购物,在消费信用方面有一定的优势。

12.1.2 手机淘宝的现状与趋势

淘宝官方数据统计显示,2017 年淘宝网移动端的流量已经占总流量的 90%,因此,手机淘宝流量越来越受到淘宝卖家们的重视。淘宝已经从 PC 端的爆款时代进入移动端的"小而美"时代。移动端的流量碎片化,流量的入口越来越多,导致了大卖家也无法垄断各个入口,所以对淘宝的中小卖家而言,抓住移动端的销售机会是一个很好的选择。

手机淘宝在搜索方面加大了"千人千面"技术的投入,即不同的买家搜索相同的关键字,展现的产品会有所不同,也称个性化搜索。手机淘宝会通过记录和分析买家的购物习惯为买家筛选合适的商品,节省买家的时间。

由于买家在淘宝购物时间的碎片化,未来移动淘宝订单将越来越少地来自搜索,而更多地来自"系统推荐""买家订阅""买家分享"等方式。

未来手机淘宝不一定仅用于购物,它还将承载着生活消费入口的功能,并且提供跟买家地理位置相关的服务。买家可以在手机淘宝里实现各种消费支付、优惠券获取和管理。基于买家的地理位置,未来手机淘宝上还将有"生活圈"概念的功能。

12.2 手机淘宝关键字策略

手机淘宝关键字优化的方法与 PC 端基本一致。但由于手机具有屏幕小、每屏显示的内容少、买家购物碎片化等特点,卖家进行手机淘宝关键字优化,又有一些独有的特点。本节主要介绍手机淘宝关键字优化与 PC 端优化的两点不同之处——关键字查找与关键字数量。

12.2.1　关键字查找

移动设备屏幕相对较小，用户输入汉字不方便，所以以用户在使用移动端购物时，多输入代表产品的主要关键字，且比较精简，然后用户根据搜索下拉框提供的相关关键字进行搜索。例如，当用户想给刚入学的小学生购买"双肩背的书包"时，一般会在手机淘宝输入关键字"书包"，然后根据搜索下拉框的提示选择"书包小学生""双肩包"，如图 12-1 所示。

图 12-1　手机淘宝搜索下拉框提示内容

根据用户的这一搜索习惯，卖家在设置产品关键字时，需要从手机淘宝下拉框中寻找适合自己产品的长尾关键字。如果手机淘宝下拉框显示的关键字与自己产品的属性相关，就要把这些关键字添加到宝贝标题中，提高被用户搜索到的机会。

12.2.2　关键字数量

PC 端屏幕大，在搜索结果中能够将宝贝标题的所有内容显示完整（也就是 60 个字符，相当于 30 个汉字），但使用手机淘宝搜索时，60 个字符不能全部显示，而且天猫店铺的标识还占用了 4 个字符的空间，因此，卖家在天猫店铺设置关键字时，产品标题的描述最好不要超过 56 个字符。

另外，很多卖家经常将"包邮"两个字设置在标题中，其实没有必要这样做。因为在搜索结果中，手机淘宝会自动分辨卖家是否包邮，并提示买家，如图 12-2 所示。

图 12-2　天猫店铺手机淘宝包邮提示

12.3　手机淘宝用户体验策略

从用户体验角度来看,手机淘宝在用户体验方面与 PC 端用户有一定的差别,这些差别主要体现在精准推送、用户标签、速度快、流量少、购物快捷简单等方面。

12.3.1　精准推送

目前,淘宝网上的店铺数量越来越多,宝贝品种也越来越多,而每页展示宝贝的数量是有限的,并且移动端展示的宝贝数量更少。不同的买家在搜索同一关键字时,他们所需求的商品可能差别较大。因此,手机淘宝非常有必要根据买家的喜好来精准推送商品。

精准推送也称"千人千面",指不同买家在搜索相同关键字时,每个买家显示的搜索结果不同。例如,A 买家是华为手机的粉丝,B 买家喜欢具有美颜功能的手机,当他们分别搜索"手机"时,手机淘宝向 A 买家主要展示华为手机,向 B 买家主要展示美颜类手机。

从买家的角度看,手机淘宝实行精准推送是为了帮助买家找到最想购买的产品、减少决策时间、提升购物体验。从中小卖家的角度看,手机淘宝实行精准推送可以防止流量过于集中,让更多卖家的宝贝有展示的机会,有机会分配到精准的流量。

需要注意:实现手机淘宝的精准推送功能,卖家要做到产品标签与用户标签匹配一致。

1. 产品标签

卖家上架产品时,会为产品自定义属性。这些属性反映了购买用户的一些特征,这些特征即产品的标签。

对一个刚上架的产品,卖家需要根据产品的类目、属性、关键字等确定产品标签。如图 12-3 所示,卖家发布一款衣服时,在宝贝属性里会有风格、适用年龄等选项,卖家会根据自己产品的特征在下拉框中进行选择,如风格为百搭,适用年龄为 30～34 岁,如图 12-3 所示。其中,"百搭""30-34 周岁"即该产品的标签。

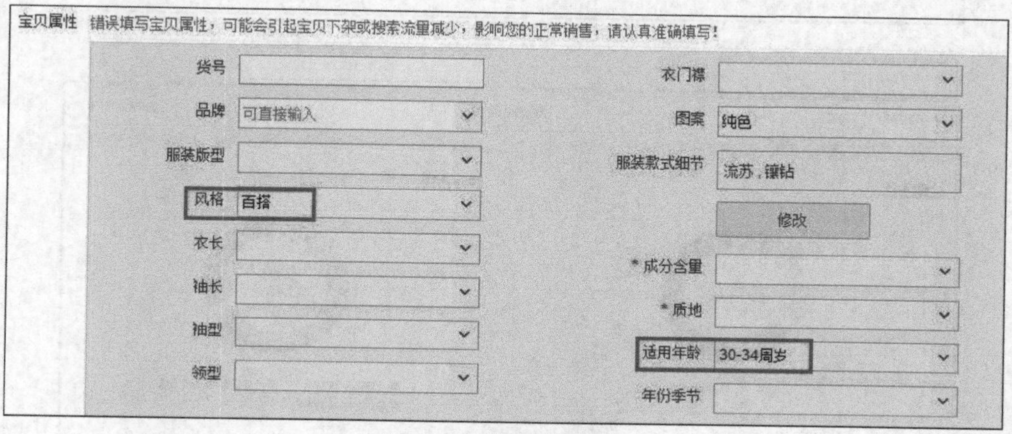

图 12-3　产品标签示例

当某店铺的产品有成交后,每一个购买的用户都自带"人群特征"。当产品成交逐渐增多时,系统会根据用户的浏览记录、收藏数量、加购物车数量、购买款式等信息,对产品赋予标签。如卖家通过店铺购买记录发现:80％消费者是女性,75％消费者是白领,65％消费者喜欢购买价格比较低的宝贝,那么,产品就会被定义上女性、白领、低端这样的标签。

通过店铺订购的生意参谋,卖家可以分析出买家的人群画像,从而了解产品的目标客户具有哪些特征,然后再根据买家的特征制定精准的营销策略。生意参谋显示的买家特征如图 12-4 所示。

2. 用户标签

通常,用户标签分为静态标签和动态标签两类。

静态标签通常包括用户的固定属性,如性别、年龄、地域、职业、收入、婚姻状况等信息,其作用在于理清用户的消费能力、消费频率等特性。

动态标签通常指用户上网浏览的行为轨迹,可以从中提取用户的某些特征。如某用户经常使用手机登录淘宝 App,每天的浏览行为都会被手机淘宝记录下来,手机淘宝可以通过这些行为轨迹确定该用户对什么商品更感兴趣,从而为推荐商品做好准备。

产品标签与用户标签的匹配度越高,产品获得展示的机会就越多。有些卖家为了提高产品销量,常使用"刷单"的方式来匹配产品标签,这种做法破坏了产品应该拥有的标签属性,导致标签混乱,最终使产品得不到精准推荐,即使产生了展现和单击,最终也很少会

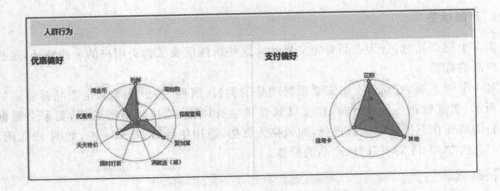

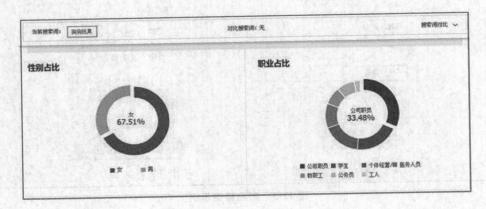

图 12-4　生意参谋显示的买家特征

成交。

12.3.2　速度快、流量少

　　一个产品详情页的打开速度往往决定着是否有机会留住用户,如果用户在 3 秒内没有打开页面,除非产品有很强的吸引力,否则用户极有可能关闭页面,去选择其他产品。

　　在手机硬件配置相同的情况下,产品详情页的打开速度主要由用户的上网速度与详情页的大小决定。卖家无法改变用户的上网速度,只能通过减少页面内容来提升详情页的打开速度。在不影响用户了解产品的前提下,产品详情页的设置应该注意以下几点。

1．排版简洁明了

手机屏幕无法像计算机屏幕那样展示较多的内容，所以页面的排版要简洁明了，减少过多元素。

2．内容精简概要

页面中介绍产品的内容要突出重点，体现出移动端的特色，如通过展示产品价格变动曲线的方式来突出卖点，提高转化率。通常，某个页面的移动端内容在 3 屏内展示完即可。

3．缩减图片格式

通常，移动端淘宝的产品图片宽度为 480～620px，高度小于或等于 960px。在保证图片清晰的前提下，卖家要尽可能缩小图片的大小。

产品详情页的内容少了，除了能加快用户打开页面的速度，还能减少用户的"上网流量"。很多用户使用"数据流量"上网购物，而他们的"免费流量"可能是有限的，如果购买某个产品耗费过多的流量，用户的购物体验就会受到影响。

12.3.3　购物快捷简单

为了让手机淘宝用户有较好的购物体验，移动端购物操作要比 PC 端更快捷简单。因此，手机淘宝购物除了使用关键字搜索以外，还有些特色方式，如图片搜索、淘口令直达、二维码扫描等。

1．图片搜索

用户看到某个喜欢的产品，刚好触动了购买意愿，但不知道喜欢的产品是什么，更不知道输入什么关键字去搜索该产品，这时手机自带的照相机功能就发挥了重要作用，手机淘宝用户可以选择使用图片搜索或拍照搜索查找该产品。

例如，图 12-5 中的产品，用户只知道是个儿童玩具，但不知道玩具的确切名字，如果搜索关键字"儿童玩具"，则很难从搜索结果中找到该产品。在这种情况下，用户可以使用手机

图 12-5　用户喜欢的产品示例

淘宝中的"拍立淘"或智能搜索工具来进行图片搜索，从而找到需要的产品。用户使用图片"智能识别"的搜索结果如图 12-6 所示。

图 12-6　使用图片"智能识别"的搜索结果

根据用户的这一搜索习惯，卖家在设置产品图片时就需要简洁明了，不能出现多余的促销信息，否则会影响图片搜索对产品的判断，从而影响产品的展现次数。因此，手机淘宝的产品图片应为白底、无水印，既方便搜索引擎识别图片的内容，又能让用户更清晰地了解宝贝的细节。

2. 淘口令直达

目前，腾讯与阿里巴巴平台之间的内容不能实现互相访问。用户无法通过腾讯的微信和 QQ 社交平台打开淘宝链接，因此，淘宝发明了淘口令。

淘口令是手机淘宝常见的一种购物方式，相当于淘宝产品的一个暗号，通常以文字和字母的形式展现。很多用户在网上社交中，通过复制、粘贴好友推荐产品的淘口令，在手机淘宝中直达产品购买页面。

淘口令有两种不同形式：一种是标准版，即用户可以凭借口令直达产品购买页面；另一种是个性口令，卖家或品牌商可以自定义文案和链接，用户打开的是 H5 页面、店铺或产品页面。淘口令示例如图 12-7 所示。

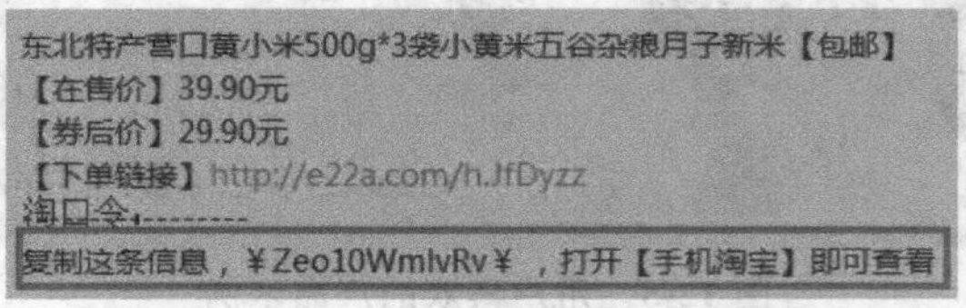

东北特产营口黄小米500g*3袋小黄米五谷杂粮月子新米【包邮】
【在售价】39.90元
【券后价】29.90元
【下单链接】http://e22a.com/h.JfDyzz
淘口令：.........
复制这条信息，￥Zeo10WmlvRv￥，打开【手机淘宝】即可查看

图 12-7　淘口令示例

卖家为了在 QQ、微信等社交平台推广自己的产品,方便买家快速到达产品的购买页面,通常设置淘口令在这些平台推广。卖家设置淘口令需要在手机下载"千牛"App。手机安装"千牛"App 后,在千牛工作台首页营销中心栏目下,选择淘口令,根据页面提示进行设置即可,如图 12-8 所示。

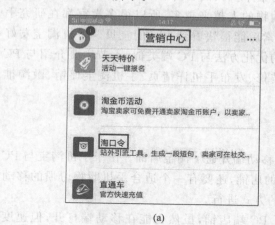

(a)　　　　　　　　　　　　　(b)

图 12-8　卖家淘口令设置示意图

虽然淘口令的操作步骤比较复杂,但相比以前腾讯用户只能复制淘宝链接到浏览器,再打开页面的方式,已经迈出了重要一步。很多卖家为了在社交平台推广自己的产品,大多采用淘口令的方式进行推广。

3. 二维码扫描

现在二维码的应用越来越广泛,买家通过扫描二维码即可进入宝贝页面、店铺或者活动页等。卖家如果能很好地应用二维码,如在快递外包装、产品表面及宣传海报上设置二维码,会大大方便买家二次购买,提高店铺的回头率。

产品的二维码可以在千牛工作台"出售中"的宝贝获取,如图 12-9 所示。

图 12-9　获取产品的二维码

12.4　手机淘宝友好性策略

手机淘宝友好性指手机淘宝的搜索引擎对某个宝贝的喜好程度,可以根据喜好程度将宝贝按一定的顺序排列。现在使用手机淘宝购物的人越来越多,所以很多卖家都在研究手机淘宝宝贝搜索排名优化的问题,希望买家搜索后能很快看到自己的宝贝。手机淘宝友好性在宝贝销量、店铺类型、上下架时间等方面的优化方法与 PC 端类似,本节主要介绍与 PC 端优化的不同之处,主要体现在移动端店铺装修、发布手机详情页、手机淘宝促销、微淘推广、码上淘 5 个方面。

12.4.1　移动端店铺装修

随着移动电商的兴起,越来越多的卖家在移动端开通了淘宝店铺。由于手机淘宝与 PC 端的界面不同,因此卖家不仅要有一个 PC 端的店铺,还要有一个适合手机购物习惯的移动端店铺。移动端店铺的装修也要按手机显示的方式进行。

卖家如果没有装修移动端店铺,仅装修了 PC 端店铺,虽然也能在移动端打开,但速度非常慢,而且经常错位显示,影响用户的体验。对用户体验差的店铺,搜索引擎的友好性自然也会降低,卖家的店铺就得不到较高的权重。

卖家进行移动端店铺装修时,要注意页面不宜过长,主推的宝贝尽量靠前排版,以获得足够的曝光。为了操作上的方便,移动端店铺的装修入口可以从 PC 端进入,实现在 PC 端装修移动端店铺,这样也可以达到直接在手机店铺装修的效果。其在 PC 端装修入口为"卖家中心"→"店铺管理"→"手机淘宝店铺"。

装修移动端店铺主要有 3 个板块,分别是店铺首页、店铺分类和店铺搜索,如图 12-10 所示。

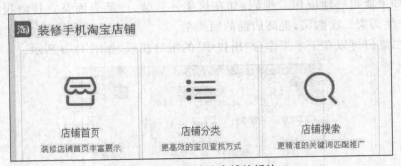

图 12-10　移动端店铺的板块

12.4.2　发布手机详情页

卖家发布移动端详情页,可以提高搜索引擎对宝贝的友好性,获得淘宝搜索引擎的流量倾斜、搜索加权、优先展示等扶持。如果卖家不发布移动端宝贝详情页,买家在手机上看到的宝贝描述是 PC 端样式的,会影响手机的加载速度,甚至使显示格式混乱,买家浏览页面很不方便,容易导致买家流失。

　　要控制好移动端详情页的长度,内容太少可能会使宝贝介绍得不够详细,内容太多会增加页面的打开时间。综合各方面因素,卖家可以单独发布移动端详情页,目前移动端详情页可以添加音频、摘要、图片、文字 4 个模块内容,如图 12-11 所示。

图 12-11　发布移动端详情页

　　移动端图片的宽度应在 480～1242px,且高度不超过 1920px。为了节省发布宝贝的时间,卖家也可以将 PC 端详情页一键导入移动端,如图 12-12 所示。

　　卖家发布移动端详情面后,可以在“卖家中心”→“出售中宝贝”中查看是否发布成功,如图 12-13 所示。

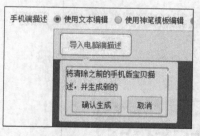

图 12-12　导入 PC 端详情到移动端

图 12-13　移动端详情页发布成功提示

12.4.3　手机淘宝促销

　　移动互联网时代的到来,使移动端购物成为可能。用户逐渐习惯于使用手机上网购物。作为淘宝卖家,要顺应用户的这种购物趋势,重视手机淘宝的促销。

　　卖家应通过设置移动端淘宝店铺的促销活动,将用户从 PC 端吸引到移动端,培养用户使用移动端购物的习惯。这也迎合了手机淘宝的发展趋势,手机淘宝也会对设置促销活动的宝贝赋予更高的搜索权重。

　　手机淘宝发展初期,淘宝官方开发了一个专门针对手机用户的促销软件,即手机专享价。卖家通过该软件,可以分别设置 PC 端店铺和移动端店铺的价格,当用户在 PC 端店铺看到"使用手机淘宝更优惠"的提示时,会主动放弃在 PC 端购物而选择手机淘宝购物,如图 12-14 所示。2016 年,当很多用户已经习惯使用手机淘宝购物时,手机专享价软件完成使命,退出市场。

图 12-14　手机专享价促销

卖家可以在淘宝软件服务市场订购手机淘宝促销软件,通过促销软件可以设置无线分享有礼、拉人砍价、粉丝团购、手机扫码专享价等促销活动。手机淘宝促销软件的部分功能如图 12-15 所示。

图 12-15　手机淘宝促销软件的部分功能

12.4.4　微淘推广

微淘是卖家面向消费者的移动电商平台,其功能类似微信的朋友圈。卖家可以通过微淘进行客户关系管理,对老客户及近期收藏、加购物车的潜在买家宣传宝贝,从而达到品牌传递、精准互动、促进成交转化的目的。微淘在手机淘宝首页下方菜单栏的显著位置，如图 12-16 所示。

　　很多用户打开手机淘宝后，会打开微淘查看关注的商家或喜欢的领域，当发现有自己喜欢的宝贝时，用户就会直接在微淘上打开宝贝页面进行购买。这样就节省了用户搜索宝贝、选择购买的时间。

　　微淘的核心是用户的喜好，而不是由淘宝"小二"进行宝贝推荐和流量分配。每个用户都有自己关注和感兴趣的领域，以此获取信息和服务。微淘可以让卖家和粉丝之间能够围绕话题产生互动。

　　用户发布微淘的内容主要以购物心得为主，从而帮助后来购买的用户进行决策。所以很多卖家经常会让店铺的老客户或粉丝发布买家秀，以吸引更多用户关注自己的店铺。

　　手机淘宝将用户发布微淘的内容进行分类，如图 12-17 所示。用户发布微淘时，先选择某一分类，然后根据页面提示填写内容即可。

　　如果卖家发布的微淘内容被用户关注得多，与用户的互动性好，手机淘宝会根据一定的规则将此内容推荐到微淘首页。一旦该内容到达首页，将会为卖家的店铺吸引更多流量。所以有实力的卖家，一般会安

图 12-16　手机淘宝中微淘显示的位置

排专人运营微淘，通过发布活动开发并维护微淘粉丝，从而达到扩大店铺影响力、宣传店铺宝贝、提升转化的目的。

图 12-17　微淘的内容分类

12.4.5　码上淘

　　码上淘是淘宝推出的帮助卖家实现线下到线上转化的工具。用户可以通过手机扫码，很方便地查看宝贝介绍、评论、价格等信息。

　　例如,卖家设置店铺码,买家可以通过扫码进入店铺,直接提升宣传效果和转化;卖家也可以设置包裹码,买家通过扫码浏览店铺,参加卖家举办的活动进行互动。目前,很多线下门店也通过不同渠道设置媒体码,让用户扫描,以增加线上的流量。

　　卖家使用码上淘主要分为创建二维码、管理二维码和分析二维码 3 方面的内容。卖家可以登录 PC 端淘宝,在"卖家中心"→"店铺管理"→"手机淘宝店铺"进行设置。码上淘的设置页面如图 12-18 所示。

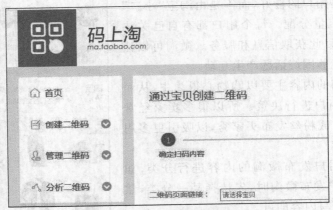

图 12-18　码上淘的设置页面

练习

1. 请读者根据平时使用手机购物的习惯,举例说明手机购物有哪些特点。
2. 请读者举例说明,关键字的设置在移动端和 PC 端有何不同之处。
3. 请读者根据店铺的产品特点,举例说明如何提高移动端买家的用户体验。
4. 请读者根据店铺的产品特点,制定移动端的促销策略。

参 考 文 献

[1] 百度营销研究院. 百度推广[M]. 北京：电子工业出版社，2013.

[2] Eric，Enge，Stephan，Spencer，Jessie. SEO 的艺术[M]. 南京：东南大学出版社，2017.

[3] 陈媛先. SEO 搜索引擎优化技巧策略与实战案例[M]. 北京：人民邮电出版社，2018.

[4] 恩吉（Enge. E.）. SEO 的艺术[M]. 姚军，等译. 北京：机械工业出版社，2013.

[5] 昝辉. SEO 实战密码[M]. 北京：电子工业出版社，2015.

[6] 吴泽欣. SEO 教程[M]. 北京：人民邮电出版社，2014.

[7] 张新星. SEO 全网优化指南[M]. 北京：电子工业出版社，2017.

[8] 曾弘毅. 淘宝天猫 SEO 从入门到精通[M]. 北京：中华工商联合出版社，2017.

[9] 张新星. 跟我学 SEO 从入门到精通[M]. 北京：电子工业出版社，2016.

[10] 胡奇峰. SEO 搜索引擎优化[M]. 广州：广东经济出版社有限公司，2015.

[11] 多奇点互联网学院. 淘宝 SEO 一本通[M]. 北京：电子工业出版社，2016.

[12] 潘坚，李迅. 百度 SEO 一本通[M]. 北京：电子工业出版社，2015.

[13] 杨帆. SEO 攻略[M]. 北京：人民邮电出版社，2017.

[14] 郑杰. SEO 搜索引擎优化：原理＋方法＋实战[M]. 北京：人民邮电出版社，2017.

[15] 陈益材，王楗楠. SEO 网站营销推广全程实例[M]. 2 版. 北京：清华大学出版社，2015.

[16] Peter Kent. 搜索引擎优化（SEO）方法与技巧[M]. 北京：人民邮电出版社，2014.

[17] 尹高洁. SEO 能帮你赚到钱[M]. 北京：清华大学出版社，2017.

[18] 尹高洁. 淘宝 SEO 从入门到精通[M]. 北京：清华大学出版社，2016.

[19] 痞子瑞. SEO 深度解析——全面挖掘搜索引擎优化的核心秘密[M]. 2 版. 北京：电子工业出版社，2016.

[20] 刘玉萍. SEO 网站营销[M]. 北京：清华大学出版社，2015.

[21] 元创. SEO 实战[M]. 北京：人民邮电出版社，2017.

[22] 倪涛. 从零开始学 SEO 搜索引擎优化[M]. 北京：机械工业出版社，2018.

[23] 夏易营销. 颠覆式 SEO[M]. 北京：电子工业出版社，2016.

[24] 刘珂，曾弘毅. 淘宝天猫网上开店＋SEO 优化从入门到精通[M]. 北京：中华工商联合出版社，2017.

图书资源支持

感谢您一直以来对清华版图书的支持和爱护。为了配合本书的使用，本书提供配套的资源，有需求的读者请扫描下方的"书圈"微信公众号二维码，在图书专区下载，也可以拨打电话或发送电子邮件咨询。

如果您在使用本书的过程中遇到了什么问题，或者有相关图书出版计划，也请您发邮件告诉我们，以便我们更好地为您服务。

我们的联系方式：

地　　址：北京市海淀区双清路学研大厦 A 座 701

邮　　编：100084

电　　话：010-83470236　010-83470237

资源下载：http://www.tup.com.cn

客服邮箱：2301891038@qq.com

QQ：2301891038（请写明您的单位和姓名）

资源下载、样书申请

书　圈

扫一扫，获取最新目录

课　程　直　播

用微信扫一扫右边的二维码，即可关注清华大学出版社公众号"书圈"。